图 1　礼的繁体字认识

三角形("由"字形)

菱形("申"字形)

倒三角形("甲"字形)

长方形("国"字形)

方形("田"字形)

圆形

图 2　不同脸形的认识

图 3　商务场合女士仪容与发型

图 4　商务场合男士仪容与发型

图 5　工作中的制服与套装

图 6　商务中的男女着装

图 7　男女礼服

图 8　商务装中男士裤装

图 9　男士的衬衣类型

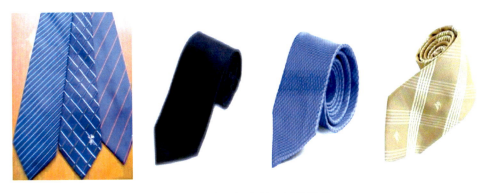

图 10　商务场合男士领带类型

图 11　领带的温莎结打法

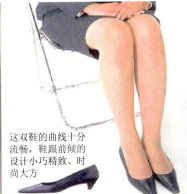

这双鞋的曲线十分流畅，鞋跟前倾的设计小巧精致、时尚大方

图 12　商务中男女鞋的类型

冬季色彩

淡夏色彩

春季色彩

秋季色彩

图 13　色彩的搭配

图 14　女士着装

图 15　丝巾系法展示

图 16　男女站姿

图 17　男女坐姿

图 18　男士不雅坐姿

图 19　男女走姿

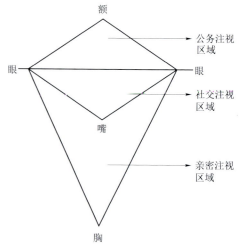

图 20　男女蹲姿　　　　　　　　　　图 21　商务中的目光区域

图 22　微笑

图 23　男士 15°、30°、45°鞠躬姿势

图 24　商务场合男士握手手位

图 25　介绍与握手礼仪

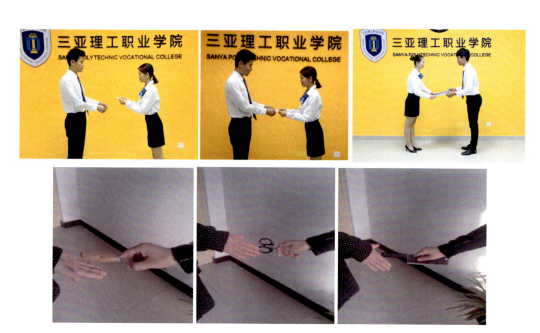

图 26 递接名片与递物手势

图 27 "请"的手势语

图 28　不雅的手势语

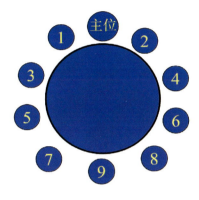 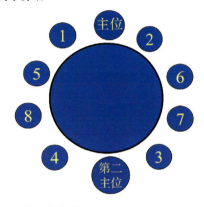

图 29　商务中的中式宴请座位安排

图 30　西餐的餐具摆放

图 31　西餐中吃水果方法

图 32　喝咖啡的不雅动作

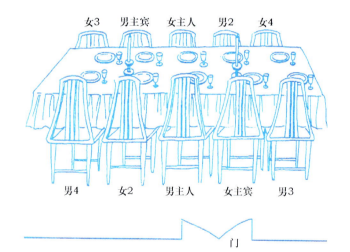

图 33　西餐座位安排

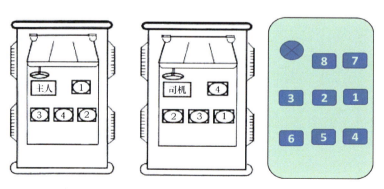

图 34　商务场合轿车座位安排

21世纪高职高专规划教材·市场营销系列

商务礼仪实务

（第2版）

主　编　饶雪玲　赵娜娜
副主编　喻琳玲　庄雪球　田　宁
主　审　李　霞　路　俊　彭伟伟

清华大学出版社
北京交通大学出版社
·北京·

内 容 简 介

本书分为3篇。第1篇介绍商务中的仪容仪表仪态礼仪,包括商务礼仪概述、仪容仪表礼仪、仪态礼仪;第2篇介绍商务交往礼仪,包括商务会面礼仪、商务拜访及接待礼仪和商务会议礼仪;第3篇介绍其他商务场合中的礼仪,包括商业仪式与专题活动礼仪、商务酒会与舞会礼仪、商务人员出国礼仪。

本书结合商务礼仪学科特点,在3篇理论教学内容中,安排了商务礼仪实务8个部分的实训指导,有个人仪容实训指导,个人仪表实训指导,站、走、坐实训指导,眼神与微笑实训指导,介绍礼仪实训指导,握手与交换名片及递物实训指导,接待情景实训指导,交际舞会实训指导。本书附录还安排了有特色的商务礼仪情景剧的编排与评价、部分测试题、常用的工具表单。全书语言简洁,可读性强,有一定的操作性。

本书可作为高职院校和中职院校相关专业公共课程学习使用,也可供企事业单位人员培训和参考借鉴。

本书封面贴有清华大学出版社防伪标签,无标签者不得销售。
版权所有,侵权必究。侵权举报电话:010-62782989 13501256678 13801310933

图书在版编目(CIP)数据

商务礼仪实务/饶雪玲,赵娜娜主编. —2版. —北京:北京交通大学出版社:清华大学出版社,2018.8(2024.7重印)

21世纪高职高专规划教材·市场营销系列
ISBN 978-7-5121-3569-7

Ⅰ. ①商… Ⅱ. ①饶… ②赵… Ⅲ. ①商务-礼仪-高等职业教育-教材 Ⅳ. ①F718

中国版本图书馆CIP数据核字(2018)第131017号

商务礼仪实务
SHANGWU LIYI SHIWU

策划编辑:吴嫱娥	责任编辑:崔 明			
出版发行:清华大学出版社	邮编:100084	电话:010-62776969	http://www.tup.com.cn
北京交通大学出版社	邮编:100044	电话:010-51686414	http://www.bjtup.com.cn
印 刷 者:北京虎彩文化传播有限公司			
经　　销:全国新华书店			
开　　本:185 mm×260 mm　印张:15.75　字数:412千字　彩插:10			
版　　次:2018年8月第2版　2024年7月第3次印刷			
书　　号:ISBN 978-7-5121-3569-7/F·1776			
定　　价:40.00元			

本书如有质量问题,请向北京交通大学出版社质监组反映。对您的意见和批评,我们表示欢迎和感谢。
投诉电话:010-51686043,51686008;传真:010-62225406;E-mail:press@bjtu.edu.cn。

前　言

人类社会唯有文化能够世代流传，生生不息。中华民族传统文化历经五千年洗礼，成为目前人类社会唯一没有中断的文明瑰宝。而中华传统文化的核心就是礼，礼的人文内涵是"爱敬谦诚雅"，这已经成为当代中国人共建美好生活的核心价值观，也越来越被西方发达国家的政治家及学者所推崇。商务礼仪是在中华传统礼仪文化的基础之上，借鉴了西方现代礼仪的规范而形成的与国际接轨的职场礼仪。

随着社会的发展，商务礼仪不再是无须多动笔墨的"小问题"，它与企业的发展壮大密切关联，这不仅在企业界达成共识，高校的大学生们也认识到，学习商务礼仪势在必行，对提高自身素质、提高人际交往的能力大有帮助。本书在讲述基本理论的基础上，侧重商务礼仪实训的指导，满足了学生对礼仪知识的学习与应用。

本书内容分为三篇。第1篇导论，介绍礼仪的起源与发展，商务礼仪的概述，个人基本礼仪；结合理论安排了个人的仪容仪表实训指导，各种仪态实训指导，眼神与微笑实训指导。第2篇介绍商务交往礼仪，具体包括商务会面礼仪、商务拜访及接待礼仪、商务会议礼仪；安排了介绍礼节、握手与交换名片、接待礼仪的实训指导内容。第3篇是其他商务场合中的礼仪，介绍了商业仪式与专题活动礼仪、商务酒会与舞会礼仪和出国礼仪；安排了交际舞会实训指导。

全书共9章内容，语言清晰流畅简洁，可读性强。结合商务礼仪学科特点，对三部分理论教学内容有针对性地安排了8个部分的商务礼仪实训指导；本书的彩图部分，提供的图片直观有效，也更清晰实用；附录安排了有特色的商务礼仪情景剧的编排与评价，有一定的操作性，增强了教材的适用性；部分测试题及常用的工具表单，方便学生和礼仪爱好者自测、自学。

本书由三亚理工职业学院饶雪玲、赵娜娜任主编，喻琳玲、庄雪球、田宁任副主编。具体分工如下：饶雪玲（三亚理工职业学院）负责第1章、第2章、第3章、第4章内容的撰写；赵娜娜（三亚理工职业学院）负责第5章、第6章内容的撰写；喻琳玲（海南科技职业学院）负责第7章内容的撰写；庄雪球（海南科技职业学院）负责第8章内容的撰写；第9章在饶雪玲老师指导下，由田宁负责撰写。全书由李霞（浙江水利水电学院）、路俊（杭州礼乐教育咨询有限公司）、彭伟伟（三亚学院）负责审核校对，饶雪玲老师负责全书的定稿。

本书配有教学课件，可从北京交通大学出版社网站（http://www.bjtup.com.cn）下载，或发邮件至 cbswce@jg.bjtu.edu.cn 索取。

本书是饶雪玲老师多年从事商务礼仪教学的成果积累。在编写过程中得到了很多同事的鼓励和支持，也参阅并引用了许多相关学者的有关著作和论述。在此，一并向他们深表谢意！

由于编者学识有限，难免有疏漏和不妥之处，敬请各位专家和读者不吝赐教，以便今后的修订日臻完善。

编　者
2018 年 5 月

　　饶雪玲，女，三亚理工职业学院经济管理系副教授，ACI 注册国际高级礼仪培训师，全国专业人才储备礼仪培训师，中国高教公关协会理事，海南省综合评标专家库评标专家，三亚市政府精神文明办特聘讲师。主持申报多项省级、厅级、市级、院级科研及教改课题；主持海南省省级线上精品课"商务礼仪"，主持海南省省级精品课"市场营销学"项目建设；荣获国家级、省级、院级多项奖励；主编教材《管理学基础》《商务礼仪实务》《商务谈判》《市场营销》等。主要研究方向：商务礼仪、市场营销、社交礼仪与沟通、企业管理、商务谈判等。

目　录

第1篇　导　　论

第1章　礼仪概述 3
1.1　礼仪 3
1.2　商务礼仪 10
1.3　礼仪修养 13
◇ 本章小结 17
◇ 复习思考题 17
◇ 案例分析题 17

第2章　仪容仪表礼仪 19
2.1　仪容礼仪 20
2.2　仪表礼仪 30
2.3　服饰色彩与穿戴搭配礼仪 40
◇ 商务礼仪实务一——个人仪容实训指导 48
◇ 商务礼仪实务二——个人仪表实训指导 51
◇ 本章小结 51
◇ 复习思考题 52
◇ 案例分析题 52

第3章　仪态礼仪 54
3.1　站、走、坐、蹲基本仪态 54
3.2　眼神与微笑礼仪 64
3.3　言谈举止礼仪 69
◇ 商务礼仪实务三——站、走、坐实训指导 79
◇ 商务礼仪实务四——眼神与微笑实训指导 82
◇ 本章小结 86
◇ 复习思考题 86
◇ 案例分析题 87

第2篇　商务交往礼仪

第4章　商务会面礼仪 91
4.1　见面介绍的礼仪 91

4.2　称呼礼仪 ·· 102
　4.3　握手与交换名片礼仪 ··· 105
　◇ 商务礼仪实务五——介绍礼仪实训指导 ··· 115
　◇ 商务礼仪实务六——握手与交换名片及递物实训指导 ··················· 115
　◇ 本章小结 ·· 116
　◇ 复习思考题 ·· 116
　◇ 案例分析题 ·· 116

第5章　商务拜访及接待礼仪 ·· 118
　5.1　拜访礼仪 ·· 119
　5.2　接待礼仪 ·· 121
　5.3　宴请礼仪 ·· 131
　5.4　馈赠礼仪 ·· 143
　◇ 商务礼仪实务七——接待情景实训指导 ··· 151
　◇ 本章小结 ·· 152
　◇ 复习思考题 ·· 152
　◇ 实训题 ··· 152
　◇ 案例分析题 ·· 153

第6章　商务会议礼仪 ·· 154
　6.1　一般会议礼仪 ·· 155
　6.2　商务谈判礼仪 ·· 164
　6.3　涉外商务会见与会谈礼仪 ··· 171
　◇ 本章小结 ·· 174
　◇ 复习思考题 ·· 174
　◇ 案例分析题 ·· 175

第3篇　其他商务场合中的礼仪

第7章　商业仪式与专题活动礼仪 ··· 179
　7.1　开业典礼 ·· 180
　7.2　剪彩与签字仪式 ·· 183
　7.3　新闻发布会与展览会礼仪 ··· 188
　◇ 本章小结 ·· 195
　◇ 复习思考题 ·· 195
　◇ 案例分析题 ·· 195

第8章　商务酒会与舞会礼仪 ··· 197
　8.1　商务酒会与舞会 ·· 197
　8.2　商务联欢会与晚会 ··· 205
　◇ 商务礼仪实务八——交际舞会实训指导 ··· 208
　◇ 本章小结 ·· 213
　◇ 复习思考题 ·· 213

- ◇ 实训题 ……………………………………………………………………… 213
- ◇ 案例分析题 …………………………………………………………………… 213

第9章 商务人员出国礼仪 ……………………………………………………… 215
9.1 出国前的准备工作 ………………………………………………………… 215
9.2 商务人员在国外的基本礼仪 ……………………………………………… 219
- ◇ 本章小结 ……………………………………………………………………… 225
- ◇ 复习思考题 …………………………………………………………………… 225
- ◇ 案例分析题 …………………………………………………………………… 226

附录A 商务礼仪情景剧的编排与评价 ………………………………………… 227
附录B 部分测试题 ……………………………………………………………… 230
B.1 礼仪常识测试题 …………………………………………………………… 230
B.2 仪容仪表形象自测题 ……………………………………………………… 232
B.3 自我评估,你是否有令女士讨厌的举止 ………………………………… 233
B.4 邀请和拜访礼仪测试 ……………………………………………………… 234
附录C 常用的工具表单 ………………………………………………………… 235
参考文献 …………………………………………………………………………… 241

第1篇

导 论

第1章 礼仪概述
第2章 仪容仪表礼仪
第3章 仪态礼仪

第1章
礼仪概述

人无礼则不立,事无礼则不成,国无礼则不宁。

——荀子

> **内容简要**
>
> 　　孔子云:"礼者,敬人也。"礼仪,是指人们在社会交往中约定俗成的基本行为规范和准则。礼仪的基本理念是以尊重为本,即要做到以对方为中心,进行良性沟通,讲究表达的形式规范。本章结合礼仪的表现形式、特征、功能,分析商务礼仪的功能与作用,礼仪与修养的关系。
>
> **学习目标**
>
> 　　1. 认识礼仪,理解商务礼仪的含义;
> 　　2. 礼仪的理念与功能,了解礼仪的作用;
> 　　3. 了解礼仪修养与提高修养的方法。

　　礼仪是指各民族在长期的社会生活和交往中,人们以一定的约定俗成并共同遵守的程序、方式来表现的律己、敬人的具体行为规范体系。商务礼仪是礼仪在商界的具体应用,它对商务活动的成败有着重要的影响。

　　在市场经济条件下,商务人员要在激烈的行业竞争中有所成就,保持良好的商业信誉和个人形象,就必须了解、熟悉和正确使用商务礼仪知识。本章将阐述礼仪与商务礼仪、商务礼仪的作用和礼仪修养等基本理论内容。

1.1 礼　　仪

　　没有良好的礼仪,其余的一切成就都会被人看成骄傲、自负、无用和愚蠢。

——约翰·洛克(英国哲学家)

1.1.1 礼仪的起源与发展

中国历史悠久，文化灿烂，在历史发展过程中，中国人自古就知礼、懂礼、讲礼，素有"礼仪之邦"的美誉。在五千年的历史演变过程中，不仅形成了一套完整的礼仪思想和礼仪规范，而且重礼仪、守礼法、讲礼信、遵礼义已内化为民众的一种自觉意识而贯穿于社会活动的各个方面，成为中华民族的文化特征。从孔子的"非礼勿视、非礼勿听、非礼勿言、非礼勿动"，到今天人们普遍倡导的"相敬如宾""礼尚往来"的社会风尚，礼不仅是中国人的行为规范和行为准则，也是人们形成良好的处世态度、人际关系的基石，而且在形成具有民族特色的生活习惯，凝聚民族力量，稳定社会秩序和推动社会进步方面，发挥了极具重要的作用。

1. 我国古代礼仪的起源与发展

礼貌、礼仪源于礼，礼之产生，可以追溯到远古时代。自从有了人，有了人与自然的关系，有了人与人之间的交往，礼便产生和发展起来。从仪式上来说礼起源于氏族公社举行的祭祖活动。在原始社会中，人们无法解释日月星辰的更替、风雨雷电的变幻和灾害瘟疫的流行等自然现象，认为冥冥之中是鬼神、祖先以超自然的力量在对人类的生活进行干预，故对之顶礼膜拜。人类最初的礼仪都是与祭鬼神、祭祖先相联系的，其主要形式是用礼器举行祭祀仪式，以表示氏族成员对神灵和祖先的敬献和祈求。因此，有礼立于敬而源于祭之说。

原始社会的生活礼仪与原始人类生产活动密切相关。比如原始人类用拍手、击掌、拥抱等来表达感情，用手舞足蹈来庆贺狩猎的胜利，这就是最初的礼节。随着原始社会的发展，人类在同自然界的斗争中开始取得成功，由此萌发了毫无节制地获取自然界恩赐的心，并企图为所欲为地侵夺他人财产，因此需要有一种能够节制人们行为的规范以维持社会生活的基本秩序，于是逐步产生了礼仪。礼仪在其传承沿袭的过程中不断发生着变革，从历史发展的角度看，其演变经历了四个阶段。

（1）起源时期

礼仪起源于原始社会时期，在漫长的原始社会历史中，人类逐渐开化，在原始社会中、晚期（约旧石器时期）出现了早期礼仪的萌芽。例如，生活在距今约3万年前的北京周口店山顶洞人，就已经知道打扮自己，他们用穿孔的兽齿、石珠作为装饰品，挂在脖子上。而他们在去世的族人身旁撒放赤铁矿粉，举行原始宗教仪式，这是迄今为止在中国发现的最早的葬仪。

综合考古学、民族学的材料可以发现，这一时期原始的政治礼仪、祭祀礼仪、婚姻礼仪等已有了雏形，但还不具有阶级性。

（2）形成时期

这一阶段大约在夏、商、西周三代。从夏朝建立起，中国社会进入了奴隶制社会。由于大规模地利用奴隶劳动，生产力比原始社会有了更大的发展，与之相适应的社会文化也得到了较大发展。在这个阶段，奴隶主阶级为了维护本阶级利益，巩固自己的统治地位，修订了比较完整的国家礼仪和制度，提出了极为重要的礼仪概念，如"五礼"（吉礼、凶礼、军礼、宾礼、嘉礼）等，确立了崇古重礼的文化传统。古代的礼制典籍亦多为撰修于这一时期，如战国时出现了中国历史上的第一部载礼书籍——《周礼》。《周礼》《仪礼》与《礼记》成为后世称道的"三礼"。"三礼"是各种礼制的总和，涵盖了中国古代礼仪的主要内容，是我国礼仪的经典之作，对我国后世礼仪的建设起到了不可估量的作用。

(3) 变革时期

这一阶段约在春秋战国时期，是我国奴隶制向封建制转变的过渡时期。西周末期，王室衰微，诸侯纷起争霸。公元前770年，周平王东迁洛邑，史称东周。承继西周的东周王朝已无力全面恪守传统礼制，出现了"礼崩乐坏"的局面。这一时期，三代之礼在许多场合废而不行。一些新兴利益集团创造了符合自己利益和巩固其社会地位的新礼。学术界百家争鸣，以孔子、孟子为代表的儒家学者系统地阐述了礼的起源、本质和功能等问题，第一次在理论上全面而深刻地论述了社会等级秩序划分及其意义，以及相应的礼仪规范、通用义务。

(4) 强化和衰落时期

这一阶段大约是从秦汉到清末时期。这一时期的重要特点是尊君抑臣、尊夫抑妇、尊父抑子、尊神抑人。在漫长的历史演变过程中，一方面，它起着调节、整合、润滑人际关系的作用，作为一种无形的力量制约着人们的行为，使人们循规蹈矩地参与社会生活；另一方面，它又逐渐成为妨碍人类个性自由发展、阻挠人类平等交往、窒息思想自由的精神枷锁。

2. 中国现代礼仪的形成和发展

1949年10月1日，中华人民共和国宣告成立，中国的礼仪建设从此进入一个崭新的历史时期。新中国成立以来，礼仪的发展大致可以分为三个阶段。

(1) 礼仪革新阶段（1949—1966年）

1949年至1966年，是中国当代礼仪发展史上的革新阶段。"神权天命""愚忠愚孝""三从四德"等封建礼教在此时期得到摒弃，同志式的合作互助关系和男女平等的新型社会关系得到确立，尊老爱幼、讲究信义、以诚待人、先人后己、礼尚往来等中国传统礼仪中的精华，则得到继承和发扬。

(2) 礼仪退化阶段（1966—1976）

1966年至1976年"文化大革命"时期，国家遭受了难以弥补的严重损失，也给礼仪带来了一场"浩劫"。许多优良的传统礼仪，被认为是"封资修"货色扫进垃圾堆，礼仪受到摧残。

(3) 礼仪复兴阶段（1977年至今）

1978年党的十一届三中全会以来，改革开放的春风吹遍了祖国大地，中国的礼仪建设进入了新的全面复兴时期。各行各业的礼仪规范纷纷出台，岗位培训、礼仪教育日趋红火，讲文明、重礼貌蔚然成风。一批涉及礼仪的报刊、图书、辞典、教材不断问世，广阔的华夏大地再度兴起礼仪文化热潮。

改革开放以来，随着中国与世界的交往日趋增强，许多礼仪从内容到形式不断革新，日新月异。我国现代礼仪以中国传统礼仪为基础，继承和发扬了中华民族在礼仪方面的优良传统，是具有时代特点的礼仪规范。同时它适应改革开放，在新的层次上同国际礼仪接轨，是符合国际通行原则的礼仪规范。

商务礼仪，是现代礼仪的重要组成部分，作为商务活动中的礼仪的具体运用，越来越受到现代人们的重视。

1.1.2 礼仪的表现形式

礼仪的内容相当丰富,其表现形式也各有不同。礼貌、礼节、仪表、仪式等,都属于礼仪表现的基本形式。

1. 礼貌

礼貌是指人们在语言、行为乃至仪表等方面对他人表示敬重和友好的行为规范,是待人接物时的外在表现,它通过言谈、表情、姿势等形式来表示对他人的敬重。礼貌包括礼貌行为和礼貌语言两个部分。礼貌行为是一种无声的语言,需要通过人们的仪表、仪容、仪态来体现;礼貌语言是一种有声的语言,要求人们说话和气,言谈得体,不讲脏话和粗话。

2. 礼节

礼节是指人们在社会交往过程中表示尊敬、问候、致意、祝愿等惯用的形式,也是表示敬意、慰问等意愿要遵循的常规举止,是待人接物的行为规则,是礼貌的具体表现形式。

3. 仪表

仪表是指人的容貌、姿态、风度、服饰和个人卫生等方面的综合体现,是礼仪的重要组成部分。

4. 仪式

仪式是指礼仪展现的程度和形式。仪式是礼的程序表现方式,是一种重大的礼节,即为表示敬意或表示隆重而在一定场合举行的、具有专门程序的规范化的活动。

近代以来,仪式的应用范围逐步缩小,主要应用于重大的庆祝活动以及国际交往等。人与人之间交往的礼节,也趋向于简单、灵活和实用。

礼仪、礼貌、礼节三者之间的关系为:通常礼貌是道理,礼节是形式,礼仪是体系;道理是内驱力、形式是外包装、体系是综合表现。

总之,礼貌、礼节、仪表和仪式等都是礼仪的具体表现形式,它们是互相联系的。遵循礼仪就必须在思想上对交往对象有尊敬之意,谈吐举止上懂得礼仪规矩,外表上注重仪容、仪态、风度和服饰,在正式的礼仪场合遵循一定的典礼程序等。

1.1.3 礼仪的特征

礼仪作为一种文化现象和社会交往的规范,具有以下特征。

1. 规范性

礼仪是一种行为规范,既有内在的道德准则,又有外在的行为尺度,礼仪对人们的言行举止和社会交往具有普遍的规范、约束作用。礼仪涉及社会的方方面面，内容丰富，对人尊重、有礼貌是任何人都能理解和看重的友好行为表现。不同的人群在生活、学习和工作的领域里，都有大家共同约定俗成的言语和行为。

2. 继承性

礼仪是一个国家、民族传统文化的重要组成部分。每一个民族的礼仪文化，都是在本民族固有礼仪文化的基础上，通过不断吸收其他民族的礼仪文化而不断发展起来的。我国的现代礼仪就是在优秀的中华传统礼仪文化的基础上，广泛吸收东西方礼仪文化之长而形成和发展起来的，依旧保持和延续着中国特色。

3. 差异性

礼仪规范约定俗成，不同国家、地区，由于民族特点、文化传统、宗教信仰、生活习惯不同，往往有着不同的礼仪规范，"十里不同风，百里不同俗。"这就需要增加了解，尊重差异。但在具体运用时，由于文化传统、风俗习惯与宗教信仰的不同以及时间、空间或对象的差别，存在着很大的差异。这主要表现在三个方面：一是同一种礼仪内容由于时间、空间的差别，有着不同的表现形式；二是同一种礼仪形式，在不同的国家、地区或民族间有着不同的意义；三是同一种礼节，在不同场合、对不同对象也有细微差别。

4. 操作性

礼仪规范以人为本，重在实践，人人可学，习之易行，行之有效。在礼仪的运用中，应当怎样表现对人的尊重，都有切实可行、行之有效的具体操作方法。礼仪的操作性说明礼仪的行为是互动的，在一方施礼的情况下，另一方做出相应的反应状态，表现了双方是相互尊重、有礼貌的，否则即被视为失礼。正所谓"礼尚往来，往而不来，非礼也；来而不往，亦非礼也。"

5. 发展性

礼仪随着时代发展变化而吐故纳新，随着内外交往日益频繁而互相借鉴吸收。礼仪的发展变化过程，是继承与创新相统一、差异与交融相伴生的过程。

礼仪作为一种行为规范，是随着社会时代的发展而发展、历史的进步而进步的。它不仅是特定时代人际关系的润滑剂，而且在内容和形式上也都在与时俱进，具有明显的社会文化和经济发展的烙印，而且随着国家之间交往的扩大，与国际接轨也越来越明显，因此这种发展性也被称之为时代性。

《礼记·曲礼》指出，礼仪是人区别于动物的根本标志。"鹦鹉能言，不离飞鸟；猩猩能言，不离禽兽。今人而无礼，虽能言，不亦禽兽之心乎？"人类如果没有礼仪，虽然能够说话，不也是同禽兽一样吗？人以礼仪道德使自己区别于禽兽，礼仪的本质特征是使人成为人，并使人高于动物之上。

崇尚礼仪，是中华民族的优良传统，也是现代社会公民必备的基本素质和精神追求。

1.1.4 礼仪的本质

礼的核心是尊重，仪是规范表达，礼仪作为交往的艺术，重在结交，强调互动。

尊重强调自尊自爱和尊重对方。要尊重对方就应该以尊重为本，以对方为中心，接受对方，与对方保持规范的良性沟通与互动。

美国著名行为科学家乔治·梅奥先生说过："尊重别人就是尊重自己，发现别人的优点，实际上就等于肯定自我，说明你宽容，说明你谦虚，说明你好学。"尊重，对人表现出友好、真诚、平等、善良，给予人理解、尊重、平等、热情；对事表现出专业、自信、乐观、积极。如尊重的五句话：尊重上级是天分，尊重同事是本分，尊重下级是美德，尊重客户是职责，尊重所有人是素质。尊重的三个法宝是接受、重视、赞美。

与人交往尊重为先，尊重别人就是尊重自己，要善于发现别人的所长。尊重对方有什么方法吗？美国学者布吉尼教授提出来的3A原则很实用。3A是由accept（接受）、appreciate（欣赏）、admire（赞美）三个单词的第一个字母组成的。3A原则强调了对交往对象尊重的三大途径。第一，接受对方，宽以待人，不要难为对方，让对方难堪。如在交谈时强调不要打断别人，不要轻易地补充对方，也不要随意更正对方，非原则性问题就接受对方。第二，重视对方，欣赏对方。要看到对方的优点，不找对方的缺点，更不能当众指正。重视对方的技巧主要包括：首先要在人际交往中善于使用尊称来表达敬意和友善，如称呼对方的行政职务、技术职称等，也可以请教对方的擅长，以提高对方的地位；其次要认真记住对方，不能把对方的名字写错、念错，记住对方会让对方觉得你很重视他。第三，要及时赞美对方，对交往对象给予一种赞美和肯定。赞美对方一定要实事求是，不能太夸张。使用3A原则的细节包括：看着对方的眼睛，体现重视；使用适当的动作来表达支持和理解；面带笑容。

1.1.5 礼仪的功能与作用

礼仪是人们在社会交往中约定俗成的行为规范和准则。

礼仪是人类文明延续的结果，是一个国家、民族、地区和个人道德文化水平发达程度的重要标志，也是一个团体、组织和个人形象的反映。

1. 礼仪功能

（1）从个人角度讲，礼仪的功能首先在于提高人们的自身修养，使人们在社会中得到愉快的尊重。其次，礼仪可以增强个人的自信和魅力，促进人们的社会交往，改善人际关系，是个人社交的身份牌。

在人际交往中，你不尊重他人，就得不到他人的尊重。交往是生活事业的一部分，没有良好的礼仪教养，生活及其事业都不可能得到成功。或者，得不到应有的成功程度，生活质量、事业成功的可能都会大打折扣。礼仪是个人文化与道德修养的体现，与文化水平成正比，所以礼仪教养也是能力。礼仪教养是我们生活交往中不可缺少的润滑剂，是事业成功的敲门砖。没有人会喜欢一个缺乏教养、出言不逊、举止粗俗、行为猥琐，或者小气无礼的人。

礼仪对个人来讲是人与人之间的润滑剂，是个人呈给社会的名片。有礼走遍天下，每个人都应递给社会一张彬彬有礼的名片。

（2）从社会角度讲，礼仪在社会中也发挥着不可缺少的功能。

① 协调维护社会秩序，体现和谐社会，展示社会文明。社会有很多规范，它们发生作用的方式及渠道不同。没有什么比礼仪规范更渗透在生活的方方面面。可以说，缺少礼仪规范的社会是不和谐、不稳定的社会。社会上人人讲礼习礼用礼，能够净化与提升社会风气，也是和谐社会的直接体现。

一个社会进步还是落后，文明还是野蛮，通过礼仪这个窗口就能够判断出来。越进步越文明的社会，就越讲究礼仪，社会成员的礼仪教养也就越好。

② 沟通、协调人际关系。礼仪对于协调人际关系、沟通人与人之间的情感非常重要。人与人之间要和谐相处，更多的是需要沟通、理解、合作。西方一位礼仪专家曾说："礼仪看上去有无数的清规戒律，但其根本目的却在于让世界成为充满生活乐趣的地方，使人们变得和蔼亲近。"总之，礼仪可看作是人际交往的润滑剂和生活艺术。

2. 礼仪的作用

现代礼仪在当前社会生活中发挥了重要的作用，从个人方面和社会方面都略见一斑。

1）讲究礼仪是一个人公共道德修养在社会活动中的体现，反映了一个社会的文明程度

个人礼仪是个人道德品质、文化素养、教养良知等精神内涵的外在表现。其核心是尊重他人，与人友善，表里如一，内外一致。讲究个人礼仪是社会成员之间相互尊重、彼此友好的表示，也是一个人的公共道德修养在社会活动中的体现。个人礼仪如果不以社会公德为基础，以个人品格修养、文化素养为基础，而只是在形式上下功夫，势必事与愿违。因为它无法从本质上表现出对他人的尊敬之心、友好之情，因而也就不可能真正地打动对方，感染对方，不能增进彼此间的友谊及融洽彼此间的关系。

就国家而论，个人礼仪乃属一种社会文化，是构成社会主义精神文明的基本要素，也是一个国家文化与传统的象征，更是治国教民的经典。我国古代人们对个人礼仪所产生的社会效应就有较为深刻的理解，《管子·牧民》中的"礼义廉耻，国之四维"，更明白、直接地将"礼"列为立国四精神要素之首，可见其突出的社会作用。

2）礼仪是人们相互交往的行为准则

人作为社会的一员，其社会生活是多方面的，涉及的社会关系包括阶级关系、党派关系、民族关系以及家庭、亲属、师生、朋友关系等。这些关系涉及经济、政治、思想、文化、法律、宗教等各种领域。无论何种社会关系，都必须通过交往才能表现出来。要想使人们的交往得以顺利进行，必须时时处处讲究礼仪。如从平时的走亲访友、接打电话，到参加宴会或舞会，从主持会议、接待来访，到参加商务谈判或外事活动等，都要遵守一定的礼仪规范。只有讲究礼仪，在社会交往中对人以礼相待，才能赢得对方的好感与信任，使彼此的交往产生良好的效果。

3）礼仪奠定了个人社交形象的基础

一个人的音容笑貌、言行举止、着装打扮以至气质修养，都是形象的构成要素。人的外表形象在待人处事、交往应酬中所起的作用是不容忽视的。整洁大方的个人仪表、得体的言谈、高雅的举止、良好的气质风度，往往会给对方留下深刻而又美好的印象，从而建立起友

谊和信任关系，实现社交的目标。

4）礼仪是促进国际交流与合作的手段

在我国的对外交往中，既有各国友人到我国来旅游、访问、学习、工作和经商，也有我国人民前往世界各地旅游、留学、探亲、访问、考察和经商。这就要求我们，既要继承和发扬我国优良的礼仪传统，保持礼节与礼仪的民族特色，又要吸收外国礼仪中一些好的东西和一系列国际通行惯例，为我所用；既要不断有所创新，又要尊重各国因不同的文化传统和道德规范形成的风俗习惯，使自己的言谈举止、待人接物合乎礼仪，注重礼仪的实效。

小视频

礼仪之邦手语舞

1.2 商务礼仪

美德是精神上的一种宝藏，但是使美德产生出光彩的则是良好的礼仪。

——约翰·洛克

在商务场合中，个人的能力、才华、业绩、成就和形象要能得到群体的接纳，得到社会的认可和好评，讲究礼仪是建立良好的合作关系的重要的一把金钥匙。

1.2.1 商务礼仪概述

1. 商务礼仪的含义

商务礼仪是商务人员在商务活动中，用以维护企业或个人形象，对交往对象表示尊重与友好的行为规范。它是一般礼仪在商务活动中的运用和体现。

2. 商务礼仪的原则

在运用商务礼仪时，应该做到言行文雅，态度恭敬，尊重他人，平等待人等方面，具体应遵循以下原则。

1)"尊敬"原则

尊敬是礼仪的情感基础。在当今社会，人与人是平等的，尊敬长辈，关心客户，这是一种至高无上的礼仪，说明一个人具有良好的个人素质。"礼"的良性循环就是借助这样的机制而得以生生不息。尊敬人还要做到入乡随俗，尊重他人的喜好与禁忌。总之，对人尊敬和友善，是处理人际关系的一项重要原则。

2)"真诚"原则

商务人员的礼仪主要是为了树立良好的个人和组织形象。礼仪对于商务活动的双方来说，真诚原则有益于双方合作愉快，维护良好形象。同时商务活动越来越注重其长远效益，只有恪守真诚原则，着眼于未来，通过长期潜移默化的影响，才能获得最终的利益。

3)"谦和"原则

"谦"就是谦虚，"和"就是和善、随和。谦和表现为平易近人，热情大方，善于助人，乐于听取他人的意见，显示出虚怀若谷的胸襟。谦和既是一种美德，也是商务场合获得合作成功的重要条件。商务人员只有举止、言谈、态度都谦恭有礼时，才能获得对方的尊重与帮助。

4)"宽容"原则

宽即宽待，容即相容。宽容就是心胸坦荡、豁达大度，能设身处地地为他人着想，谅解他人的过失，不计较个人得失，有很强的容纳意识和自控能力。从事商务活动要宽以待人，在人际纷争问题上能够保持豁达大度的品格和态度。因为在商务活动中，处于各自的立场和利益，难免出现冲突和误解。遵循宽容原则，凡事想开一点，眼光看远一点，善解人意、体谅别人，才能正确对待和处理好各种关系与纷争，争取到更长远的利益。

5)"适度"原则

在商务交往中，沟通和理解是建立良好人际关系的重要条件，但如果不善于把握沟通的情感尺度，即人际交往缺乏适度的距离，结果会适得其反。在一般的交往中，既要彬彬有礼，又不能低三下四；既要热情大方，又不能轻浮阿谀。所谓适度，就是要求商务人员在自律基础上，注意情感适度，谈吐适度，举止适度。只有这样才能真正赢得对方的尊重，达到沟通的目的。

总之，掌握并遵行商务礼仪原则，做待人诚恳、彬彬有礼之人，在人际交往和商务活动中，就会受到别人的尊敬。

3. 商务礼仪的适用范围

商务礼仪的适用范围，从理论的层面上讲，一是初次交往要讲究商务礼仪。包括企业之间的交往以及商务人员之间的初次交往，体现尊重和适度原则。二是公务交往，就是代表公司，代表企业进行商务活动时，是要讲礼仪的，公务交往讲礼仪能够维护好企业形象。如庆典、仪式、商务会议、记者招待会、发布会、博览会、商务谈判等场合，商务礼仪最值得注意。三是涉外交往中，要讲究商务礼仪，要多了解和尊重对方的风俗习惯。如赠送礼品时，菊花不可以送给外国人，尤其是欧美人。

1.2.2 商务礼仪的作用

商务礼仪在国外也称为商务外交，也有的称为有效的沟通，是关于人与人交往的艺术。商务礼仪讲究的是与人合作的问题。其在运用中的难点是，要使我们被对方所了解和接受，对方愿意与我们愉快合作。因此商务人员养成良好的礼仪习惯，让自己变成一个受欢迎的职业人士是很重要的。商务礼仪的作用主要表现在提高个人素质和维护企业形象方面。

1. 提高商务人员的个人素质

市场竞争最终是人员素质的竞争，对商务人员来说，商务人员的素质就是商务人员个人的修养和个人的表现。教养体现于细节，细节展示素质。所谓个人素质，就是在商务交往中待人接物的基本表现，如有教养的人在大庭广众之下是不高声讲话的，在外人面前是不吸烟的。

2. 建立良好的人际沟通

遵循商务礼仪可以更好地向交往对象表示尊敬之意，赢得对方的好感，有助于建立良好的人际沟通。

古语曰："礼者，敬人也。"尊敬他人是获得他人好感进而友好相处的重要条件；反之，自高自大，忽略他人的存在，就很难得到他人的配合，这是一种不懂礼貌的表现。在商务交往中，如拜访要预约，预约要准时，接打电话有基本的礼仪程序。不懂礼貌、不懂规矩往往会把事情搞砸。

3. 维护好企业形象

所谓企业形象，是指企业自身行为通过传媒，在消费者及社会公众心目中所确立的综合印象，也就是消费者及社会公众对企业的全部看法和总体评价。

小思考

1. 商务人员在活动中为何要遵循商务礼仪？
答：① 遵循商务礼仪可以给人留下良好的第一印象；
② 遵循商务礼仪可以充分展示商务人员良好的教养与优雅的风度；
③ 遵循商务礼仪可以更好地向交往对象表示尊敬、友好之意，赢得对方的好感。
2. 商务人员应该如何维护企业的形象？
答：① 强化商务人员的敬业精神；
② 不断提高服务质量；

③ 正确处理商务中的矛盾纠纷；
④ 保持良好的职业修养。

1.3 礼仪修养

唯宽可以容人，唯厚可以载物。

——薛宣

1.3.1 礼仪修养的含义

"修养"，主要是指人们在思想、道德、学术以至技艺等方面所进行的勤奋学习和刻苦锻炼的功夫，以及经过长期努力所达到的一种品质和能力。礼仪修养，主要是指人们按照一定的礼仪规范要求，在礼仪意识等方面所进行的自我锻炼和自我改造，以及由此形成的良好礼仪品质和礼仪意识。礼仪修养规范着人们的礼仪行为。

孔子说："质胜文则野，文胜质则史。文质彬彬，然后君子。"意思是说，一个人具有良好的品德，但不讲究举止、礼节，就显得粗野；只讲究举止、礼节，而没有良好的品德，又显得虚伪。只有既注重学识品德的修养，又讲究仪表礼节、举止文雅，才是值得尊敬的君子。

礼仪行为是人们在一定的礼仪意识的支配下，在人与人之间交往的过程中所表现出来的行为。提倡开展礼仪教育的根本目的，在于培养人们的礼仪品质与礼仪意识，提高人们的礼仪修养。

1.3.2 礼仪修养的特征

1. 礼仪修养的同步性

礼仪认识、礼仪情感和礼仪行为习惯等构成了礼仪品质的基本要素。这些基本要素是紧密联系、不可分离的。要提高礼仪修养，三者都不可偏废。人们在提高礼仪认识的同时，培养礼仪情感，并养成良好的礼仪行为习惯，便能够实现礼仪修养的同步性。

2. 礼仪修养的时代性

礼仪修养的时代性，即礼仪修养必须适应当时社会实践的客观状况和客观要求。今天社会发展对于人的礼仪要求，提倡在人与人之间平等协作关系的基础上相互尊重、尊敬、关怀、真诚。提高礼仪修养，就必须与时代的实践状况和要求相适应，反映社会的道德要求与时代风尚。

3. 礼仪修养的长期性

提高一个人的礼仪修养，形成礼仪行为的自觉性，必须经过长期反复的陶冶、磨炼。同时，礼仪修养除了提高对礼仪的认识之外，还包括培养礼仪情感，养成礼仪良好习惯等要求。实现这些要求比单纯地提高认识要复杂得多，也困难得多。例如，大家都知道人们在社会交往中的言谈举止必须文明、得体，符合礼仪规范的要求，但要真正做到这一点，必须经过反复的学习和实践。只有经过长期的努力，才能逐步提高礼仪行为上的自觉性，达到"从必须遵守变成习惯于遵守"的境界。

1.3.3 礼仪修养的相关因素

1. 道德修养

道德是一定社会或阶级调整人和人之间以及个人和社会、阶级、国家、民族之间关系的行为准则和规范的总和。礼仪，作为一种社会行为规范和准则，属于社会公德的内容之一，也是道德的外在形式，道德是礼仪的基础，二者是"形于外而诚于中"的关系。任何一种礼仪都离不开道德，"道德仁义，非礼不成"，以礼待人，按礼行事，正是道德高尚的反映。

礼仪和道德的关系，我国早在春秋战国时期就有所论述。荀子说过："故学至乎礼而止矣，夫是之谓道德之极。"意思是说，一个人学习了礼并按照它的要求去做，就具备了最高道德。

礼与道德相辅相成，礼是道德规范的外在表现形式，道德是做人的根本，它反映了礼的高境界追求。

2. 塑造性格

性格是一个人对待事物及生活稳定的态度和习惯行为方式。按照人的心理活动倾向划分，可将人的性格划分为内向型和外向型；按照情绪、意志、理智所占的优势划分，可将人的性格划分为情绪型、意志型、理智型；按照个人独立性的程度划分，可将人的性格划分为顺从型和独立型。对人的性格特征的分析，目的是实现性格的重塑。

> **知识点**
>
> 1968年，美国的心理学家安德森通过研究发现最受人欢迎的性格特征是：
> ① 诚恳；
> ② 诚实；
> ③ 了解；
> ④ 忠心；
> ⑤ 可信；
> ⑥ 可依赖；
> ⑦ 聪明；

⑧ 关怀细心；
⑨ 体谅；
⑩ 热忱。

人们都愿意和友善真诚的人交往，而不愿意和虚伪狡诈的人打交道。所以，人们在提高自身礼仪修养的同时，还必须善于发现和改正自身性格上的弱点或缺陷，努力培养健康的性格。

3. 风度与气质的培养

风度，是指人的美好的言谈举止和心态。它通过人的音容笑貌、言谈举止和服饰打扮等外在形式表现出来，它是人格魅力的辐射、内在气质的焕发，是一种可品味而难以言传的综合品格的表现。风度融精神境界、道德风范、文化素养、才情趣味于一体，是一个人内慧外秀的统一。美的风度能给人以力量、信心和美感，能引发人们对交际的向往，是导致交际和事业成功的重要因素。美国前总统尼克松在他的回忆录中是这样描写周恩来总理的："他待人很谦虚，但沉着坚定。他优雅的举止，直率而从容的姿态，都显示出巨大的魅力和泰然自若的风度。"风度来自良好的道德修养和丰富的文化内涵。

气质是个性的重要组成部分。心理学家认为，气质是一个人出生时所固有的、典型的、稳定的心理特点。一般把人的气质划分为多血质、胆汁质、黏液质、抑郁质4种类型。不同气质类型，对人的性格影响也不同。多血质和胆汁质类型的人，他们的性格特征常表现为豪放、机敏、乐观等，在人际交往中会显得风度潇洒、热情直率，能迅速吸引别人的注意。但多血质类型的人，粗心浮躁，感情易变；胆汁质类型的人，自制能力差，表达方式简单。黏液质类型的人情绪稳定，处事冷静。抑郁质类型的人，对事物体验深刻，善于察觉别人不易注意的细小事物。后两者类型的人在社交场合中，一般显得比较被动。就气质类型而言，并无好坏之分。正确认识自己的气质类型，就可以扬长避短，使自己的形象不断完善。

4. 审美修养

所谓审美，就是人们对美的发现、理解、把握及创造。人们的审美观，是由人们的价值观所决定的。现代礼仪要求人们用一系列的行为道德规范去支配自己的言行，做到心灵美与外在美的统一。

1.3.4 提高礼仪修养的方法

英国哲学家约翰·洛克曾说："礼仪是儿童与青年所应该特别小心养成习惯的第一件大事。"如今，随着社会的进步、社交的扩大，人们的日常生活越来越离不开礼仪，提高礼仪修养越来越被有识之士所重视和关注，也已成为人们的共识。

1. 在实践中锻炼，提高礼仪教育的操作性

结合社会经济发展和现代礼仪的内容，要提高礼仪修养，就必须充分强调实践的作用，懂得与实践相联系是礼仪修养的根本方法。一切礼仪修养，如果脱离了实践，就必然成为空洞的礼仪说教。在实践中锻炼才能认识到自己的哪些行为符合礼仪规范的要求，哪些行为不符合礼仪规范的要求。同样，要克服自己的失礼行为与习惯，培养自己的礼仪品质，也必须依赖于交往实践。

礼仪教育不是单纯的知识教育，它具有十分鲜明的操作性和实践性。所谓礼仪教育的操作性，是指礼仪教育与实际操作密切相关。对于具体的礼仪规范，了解它是一回事，而进行实际操作又是一回事。如果把礼仪规范只是当作一般知识来传授，"光说不练"，是行不通的；只有经过实际的训练，礼仪教育才能收到较好的成效。所谓礼仪教育的实践性，是指礼仪教育具有知行合一的要求。学了礼仪，知道了礼仪的规范和要求，就应该付诸行动，按礼仪的规范、要求去做。如果学了礼仪之后，掌握了有关的礼仪知识，并且也会实际操作，但就是不愿身体力行；学的是一套，而实际做的则是另一套，这样的礼仪教育也是不成功的。

2. 多方面寻找学习与模仿的榜样

在礼仪修养方面，榜样的力量是无穷的。榜样可以从许多伟人身上寻找，也可以从日常生活中身边的普通人身上寻找到。如学习他们时时处处以礼待人与诚恳的态度、健康的性格与文雅的谈吐、得体的仪态和表情动作等。礼仪体现的是"于细微处见精神"。

例如，伟大的革命导师列宁，有一次到理发室理发。一进门，他发现已有许多人在那里等候，就问道："谁是最后一位？"大家一看列宁也来理发了，纷纷站起来，抢着说："列宁同志，您工作忙，请您先理！"列宁回道："谢谢同志们！不过，我们自定的法律规定，应该在一切琐碎的生活中都遵守它。"说着，他就在一张椅子上坐下来等候，并从衣袋里掏出报纸看了起来。排队等候理发的"小事"反映了伟人守礼的品德。

3. 提高认识，多自我解剖

一个人的礼仪行为往往与其对礼仪的认识有关。很多礼仪失误者，往往认为礼仪是"小节"，是"形式"，无关大局，有的根本就不知礼仪为何物，甚至有人认为不受礼仪的"约束"，是追求"自我价值"的体现，无礼却自以为荣。所以，要提高礼仪水平和礼仪修养，首先应该提高对礼仪重要性的认识。

礼仪修养的过程，也是自我监督、自我教育的过程。它要求人们对自己的社交行为进行正确的自我评价，弄清楚在礼仪规范方面，自己哪些地方做得比较好，哪些地方做得不够。既要善于发现、发扬自己的优点和长处，又要善于正视、改正自己的弱点和不足。"知己者明"，多进行自我解剖才能减少用礼行礼的失误，抛弃轻视礼仪的观念和失礼的言行，培养起良好的礼仪品质和礼仪意识。

4. 培养守礼的好习惯

礼仪既是一门学问，更是一种行为规范，一个人不论他在社会中扮演何种角色，他的言行举止都要符合现代礼仪的要求和基本规范。只有养成长期的礼仪意识和守礼的好习惯，养成时时处处用礼规范，才能有形无形地带动社会风气好转，使我们的社会更加文明。

本 章 小 结

本章所讲授的是礼仪概述,分析了礼仪与商务礼仪的区别,论述了礼仪修养的特征与提高礼仪修养的方法。

- 1.1 节讲授的是礼仪。主要是从概念上进行认识和理解。介绍了礼仪的起源与发展、礼仪的表现形式,分析了礼仪的特征及本质,讲授了礼仪的功能与作用。
- 1.2 节讲授的是商务礼仪。介绍了商务礼仪的含义、原则、适用范围及作用。
- 1.3 节讲授的是礼仪修养。具体包括礼仪修养的含义与特征,分析了礼仪修养的相关因素和提高礼仪修养的方法。

复习思考题

1. 简述礼仪的起源与发展过程。
2. 简要分析商务礼仪的原则。
3. 为什么说商务人员应该维护企业的形象?
4. 你认为礼仪有哪些功能?
5. 礼仪修养与哪些因素相关?请举例说明。
6. 你认为提高礼仪修养有什么方法?请分组讨论。

案例分析题

1. 周总理亲切、友好的"寒暄"

1971 年 9 月,基辛格为尼克松总统访华一事而前来谈判。当时中美关系冷冻了二十几年,刚开始有些微妙变化。美国代表时时猜测着周总理会以什么样的态度对待他们,当周总理出现在美国代表团面前时,美国人都不免有些紧张。周总理会意地微笑着,伸手与基辛格握手,并友好地说:"这是中美两国高级官员二十几年来第一次握手。"

基辛格一一将自己的随员介绍给周总理。

"约翰·霍尔德里奇。"基辛格指着一位大高个儿说。周总理握着霍尔德里奇的手,说:"我知道,你会讲北京话,还会讲广东话。广东话连我都讲不好,你在香港学的吧?"

基辛格介绍斯迈泽:"理查德·斯迈泽。"

周恩来握着斯迈泽的手说:"我读过你在《外交季刊》上发表的关于日本的论文,希望你也写一篇关于中国的。"

洛德没等周恩来开口就自报姓名:"温斯顿·洛德。"

周恩来握着洛德的手摇晃:"小伙子,好年轻。我们该是半个亲戚。我知道你的妻子是中国人，在写小说，我愿意读到她的书，欢迎她回来访问。"

（陈敦德. 毛泽东·尼克松在1972. 北京：解放军文艺出版社，2009：186）

分析：总理这样的"寒暄"有必要吗？

2. 介绍信

某公司登报招聘一名文职人员，有30多人前来应聘。入选的是一位既没有带介绍信，也没有人推荐的小伙子。人问其故，经理解释说："他带来了许多介绍信。他神态清爽，服饰整洁，在门口蹭掉了脚下带的泥土，进门后随手轻轻地关上了门，说明他做事有条不紊、小心仔细；当他看到那位残疾人时，就立即起身让座，表明他心地善良、体贴别人；进了办公室，其他人都从我故意放在地板上的那本书上迈过去，而他却很自然地俯身捡起它并放在桌子上，并且在回答我的提问时简洁明了、干脆果断，证明他既懂礼貌又有教养，难道这些不就是最好的介绍信吗？"

分析：你认为是这样吗？请从对礼仪的认识角度进行分析。

第 2 章
仪容仪表礼仪

端庄的仪表与整洁的服饰就是最好的推荐信。

——原一平

内容简要

仪容仪表礼仪，是指个人修饰与打扮的基本规范。商务人员注重仪容仪表之美，直接关系到自身形象和公司形象，是尊重工作的表现。本章讲授的内容，包括护发、化妆、职业装的穿戴与原则，以及服饰色彩搭配等方面的礼仪。

学习目标

1. 学习化妆的基本内容与操作；
2. 掌握仪表礼仪的原则；
3. 了解服饰色彩内容；
4. 穿戴搭配技巧与运用。

在与人交往中，心理学家认为最能引发第一印象的是人的外在形象。尤其是在初次交往中，第一印象至关重要。人的外在形象即人的外表，它包括人的容貌、服饰、姿态和风度等，是构成交际"第一印象"的基本因素，在人际初次交往中所占比例高达55%，所以有人说形象创造财富，市场竞争就是形象的竞争，形象就是品牌。

在今天，个人形象通常包括仪表、表情、举止动作、服饰、谈吐和待人接物六要素。美好的个人形象，不仅给人以视觉上的享受，而且给人以人格上的尊重，对人际交往和事业成功具有极大的益处。一个人的形象是一份特殊的资产，美好的形象更是无价之宝。商务人士塑造出令人赏心悦目的形象，可谓成就社交、事业之基础。

商务人员个人端庄的形象，是企业形象、产品形象、服务形象三者的结合。因此，商务人员应该更多地关注自我的仪容仪表之美，以后天的努力造就协调美、整体美。

2.1 仪容礼仪

世界上只有懒女人,没有丑女人。

——索菲亚·罗兰

仪容,主要是面部,广义上还包括头发、手部,以及穿着某些服装而暴露出的腿部。

仪容之美即人的容貌美,包括发式、面容、颈部和手部之美。追求容貌的美本是人们的天性。随着人民生活水平的提高和社会交往的密切,各行各业的人们都力求以一种美好的容貌出现在公众的面前。这既维护了个人的自尊,又体现了对他人的尊重。仪容美的塑造是一项艺术性和技巧性很强的系统工程,其中美容美发尤为重要。

2.1.1 仪容的修饰

容貌是人与人交往时最引人注意的部位,认识、记住一个人,往往从容貌开始。

仪容的修饰主要是面部和发型的修饰,修饰仪容不仅是打扮和美容,实际上体现的是个人良好的精神面貌和对生活的乐观、积极的态度。修饰仪容的基本规则是美观、整洁、卫生、得体。不论男女,都要注意头发、面部化妆、颈部、手臂、腿部等几个方面。仪容美的一个基本要求是面部清洁。

面部是一个人最突出的代表部位,面容是否洁净,是有生气、有光泽,还是灰暗、死气沉沉、憔悴疲倦,关系到个人留给他人的印象。面部修饰要分析皮肤类型,适当进行护理与化妆。

修饰发型需要考虑职业特点、类型与身材搭配。头发要洁净、整齐,无头屑,男性不留长发,女性不做过于时尚和奇异的发型。

1. 面部的修饰

修饰面部,首先要及时清洁面容,保持面部干净、无汗渍等不洁之物。

1) 洗脸

清洁面部最简单的方式,就是勤于洗脸。

正确的洗脸方法是:用温水先润湿脸部,再用适量的适合自己皮肤的洗面奶、洗面乳,用双手的中指、无名指由下颌向上揉搓,手指由内向外打圈,经过鼻翼两侧至眼眶,再颈部、耳部反复多次,以达到对皮肤彻底清洁的目的。最后,用温水洗净面部。

洗完脸后最好坚持2~3分钟的面部按摩,会得到意想不到的效果。坚持有规律的适度的按摩可以促进血液循环、加速新陈代谢,有效地防止皮肤的皮下脂肪层松弛和老化。

2) 清洁眼部

眼睛,是人际交往中被关注最多的地方,因此对它的修饰是面部的首要之处。

(1) 保洁

保洁是指要及时清除眼部分泌物或沾染的其他不洁之物。一般情况下，眼睛应该无眼屎，无睡意，不充血，不斜视。

若感染了眼部疾病，要及时就医，自觉避免社交活动。商务人员一般不用人造睫毛。

(2) 修眉

眉毛的形状不雅观的话，可进行必要的修饰。但尽量不要文眉，更不要剃眉毛。

(3) 眼镜

戴眼镜者，要注意保持眼镜端正、洁净明亮。商务人员一般不戴墨镜或有色眼镜，外出戴墨镜进入室内一定要及时收好。不戴夸张性的装饰眼镜。

3) 清洁鼻腔

鼻子处于五官中心部位，是面部最突出的部分。要随时保持鼻腔的清洁，首先不要随便吸鼻子，擤鼻涕；其次，也不要当众用手挖鼻孔或让别的东西充塞鼻孔。

此外，有些人鼻毛过长、过旺，有碍美观，要用小剪刀经常修剪一下长到鼻孔外的鼻毛。

4) 清洁嘴巴

(1) 护理口腔卫生

牙齿洁白，口腔无异味，是对口腔的基本要求。注意护理口腔，还应当特别注意口中的异味，也就是我们通常所说的口臭。与人交谈的时候如果口中发散出难闻的气味，会使对方很不愉快，自己也很难堪。

有时候我们吃了葱、韭菜、大蒜、萝卜等刺激性食物，也会产生强烈异味，所以在与人交往、工作之前，如果碰巧吃了这一类食物，可在口中嚼一点茶叶、红枣和花生，它们有助于清除异味。必要时可以使用口香糖减少口腔异味，但应该指出，参加比较正式的交际活动前，吃葱、蒜等让口腔发出刺鼻气味的食物，或在他人面前大嚼口香糖是不礼貌的行为。

建议商务人员应坚持每天早、中、晚刷三次牙。尤其是饭后，一定要刷牙，以去除残渣、异味。平时饭后最好不要剔牙，切忌不加掩饰地当众剔牙。

与人交谈时，不要用手撕嘴上的死皮或用牙齿咬嘴唇，口角上不应有白沫。

注意龋齿、牙龈炎、牙槽脓肿、口腔溃疡等口腔疾病，它们也容易造成口中异味，单靠刷牙漱口的方法不可能消除，要及时就医治疗。

(2) 禁止异响

异响是指嘴、鼻子及其他部位发出的咳嗽、哈欠、喷嚏、吐痰、吸鼻、打嗝等不雅之声的统称，在公共社交场合和正式场合应当禁止出现。禁止异响，重在自律。如果不慎弄出了异响，要向身边的人道歉。

(3) 及时剃胡须

成年男士唇间长有胡须是生理特点。在交际场合和正式场合，男士不剃须，任其生长，邋邋遢遢随意会被认为是不礼貌的行为，也很不雅观。但有宗教信仰或特殊需要的人士除外。

5) 耳朵

平时洗澡、洗头、洗脸时，应安全地清洗一下耳朵，及时清除耳道中的分泌物。个别人的耳毛长得较快，当耳毛长出耳孔之外时，就应进行修剪。

6)脖颈

脖颈属于面部的自然延伸部分,修饰脖颈要注意以下两个方面。

(1)清洁

要保持脖子干干净净,尤其是脖后、耳后,绝不能让之成为"藏污纳垢"的地方。

(2)护肤

脖子上的皮肤细嫩,应给予相应的呵护,防止过早老化。

2. 仪容中其他部位的修饰

1)手臂

手臂是肢体中使用多、动作多的部分,要完成各种各样的手语、手势,如果手臂的"形象"不佳,整体形象将大打折扣。

手臂主要应注意手掌、肩臂与汗毛三个部分的修饰。

(1)手掌

手掌是手臂的中心部位,也是做手语的关键部位。对它的修饰必须做到以下几点。

① 干净。在日常生活中,手是接触他人和物体最多的地方。从清洁、卫生、健康的角度谈,手应当勤洗。餐前便后,外出回来及接触到各种东西后,都应及时洗手。

② 修剪指甲。指甲应定期修剪,最好每周修剪一次。指甲的长度以不超过手指指尖为宜。不论出于什么理由男士都不应该留长指甲;女性在这个问题上有更多的自由选择,但杜绝涂抹黑指甲。

女性注意涂抹的指甲油颜色不要过于鲜艳。商务场合建议选择无色或接近肉色的,非正式场合并无限制。

③ 健康。对于手部要悉心照料,不要让其处于不健康的状态。发现死皮后,应立即将其修剪掉,但不要当众进行,更不要用手去撕,或用牙去咬。手部皮肤粗糙、红肿、皲裂,要及时护理、治疗。若长癣、生疮、发炎、破损、变形,不仅要治疗,还要避免接触他人。

在某些工作场所和社交场所,双手应当修剪整齐,保持干净、清爽。

双手护养的最基本方法是,在接触水并擦干后擦一些护肤霜在手上。如果在户外工作或外出时,应该在手上也涂一层防晒霜。

(2)肩臂

在正式的商务场合中,肩臂尤其是肩部,不应当裸露在衣服之外。

(3)汗毛

由于个人生理条件不同,个别女性手臂上汗毛生长得过浓或过长,最好是采用适当的方法进行脱毛。

在他人面前,尤其是外人或异性面前,腋毛属于个人隐私,是不应为对方所见的;否则,即为失礼。商务场合的女性要特别注意。

2)腿部

腿部在近距离之内为他人所注目,因此腿部的修饰必不可少。腿部主要应注意脚部、腿部和汗毛三部分的修饰。

（1）脚部

要注意在正式的商务场合不允许光脚穿皮鞋，使脚部过于暴露的鞋子（如拖鞋、凉鞋）也不能穿。注意保持脚部的卫生，保证脚无味。在非正式场合光脚穿鞋子时，要确保脚的干净、清洁。脚趾甲要勤于修剪，最好每周修剪一次。

商务场合职业女性脚趾涂的指甲油颜色鲜艳让人感觉俗气，不雅观；非正式场合并无限制。

（2）腿部

在正式场合，不允许男士暴露腿部，即不允许男士穿短裤。

女士可以穿长裤、裙子，但不得穿短裤，或是暴露大部分大腿的超短裙。

女士在正式场合穿裙子时，光着大腿不穿袜子是不雅观的；非正式场合并无限制。

（3）汗毛

成年男子一般腿部的汗毛都很重，所以在正式场合不允许穿短裤或卷起裤管。

女士的腿部汗毛如果过于浓密，应脱去或剃掉，或选穿深色丝袜，加以遮掩。没有剃掉或脱掉过浓密的汗毛之前，忌光腿乱窜或穿过于浅的透明丝袜，商务场合更要注意。

3. 修饰头发

1）清洁头发

头发是人体的制高点，是别人第一眼关注的地方。所以在大众场合，个人形象的塑造，一定要"从头做起"。整洁的头发配以大方的发型，往往能给人留下神清气爽的良好印象。健康、秀美、干净、清爽、卫生、整齐是对头发最基本的要求。

头发不仅能够保护头皮，而且能很好地装饰头部。一头整洁的秀发是青春活力的象征，蓬头垢面既不美观，更不礼貌，是仪容美的大忌。

清洁是保养头发最基本的方法，只要根据自己的发质，选用优质的洗发露，并遵循正确的洗发方法。勤洗发不仅不会引起掉头发，反而会令头发更加健康。

（1）洗发

保持头发的清洁，首先要勤于洗发，一般每周2～4次。洗发有讲究，首先要注意水的选择。洗头发的水宜用40℃左右的温水，太冷太烫皆不宜。其次要选择适合自己头发性质的洗发剂，洗净后适当抹一些护发素或润发液，以保持头发的柔软光滑。

注意选择好洗发用品。洗发用品中有一类是药物性洗发剂，如去头屑洗发精、止痒洗发水、防脱发洗发液等，可以根据自己头发的情况"对号入座"，选择其中一种。另一类洗发剂是营养性洗发剂，如蛋白洗发液、水果洗发液，以及用何首乌、啤酒花配方的洗发剂等。它们是在洗发剂中添加一定的营养性物质。这一类洗发用品的选择要求不是太严格，可以多使用几种试试，看哪一种用后头发感觉最好。

（2）梳发

梳理头发要选择适当的工具，木材、牛角等自然材料做成的梳子对头发的损伤较少。头发要勤于梳理，养成早晚梳头的习惯，每次25～50梳，用力要适度。梳理时头顶和后面的头发从发根到发梢往上梳；两边的头发向左右两边梳。轻梳慢理，持之以恒，对头发大有益处。

一些商务人士会随身携带一把梳子以备不时之需。但切忌公开操作，在外人面前梳理头发显得既不雅观又很失礼。

头发一定要洁净、修理好、梳整齐，不可以披头散发，肩背上不应有散落的头发与头屑。

（3）剪发

要定期修剪头发，男士最好每月一次，女士视情况而定。对于商务人士而言，男士修剪头发要注意前发不覆额，侧发不掩耳，后发不及领，不烫染头发；女士发型不标新立异，过于夸张。

（4）护发

护理头发一方面要保护好头发。头发避免接触强碱或强酸性物质，并尽量防止对其长时间的暴晒。另一方面要养，要给头发补充营养。建议多吃蛋白质和富含维生素、微量元素的食物，尤其是要多吃核桃一类的坚果，或黑芝麻一类的"黑色食品"；少吃辛辣刺激或油性大的食物。养护头发的根本是要做到治表兼治本，"护"是治表，"养"是治本。

2）设计发型

塑造头发的整体造型，即发型或发式，是美发的关键，它不仅反映着自己的个人修养与艺术品位，而且是个人形象的核心部分。发型设计以美观、大方、整洁和方便生活与工作为原则，因此除了流行时尚和个人品位外，还要与自己的发质、脸形、体形和年龄相匹配，与自己的气质、职业、身份及周围的环境等因素相吻合，才能给人以整体美。

对商务人士来讲，发型风格以庄重、简约、典雅和大方为主。需要考虑以下各因素。

（1）性别

在日常生活中，选择发型男女是有区别的，男士留短发、理"板寸"，女士留披肩发、短发、烫波浪发等。商务人士选发型时，忌讳学明星的头发造型和过于时尚的发型。

商务男士，一般不宜理成光头，也不宜留得过长，剃鬓角，显得儒雅而精神，精明干练。女性在商务活动中，头发长度不过肩，更不允许披头散发。最好对其稍加处理，可用格调雅致的发卡或发绳。

（2）脸形

结合脸形选择恰当的发型，既可以为脸形扬长避短，更可以体现发型与脸形的和谐之美。脸长者，不宜梳过短的头发，男士可在额前垂下一绺头发，女士适合留有刘海式的发型，使脸显得柔和。脸短者，头发不要留得太长，男士可留"寸头"，女士适合将额前头发全梳上去，以增加脸的长度。

小思考

我们常见的脸形有几种？

答：我们常见的脸形有7种（见彩插图2）：椭圆形、圆形、方形（"田"字形）、长方形（"国"字形）、三角形（"由"字形）、倒三角形（"甲"字形）、菱形（"申"字形）。化妆时对不同的脸形采取不同的方法尽量修饰成椭圆形或"甲"字形。

女性不同的脸形选择发型参考如下。

① 圆形的人，可选择垂直向下的发型。

② 方形的人，可选择圆柔的短发型、垂肩的中长发型。
③ 长方形的人，可选择蓬松的卷发或留有齐眉刘海的童花式发型。
④ 小脸形的人，可选择具有蓬松感的卷发、中长发、长波浪等发型。
⑤ 大脸形的人，可选择简洁的短发或直长发等能遮盖脸形的发型。

（3）年龄

商务人士选择发型要结合年龄状况，忌讳以不变应万变的发型，如 40～50 岁的女性梳理成 20 岁的姑娘扎的"马尾式"发型，就显得不伦不类。商务女性要注意，由于选择的发型与年龄不协调，会让人产生抵触和反感，这是应该注意的一点。

（4）身材

一般来说，身材修长的人，在发型方面有较多的选择。无论长发或短发，由于其身材的优势而显得精神飒爽；身材矮小者，在选择发型时会受到一定的限制。最好选择短发，使自己"显高"，长长的披肩发只会令自己显得更加矮小。高而瘦者，可选择长发或"波浪式"卷发，让自己显得丰盈一些；矮而胖者，一般不宜留长发和蓬松发型，留短发会显高、显瘦些。

（5）职业

商务人士结合职业特点，应选择庄重、典雅、保守的发型。华丽美艳、奇异、夸张的发型都不属于商务人士，尤其不适合穿工作制服的人士。如教师，则应选择端庄成熟的发型，以示教师的庄重典雅，太赶时髦或浪漫的发型应适可而止。

在商务场合，设计与选择发型时，要多考虑职业与工作性质才能相得益彰，既符合惯例，又得到他人认可。在舞会、晚宴、婚礼等场合可以梳理成漂亮浪漫的发型。

2.1.2 仪容的化妆

仪容化妆不是简单的涂脂抹粉，而是一种复杂而又有趣的综合艺术。所谓化妆，就是通过运用丰富多样的化妆品，采取合乎规则的步骤和技巧，对面部进行恰到好处的描画和渲染，以强调和突出人所具有的自然美，减弱或掩饰容貌上的欠缺和不足，从而达到美容的目的。

礼仪场合的仪容规范要符合职业特点，淡妆为宜。商务人员在工作中略施淡妆，显得端庄美丽、稳重大方，切忌浓妆艳抹，过分修饰（见彩插图 3、彩插图 4）。

1. 化妆品的种类

化妆品的种类很多，理论上分为润肤类如乳液、洁面霜等，修饰类如粉饼、眼影等，美发类如发乳、摩丝等，芳香类如香水等。在日常生活中，我们常用的润肤或护肤的化妆品分类如下。

一级护肤用品：这是选择护肤品最基础的一个级别。这个级别有清洁品、防晒霜、面霜三类产品，其中防晒品是不能少的护肤用品。

二级护肤用品：主要有深度清洁品、化妆水、眼霜、日霜、晚霜等。这一级增加了深度清洁、眼部用品以及日、晚霜的护理用品，使护理更加深入和有针对性。

三级护肤品：除了以上一、二级化妆品之外，需增加面膜、功效性化妆品（具有美白、祛斑、除皱、抗过敏、紧肤、去痘、抗老化、修复皮肤损伤、抗辐射等功效）。这一级别的护肤品较为完整，也比较复杂和难以掌握，需要充分学习和掌握相关的知识。

2. 化妆的用品及其使用方法

化妆用品很多，男女也有所不同，下面以女性化妆的用品为例做简要介绍。

日妆也称生活妆、淡妆，用于一般的日常生活和工作。日妆常出现在日光环境下，化妆时必须在日光光源下进行。妆色淡雅、自然协调，尽量不突出化妆痕迹。

① 洁面：首先用洗面奶，清水将面部洗干净。清洁皮肤后，要涂以膏霜类（适合油性皮肤）、乳蜜类（适合中性皮肤）或冷霜类（适合干性皮肤）护肤品，起到保护皮肤的作用。

② 化妆水、润肤霜：化妆前须选择收敛性的化妆水，然后搽上合适的润肤霜。

③ 乳液：化日妆宜选用乳液，含油量不宜太大，可选用水溶性乳液。

④ 修正液、修正粉底：用于调整皮肤的颜色，适合化日妆，使用方便、快捷。

⑤ 粉底液：可以局部遮盖，用量宜少宜薄，有严重斑点的部位或者高光部位可多涂两次；皮肤较干，或有严重斑点的皮肤应使用粉底霜。粉底用以遮盖弥补面部瑕疵，调整肤色和脸形，使皮肤具有平滑、细腻的质感。

⑥ 定妆：搓取少量散粉或粉饼在全脸薄薄定状，尤其是脸颊。散粉宜少宜薄。扑粉定妆，可防止化妆脱落，抑制过度的油光。

⑦ 眼影：眼部结构好的人可用单色眼影混染。

⑧ 眼线：睫毛条件差的可选合适的眼线笔，画上、下眼线，渲染眼睛魅力，强调眼睛立体感。

⑨ 眉毛：眉毛条件好的人，只需用眉刷取少量深色眼影刷顺眉毛；眉毛条件差者，用深色眼影轻刷一遍，缺少的眉毛要用眉笔一根根按眉毛生长方向画。

⑩ 口红：日妆的口红颜色不宜鲜艳，尽量接近唇色，可选用粉质、无光的口红。画出唇形后，用唇刷单色口红混染，或涂上少量浅色唇彩。涂口红可以加深嘴的轮廓，使其生动润泽，富有魅力。

⑪ 睫毛：用睫毛夹夹好睫毛，使睫毛向上弯曲，用无色或黑色睫毛膏刷上，可增强眼睛的立体感和魅力。

⑫ 涂腮红：涂腮红既能调整脸形，又能使面部呈现红润健康和立体感。

3. 化妆的要点

人的面部皮肤有油性（油腻发亮、毛孔粗大）、干性（表面易起皱）、混合型（毛孔均匀、质地良好）三种，不同肤质选择合适的洗面奶和护肤品，是进行化妆的基本要求。

化妆有其基本的程序，女士化淡妆基本包括打粉底、画眼线、施眼影、描眉形、上腮红、涂唇彩、喷香水几大步骤，以淡雅、简洁、适度、庄重、避短为好。化妆要点包括润肤、修眉、画眼、饰唇等。

第 2 章 仪容仪表礼仪

> **知识点**
>
> **脸形与五官的规律**
>
> "三庭五眼"是中国古代关于面容比例关系的一种概括,可作为化妆的着色定位参照尺度。
>
> 三庭:将脸的纵向分成三等份。上庭:发迹线到眉头;中庭:眉头到鼻底;下庭:鼻底到骸底。
>
> 五眼:以一只眼的长度为单位,将脸的横向分成五等份:左发际线至左外眼角;左外眼角至左内眼角;左内眼角至右内眼角;右内眼角至右外眼角;右外眼角至右发际线。

1) 润肤

洁面后,最好使用化妆水浸湿脸颊,上下轻拍整个脸部促进吸收,用乳液润肤。具体方法如下。

① 先用手掌温热使毛细孔较易张开,乳液也容易浸透且能加强滑润感。

② 分别在脸上 5 处部位,由中央朝外、由下朝上的要领边画圆边涂抹均匀。

③ 轻柔地按摩眼睛四周的敏感部位(眼睛用专门的眼霜),脸部涂好后,用手掌裹住脸部,让乳液渗入并去除黏腻感。

除了化妆水与乳液以外,面霜也是一种护肤的佳品。

润肤后,最好打粉底掩饰雀斑等,保持皮肤的自然柔和,效果会更好。

2) 修眉

修眉使用的工具有眉剪、眉钳、眉笔、眉粉等。修眉步骤如下。

(1) 修、画出眉形

眉毛由眉头、眉腰、眉峰、眉梢 4 部分组成。眉毛最高处(眉峰)的位置,在黑眼球外上方;眉梢在鼻翼末端和眼角的延长线上。修饰眉形要根据自己的脸形。

(2) 去除多余的眉毛

根据眉毛的走向,眉头和眉峰向上梳理,眉峰到眉梢向下梳理。用眉夹/修眉刀顺着眉毛的生长方向拔除,剃掉长在眉毛自然弧线之外的杂眉。

(3) 描画眉毛

顺着眉毛走向一根一根地画至眉毛最高处。用眉刷末端或眉笔描画逐渐变细的眉梢,这时注意不要脱离眉线。用棉棒晕开从眉头至眉峰的上侧眉线,眉毛描好后,用眉刷梳匀眉毛(见图 2-1)。

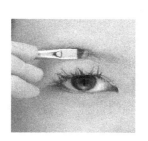

图 2-1 女士画眉方法

比较理想的眉形是：眉头与内眼角垂直，眉梢在鼻翼外侧至外眼角连一斜线成45°，眉峰在距眉梢1/3处。眉梢的高度与眉头成一水平线或略高。

描画眉毛也有多种形状，如直线眉显得人年轻、活泼；曲线眉能衬托出优雅、温婉；角度眉显出理智、成熟，富有个性美。千万不能修画成"八"字眉。男士眉毛主要有剑眉和刀眉两种类型，修理时需要注意眉毛走势及与脸形的匹配。必要时需要用睫毛滋养液进行护理。一般男士是不画眉的，年轻男士以剑眉居多。

3）画眼

画眼主要适应于女性。商务女性在正式场合露面，画眼时需要画眼线、涂眼影、上睫毛膏。

（1）涂眼影

一般涂眼影只需1~2种颜色。涂眼影时，眼球最高位处为线涂暗色，越靠眼睑处越深，越向眉毛处越浅。

（2）画眼线六步法（见图2-2）

图2-2 画眼线六步法

画眼线一般画在睫毛根部，上眼线以外眼角为点，沿睫毛根部向中间画。眼线技术分解如下。

第一步：将眼线分成3等份，从中央1/3开始画出线段。从眼睛的外侧开始，由外向内细细地画上黑色眼线，慢慢地移动眼线笔，使之描绘自然。（图2-2（a））

第二步：从眼尾开始的1/3，向中央移动画出线条。尽量沿着睫毛根部朝眼头画去，与

中央的眼线顺利地连接起来是重点。(图 2-2 (b))

第三步：剩余的眼头 1/3 线段，也是往中央的方向画去。以眼头为起点，到黑眼球的上方为界线，让眼睛以半睁开状态容易描绘，千万不要闭着眼睛来画，可以用另一个指腹将眼窝稍稍提拉起，撑开眼皮让线段画得更顺利。棉棒沿着睫毛内侧线涂抹，这是让眼睛变深邃的好方法。(图 2-2 (c))

第四步：在棉棒上面蘸眼线笔粉，提拉眼窝时，将棉棒置于睫毛内侧的根部，从眼尾往眼头小段地涂抹，让没有描绘到的眼线部分补上眼线色，完整弥补眼线间隙。(图 2-2 (d))

第五步：从眼尾开始朝着眼头方向，用棉棒让眼线线条变得平整。拿刚才使用的棉棒另一端，从眼尾开始朝眼头方向，一点一点在画眼线笔的位置重复涂擦，目的是要让眼线色变得柔和均匀，同时顺便修整线条粗细，让眼线更加服帖有形。(图 2-2 (e))

第六步：完成后取出新的棉棒，将眼尾线条往后拉。最后剩下眼尾位置的眼线，取干净未使用的棉棒，在眼尾末端朝外侧轻轻拉提延伸出去，让眼尾的眼线非常自然地消失在肌肤颜色之中，这就成为自然眼线。(图 2-2 (f))

4）饰唇

修饰嘴唇，女性最好用唇线笔勾画出理想的唇部轮廓，若嘴唇过大，过小，或太厚，太薄，应适当修饰，使其丰满圆润。再用口红和唇膏等类似的化妆品。唇彩通常的用法是先直接涂在唇上，上下嘴唇抿一下，颜色就会固定在嘴上了，然后再用小刷子修出一定的形状。

男士一般用无色润唇膏修饰。女性为了卸妆时快捷方便，经常需要在涂唇彩之前上一层薄薄的润唇膏。

(1) 用具

饰唇的工具主要有润唇膏（按个人需要）、口红/唇彩、小刷子若干（不同颜色的唇彩最好不要用同一个刷子）、纸巾等。

(2) 方法

涂口红时先用唇线笔勾出唇形，然后用口红笔或口红在轮廓内涂上第一道色彩，涂好后，用纸巾放在嘴上吸干过多的唇彩，再涂上第二层，这样唇彩就难以脱掉。应当注意的是，涂口红要涂得饱满，轮廓清晰，嘴角处要涂满。下唇线比上唇线略长，这样可显得和蔼可亲。

4. 化妆时应注意的问题

① 化妆要考虑与时间、职业、年龄、身份等因素相宜。化妆是一门综合艺术，强调和谐美。商务人士化妆要考虑白天工作场合与夜间参加社交等活动，其化妆要点不同；同时要考虑青年、中年、老年年龄与着装的差异化妆，让妆饰、着装、佩饰三者之间及其与人自身诸多因素之间协调一致，使之浑然一体，营造出和谐的整体美。

② 不要在众人面前化妆。在众人面前化妆是非常失礼的，是对他人的妨碍，也是不自重的举动。化妆或补妆可以去单位专设的化妆间或卫生间。一旦发现妆面残缺后，要及时补

妆，努力维护其妆面的完整性。

③ 不要借用别人的化妆品，也不要非议他人的化妆。每个人都有自己的情趣和化妆手法，不要对他人的化妆品头论足。特别是工作时间不允许评价、议论他人化妆的得失。

④ 面部化妆应避免颈部没化妆而出现明显的界线。要检查化妆是否均匀、自然，颈部化妆注意向纵的方向涂抹均匀，不要造成斑纹。

⑤ 避免过量使用芳香型化妆品。工作场合只适宜淡香型、微香型的护肤品和香水，避免熏人，给人以轻浮感。一般香水洒在手腕、耳根、颈侧、膝部等地方。

2.2 仪表礼仪

一个人的穿着打扮就是他教养、品位、地位的最真实的写照。

——莎士比亚

2.2.1 仪表美的内容

仪表，即外表，主要包括人的容貌、举止姿态、服饰和风度等。从广义上讲，仪表美是一个综合概念，包括仪表的自然美、仪表的修饰美和仪表的内在美三个方面。

仪表的自然美是指人的容貌、形体、体态等协调优美，如体格健美匀称，五官端正秀丽，身体各部位比例协调，线条优美和谐。

仪表的修饰美是指经过修饰打扮及后天环境的影响而形成的美。

仪表的内在美是指一个人淳朴高尚的内心世界和蓬勃向上的生命活力的外在体现，这是通过后天的努力培养出的气质，是秀外慧中之美，"腹有诗书气自华"。

真正意义上的仪表美是自然美、修饰美和内在美三者的和谐统一。忽略其中任何一个方面都会使仪表美失之偏颇。

知识点

1. 商务女士关注仪表的 6 部分

内容包括：① 发型得体，美观大方；② 面部着淡妆；③ 职业外套不宜过紧或过于时装化，不能以休闲装、礼服代替商务装；④ 饰物佩戴不宜过于华贵、复杂，香水、护肤品味道不宜过于浓烈；⑤ 丝袜无破损并与套装、皮鞋颜色统一，丝袜的长度应高于套裙的底部；⑥ 鞋跟不宜过高、过细。

2. 商务男士关注仪表的 8 部分

内容包括：① 发型保持整齐并经常打理；② 面部要每天修面并经常清洗；③ 西装两粒扣只扣上面一颗；三粒扣扣上面两颗或中间一颗；双排扣西装，所有的扣子应扣好；④ 衬衫扣好所有的纽扣，衬衫的颜色与西装协调；⑤ 领带长度以其下端高于皮带扣上端为宜，并注意与西装、衬衫颜色保持协调；⑥ 袜子颜色应与西装裤、皮鞋的颜色协调，无破损；

⑦ 必备物品（公文包、笔、名片夹等）应选择适当，简洁大方；⑧ 皮鞋天天擦亮，与西装颜色协调，鞋跟不宜过高。

2.2.2 着装的场合与原则

着装，指服装的穿着。着装体现仪表美，讲究的是整齐、整洁、协调、雅致。

1. 着装的场合

一般而言，人们着装所涉及的场合有公务场合、社交场合、休闲场合三种。

1）公务场合

公务场合是指执行公务时涉及的场合。公务场合着装的基本要求为庄重保守，宜穿套装、套裙，以及穿着制服（见彩插图5）。除此之外，还可以考虑选择长裤、长裙和长袖衬衫；不宜穿时装、便装。必须注意在非常重要的场合，短袖衬衫不适合作为正装来选择。

商务场合着装也是严谨的，适合套装类（见彩插图6）。

2）社交场合

社交场合是指工作之余在公众场合和同事、商务伙伴友好地进行交往应酬的场合。社交场合着装的基本要求为时尚个性，宜着礼服、时装、民族服装（见彩插图7）。

社交场合一般不选择过分庄重保守的服装，如穿着制服去参加舞会等。

3）休闲场合

休闲场合着装的基本要求为舒适自然，换言之，只要不触犯法律，只要不违背伦理道德，只要不妨碍他人，那么穿着打扮完全可以听凭个人所好。

一般而论，在休闲场合，人们适合选择的服装有运动装、牛仔装、沙滩装以及各种非正式的便装，如T恤、短裤、凉鞋、拖鞋等。

2. 着装的原则

1）和谐得体原则

商务人员选择服装时，考虑和谐得体，应使服装与自己的年龄、形体、肤色、脸形、职业等条件相协调，扬长避短，美化自我，以产生良好的着装效果。

2）"TPO"原则

"TPO"是英语time（时间）、place（地点）与occasion（场合或目的）这三个单词的第一个字母。遵循国际通行的TPO原则是有关穿着打扮最重要的原则。

商务人员的着装要表现出庄重、整洁和规矩，给人以成熟、干练、稳重的印象。在不同的时间里，商务人员的着装要注意类别、式样、造型，注意服饰不能刻意猎奇，过于超前等。在不同的地点，商务人员着装需要选择与之相协调的不同服饰。

3）着装搭配色彩不过三

简单永远是职业人士着装形象的基本要素，做到简单清爽的原则就是浑身上下的服饰色彩不要超过三种色系以上。色彩种类越多，商务形象的品位就越低。

3. 正式场合着装禁忌

1）过于杂乱

着装过于杂乱，是指不按照正式场合的规范化要求着装。杂乱的着装极易给人留下不良的印象，使人对企业的规范化程度产生疑虑。

2）过于鲜艳

着装过于鲜艳，是指商务人员在正式场合的着装色彩较为繁杂，过分耀眼。如衣服图案过分烦琐及标新立异等问题。

3）过于暴露

在正式的商务场合身体的某些部位是不适宜暴露的，通常要求不暴露胸部，不暴露肩部，不暴露大腿。

4）过于透视

在社交场合穿着透视装往往是允许的，但是在正式的商务交往中着装过分透视就有失对别人的尊重。

5）过于短小

在正式场合，商务人员的着装不可以过于短小。如不可以穿短裤、超短裙，非常重要的场合不允许穿露脐装、短袖衬衫等。特别需要强调的是，男士在正式场合身着短裤绝对是不允许的。

6）过于紧身

在社交场合身着紧身的服饰是允许的。但是在工作场合，尤其是较为正式的场合，不能穿着过分紧身的服装。

2.2.3 商务女性着装

作为一名职业女性，其工作场所的着装有别于其他场合的着装，职业女性的衣着准则是简洁大方、明快而典雅，有品位，塑造专业而又精明的形象（见图2-3）。忌讳通过服饰反映富有和地位。所有适合于商务女士在正式场合穿着的职业装中，套裙是名列榜首的选择。套裙给人以精明干练、富有权威的感觉，而且最能体现女性魅力。也可选择如长裤等便装，过于散漫的运动装和性感的服装在工作场合应当避免穿着。

1. 商务女性着装原则

1）穿着到位

商务女性在正式场合穿套裙，尤其是标准型的套裙，上衣的衣扣要全部系上，不允许将其部分或全部解开。上衣的领子要完全翻好，衣袋的盖子要拉出来盖住衣袋，不能将上衣披在身上或者搭在身上，裙子要穿得整整齐齐

图 2-3 商务女士着装标准

2) 区分场合

在正式场合，职业女性穿着套装非常适宜；一般场合，可着裙装，也可选用简约、品质好的上装和裤装，并配以女式高跟鞋。具体要视职业、单位性质而定。近年来，女性职业装已有时装化的倾向，更注重品质、个性和时尚化的元素，但要求"时尚而不性感"。

过分性感或暴露的服装不能出现在办公室中。商务女性如在出席宴会、音乐会时，要酌情选择与场面相协调的礼服或时装。在旅游购物或健身时，应该穿休闲或运动服。

3) 配饰适当

商务女性穿套裙的配饰，要宜精不宜糙，要精心考虑衬衫、内衣和鞋袜的选择。

(1) 衬衫

与套裙配套的衬衫，以单色为最佳，色彩要雅致而端庄，其他各种各样的色彩，只要与所穿的套裙色彩相和谐，如暗纹、条纹、小花点的衬衫，与套装搭配得当、雅致，均可选择。面料以轻薄而柔软的自然面料为主，如真丝、麻纱和涤棉等。

(2) 内衣

内衣被称之为"贴身的关怀"。整套内衣往往由胸罩、内裤、腹带和连体塑身衣等构成。内衣的款式、色彩很多，但总的原则是穿上内衣后，身体感觉舒适而隐在套装内不会一目了然地展现在外面。穿着内衣的讲究，一是内衣不外露，二是内衣不外穿。

(3) 鞋子

得体的鞋子能够映衬服装的整体美，为全身服装添色增辉。选择鞋子以真皮为好，款式大方简便，没有过多装饰与色彩，鞋跟不能太高太尖，中跟为好。鞋的颜色必须和服装的颜色相配，注意套裙一般不与露脚趾的皮凉鞋搭配。

(4) 袜子

选择丝袜为好。色彩上，讲究套裙、鞋袜上下一致、内外一致。款式上，连裤袜或长筒袜是与套装的标准搭配。穿长筒袜的时候一定要特别注意，长筒袜一定要比裙子长。丝袜钩破了一定不能再穿，可以在随身包里备一双丝袜。

4）关注首饰与服装的整体和谐

职业女性的穿着，讲究和谐的整体美。因此，建议女性在商务场合要经常花心思在服装的变化上，学习如何巧妙地装饰、点缀。如选择包、首饰、鞋等进行点缀时，应使之合适、协调、漂亮，能让人自然悦目、气质高雅、落落大方。首饰佩戴时要符合身份，以少为佳，不多于两三件，注意搭配协调。

5）色彩要正

商务女士的套裙色彩，不仅要兼顾着装者的身份、年龄、性格、体形等，更要与着装者从事商务活动的具体环境协调一致。对色彩不要墨守成规，年轻女士穿一套优雅入时的套装会显得青春朝气而又端庄大方，但过分花哨夸张的款式要避免，一套套裙的全部色彩不应超过两种，否则显得杂乱。同时，与流行色保持协调，以显示自己的品位和个性。如在正式、隆重的会议、迎宾接待的公务场合，色彩以深蓝色、黑色和贵族灰色为主色，这类冷色调的套装能体现着装者的端庄典雅，忌用轻浮、流行的时尚色系。

2. 职业女性着套裙的四大禁忌

1）正式场合忌讳穿着黑色皮裙

在商务场合和其他的正式场合是不能穿着黑色皮裙的，否则会让人啼笑皆非。因为在外国，黑色皮裙是街头女郎标准的装扮。与外国人打交道或是出访欧美国家时，在正式场合穿着黑色皮裙是绝对禁止的。

2）套裙与鞋、袜不搭配

职业女性穿套裙时的鞋子应为高跟或半高跟皮鞋，最好是牛皮鞋，大小应相宜。颜色以黑色最为正统，与套裙色彩一致的皮鞋亦可选择。袜子一般为尼龙丝袜或羊毛长筒袜或连裤袜。颜色宜为单色，可以选择肉色、黑色、浅灰、浅棕等几种常规色。切勿将健美裤、九分裤等裤装当成长袜来穿。袜子应当完好无损，袜口没入裙内，不暴露于外。如穿一身高档套裙，袜子有点破洞隐约可见，就显得不协调，有失庄重。

3）忌讳光脚穿套裙

职业女性穿套裙时光脚不仅显得不够正式，而且会使自己的某些瑕疵见笑于人。尤其在国际交往中，穿着套裙时不穿袜子，往往会被人视为故意卖弄风骚，有展示性感之嫌。因此，在正式的场合穿套裙最好搭配好丝袜。

4）忌讳出现三截腿的现象

所谓三截腿，是指穿半截裙子的时候，穿半截袜子，袜子和裙子中间露一段腿肚子，结果导致裙子一截，袜子一截，腿肚子一截。职业女性套裙的这种穿法容易使腿显得又粗又短，术语叫作"恶性分割"，在国外被视为是没有教养的妇女的基本特征。

小视频

丝巾的系法

2.2.4 商务男士着装

西装是目前全世界最流行的一种服装,也是商界人士在正式场合的优先选择。尤其在略微庄重的场合,全身上下一色的西装带有更加正式的意图。

西装的外观造型,目前有欧式、英式、美式和日式4种造型。

欧式西装呈现倒梯形,特点是肩宽、胸饱、领大,多为双排扣形式,后摆不开衩。英式西装剪裁得体,多为单排扣,后摆两侧开衩。美式西装线条柔和,自然垫肩,以2~3粒扣的单排扣为主,后摆中间开衩。日式西装领窄短,为"H"形,多为单排扣,后摆不开衩。目前国内商界人士选择英式、日式西装为多。

1. 西装的三要素

西装通常被视作男人的脸面,会不会穿西装意味着你是否是一个有档次的男人。男士西装的三个基本要素是西装、衬衫、领带(见图2-4)。

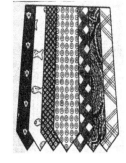

图2-4 西装的三要素

西装较为通行的是两件套或者三件套,统一面料、统一色彩,是规范化的正式场合的男装。穿着西装,对工作人员而论,体现着其身份,也体现着其所在企业的规范化程度。

2. 男士穿西装原则

1) 三色原则

三色原则的含义,是指男士在正式场合穿着西装套装时,全身颜色必须限制在三种之内,否则就会显得不伦不类,有失庄重和保守。

2) 三一定律

三一定律的含义,是指男士穿着西装外出时,其鞋子、腰带、公文包三个部位的色彩必须协调统一。最理想的选择是鞋子、腰带、公文包皆为黑色。鞋子、腰带、公文包是白领男士身体上最为引人注目之处,令其色彩统一,有助于提升品位。

3. 男士穿西装的要点

一套合体的西装,可以使穿着者显得潇洒、精神、风度翩翩、极有魅力,深得各国各界人士的喜爱。西装的穿着十分讲究,除了挺括、清洁外,穿西装还需要关注以下几个方面。

1) 西装必须合体

男士合体的西装的上衣长度应长过臀部,垂下手臂时与虎口相平,四周下垂平衡,手臂伸直时上衣袖长应至手腕部,一般西装领子应紧贴衬衫领口且低于衬衫领口 1 cm 左右,衬衫的袖口也应稍微长出些(按照严格的规定,应当露出大约 0.6 cm 的长度)。这就是穿西装的两一原则(手臂伸直时,衬衣的袖子应长出西装袖子一寸(约 3 cm);内领高于外领 1 cm)。

合体的西装胸围以穿一件厚"V"形领羊毛衫后松紧度适宜为好。上衣的下摆与地面平行,裤子要烫出裤线。裤长以裤脚接触脚背为妥(见彩插图 8)。

2) 配穿正式西装衬衫

西装衬衫的花色以单色为宜,细条纹比粗条纹更为合适(见图 2-5),其他方格、花衬衫,平时外穿不错,但轻易不与西装搭配(见彩插图 9)。正式礼服衬衫以白色为原则,也可浅冷色,如青、灰、蓝等。穿着西装讲究搭配,才能突出西装的协调、端庄之美。搭配西装以单一颜色为例:

① 黑色西装,可配白色为主的浅色衬衫,配灰、蓝、绿等与衬衫色彩协调的领带;
② 灰色西装,可配灰、绿、黄或砖色领带,穿以白色为主的淡色衬衫;

  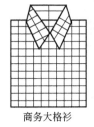 

古典纹　　　宽松粉笔纹　　　商务大格衫　　　商务方格衫

图 2-5　衬衫的花形

③ 蓝色西装，可配暗蓝、灰、胭脂领带，穿粉红、乳黄、银灰或明亮蓝色的衬衫；

④ 褐色西装，可配暗褐、灰色领带，穿白、灰、银色或明亮的褐色衬衫。

男士在正式场合应穿同一面料、同一颜色的西装，颜色以深色为好，内穿单色衬衫为佳。注意三件套西装在正式场合不能脱下外衣。

另外，西装衬衫通常是长袖衬衫，要注意选择合适的衬衫领口款式（见图2-6）进行搭配。衬衫领子要挺括，尤其领子和袖口处不能有污垢、油渍。衬衫的下摆要塞在裤腰里，系好领扣和袖扣。衬衫的衣袖稍长于西装上衣袖，用以衬托西装的美观。衬衫里面的内衣领和袖口不能外露。

图2-6 衬衫领口款式

3）系好领带

领带被称为西装的"灵魂"。领带与西装的和谐统一，对西装的穿着起着至关重要的作用。凡是正规场合，穿西装必须系领带（见彩插图10）。领带的色彩、图纹可以根据西装的色彩配置，以达到相映生辉的效果。领带的长度、宽度要适中。领带的长度一般为130～150 cm，系好领带后其大箭头（平头）正好垂到皮带扣上端处为标准。领带的宽度应与西装翻领的宽度相协调。领带的领结要饱满，与衬衫的领口吻合要紧凑。

男士穿西装往往需要佩戴领带。佩戴领带要注意以下几点。

(1) 领带要干净，领结要工整

肮脏、破损的领带，或者歪斜、松弛的领带，西装再好，衬衫再白，也会使人感到不舒服。如果穿有背心，注意把领带放在背心之内。

(2) 领带要打得挺括、端正，在外观上呈倒三角形

目前流行的系法是在紧挨领结的地方，巧妙地打出一个微凹的面，可以增强领带的立体感（见彩插图11）。领带夹不能露在衣服外面或用来夹上衣的领子。西装系纽扣时，领带夹应夹在衬衫第二粒与第三粒扣之间为宜；西装敞开时，领带夹应夹在衬衫第四粒与第五粒扣之间为好。用领带夹一般以年纪较轻的男士为多。

(3) 穿羊毛衫时，领带应放在羊毛衫内

非正式场合穿西装不系领带时，衬衫的第一粒扣要打开。

(4) 领带的选择

● 面料。最好的领带，应当是用真丝或羊毛制作而成的。商界男士不宜佩戴棉、麻、皮、革、塑料和珍珠等物制成的领带。

● 色彩。建议商务人员选择色彩保守的知名领带，至少要有酱红色、蓝色、细花纹的领带各一条。

● 图案。单色无图案领带，或以小图案（黄豆大小为最好）、圆点、简洁的图形、隐形图案、细条纹等都是不错的选择。

● 款式。领带有箭头和平头之分，一般认为箭头的领带显得传统典雅，平头领带则显

得时尚随意。另外,领带有宽窄之分,除了与流行保持同步外,还应与本人的胸围和西装的衣领等相协调。

4) 系好纽扣

西装有单排扣、双排扣之分。双排扣西装一般要求把扣全部扣好,不可以把全部扣都打开。单排扣三粒扣子的可系中间一粒;两粒扣子的可系上面一粒,下面粒扣不系或全部不系。在外国人眼中,只系上扣是正统,只系下扣是流气,两粒都系是土气,全部不系是潇洒。在较正式场合,一般要求把上面的扣子系上,坐下时可解开。

5) 用好口袋

西装口袋里不宜装东西。在西装左上胸的口袋里,不装东西以确保上衣不变形,只宜插放装饰用的手帕。穿西装只有在工作场所才能插钢笔或圆珠笔。西装左上袋插放的手帕,原则上应是给人以清洁感的白色手帕,而且一般不宜当作擦手抹嘴之用,这需另备一条手帕。有些物品可以装在西装上衣内侧衣袋里,左胸内侧衣袋可以装票夹、记事本和笔;右胸内侧衣袋可以装名片、香烟和打火机。裤袋也和上衣袋一样,不可装物,以求臀围合适,裤形美观。裤子后兜可以装零用钱。

西装口袋所装用品如图 2-7 所示。

图 2-7 西装口袋所装用品

6) 穿好鞋袜

穿西装一定要穿皮鞋,黑色或深色的皮鞋适合搭配。一般来说,鞋子的颜色应与衣服的颜色相衬,在工作场所,穿黑色皮鞋是一个原则(见彩插图 12)。

穿西装不能穿旅游鞋、轻便鞋或布鞋及露脚趾的凉鞋。中山装可与布鞋一起穿。

与皮鞋配套的袜子,最好选择深色、单色为主,最好是黑色的。忌讳穿白色、对比鲜明的彩色袜子和尼龙袜。穿西装配白袜子,人称"驴蹄子",反差太大。

7) 选择好配饰

西装的韵味不是单靠西装穿出来的,而是用西装与其他配饰精心组合出来的。商务男士的配饰宜精不宜多,讲究的是质量和品位。起画龙点睛的主要有手表、皮带、公文包、皮夹、手帕、戒指、钢笔等。有人称手表、钢笔、打火机为"男人三件宝"。

① 手表。男人看表，女人看包。手表反映一个人的品位与身份。商务男士在支付能力范围内，应选择高质量的并与衣服相配的手表。卡通画之类的手表不适宜在商务场合中使用。

② 皮带。商务男士的皮带质量上乘，最好与皮鞋、公文包同色，而且首选黑色。腰带扣件一定要简洁、牢固。

③ 公文包。被称为商人的"移动办公室"，外出时可用以随身携带物品。目前商务男士多选择标准的皮质公文包。最标准的公文包是手提式长方形公文包，其面料以牛皮、羊皮制品为最佳。色彩以深色且单色的诸如深棕色或黑色为好，少选用带花纹图案和文字的皮质公文包。

④ 皮夹。一件小巧的钱包不易使口袋鼓起变形。但钱包里的东西必须是必需品，千万不要把各种信用证、家庭生活照等放在里面。

⑤ 手帕。放一块折叠雅致的手帕在西装上的小口袋中，不仅可增加一个男人的情调，而且可在出现尴尬局面时用它作掩饰。

⑥ 戒指。男士佩戴首饰最多的只有结婚戒指一种。男士在正规场合戴的首饰应当少。

4. 穿西装的三大禁忌

穿西装的三大禁忌，是指在正式场合穿着西装时，不能出现的三个洋相。

① 袖口上的商标没有拆。袖口上的商标应在买西装付款之时就由服务人员拆掉。如果在穿着西装时，袖口上的商标还没有拆掉，就显得不懂行了。

② 在非常正式的场合穿着夹克打领带。领带和西装是配套的，如果是行业内部活动，穿夹克打领带是允许的。但是在正式场合，夹克等同于休闲装，所以在正式场合，尤其是对外商务交往中，穿夹克打领带是绝对不能接受的。

③ 男士在正式场合穿着西装时袜子出现了问题。穿袜子最重要的是讲究袜子颜色应该与西裤和皮鞋的颜色协调统一。在商务交往中有两种袜子是不穿为妙，第一是尼龙丝袜，第二是白色袜子。

一些公司的工作人员，可能被邀请到客户家中商务洽谈，此时就有可能脱鞋，因而袜子要勤洗，一天一换，发现袜子脱线或破洞时，应丢弃不用。

另外，商务男士还应注意袜子的长度。坐着的时候，袜子应遮盖裤脚和鞋子之间的部分，避免坐下谈话时露出皮肤或浓密的腿毛。

小思考

商务人员在穿着方面应遵循哪些基本原则？

答：① 服装穿着要符合自己的形体特点；
② 服装穿着要符合自己的肤色特点；
③ 服装穿着要符合环境与场合的要求；
④ 服装穿着要符合社会角色的要求；
⑤ 服装穿着要考虑色彩的搭配与组合。

小视频

领带的系法

2.3 服饰色彩与穿戴搭配礼仪

推销从个人形象开始,服饰是人际关系的通行证。

——原一平

服饰(包括衣、帽、鞋、袜以及手表、戒指、耳环等饰物)是人体的外延,属于人的"第二皮肤",是一种无声的语言。服饰功能包括两个重要方面:一是实用(保护)功能;二是观赏(美、夸耀)功能。在今天的社会,服饰的"观赏"价值已经超过了"实用"价值。

服饰覆盖了我们近90%的身体面积,当我们还没有看清或观察到对方的容貌,来不及揣测对方的心理状态时,外在服饰能为人们提供有关自我角色和地位、个性的线索,大面积的服饰,给出了重要的角色信息与暗示作用。

服饰不是用来增光添彩的,也不是炫耀个人所拥有的财富的,服饰向人们表达了个人的品位、角色和社会属性。

2.3.1 服饰与色彩

职业女性的仪表中,67%是色彩带来的影响和冲击,所以择取衣服色彩,找到服装和谐搭配的规律,让服装色彩构成职业魅力的要素,可以说是每个人重要的人生课程。

一个色环通常包括12种明显不同的颜色。善于使用颜色,可以让你的魅力成倍增长;

如果使用不当，颜色也可以让你魅力大减。

1. 色彩的语言与联想

1）红色

红色是一种强烈的色彩，它是暖色调中的代表，给人火一样的印象，表达着丰富充沛的精力和热情奔放的感情。作为一种色彩，它具有刺激人兴奋的能力。

红色让人容易联想到血、夕阳、火、红花、羞涩、愤怒等，象征着喜庆、热情、冲动、危险等。

2）黄色

黄色意味着健康、单纯、轻快、亮丽。耀眼明丽的黄色容易使人产生健康明朗、温暖素净的感觉。同黄色相邻的橙色，黄中再加点红色，曾被称为"华贵的色彩"。中国封建社会只有皇帝才可以穿黄袍。

黄色让人联想的是阳光、黄金、黄菊、柠檬、鸭梨，象征了光明、警示等。

3）绿色

绿色充满希望与生机，浅绿色娇嫩而富有生气，深绿色则给人安逸、稳重之感。绿色能给人带来生气，带来平静，带来优雅和希望。

绿色让人联想到草原、绿水、青山、田园、森林，象征着安全、和平、理想、希望等。

4）蓝色

蓝色是一种容易令人产生遐想的颜色。属于冷色调。这种同大海、天空同样的色彩，将人引入深邃与宁静。集中精力看这种颜色，会给中枢神经以沉静的效果。从感觉上讲，深蓝色宁静、深邃，严肃、认真；淡蓝色柔和并有甜美的感觉。

蓝色让人容易联想到海洋、蓝天、碧波、梦幻，象征着沉静、忧郁、理性、幻想等。

5）紫色

紫色属于冷色调，它往往在不经意间带一丝冷淡而又高贵的格调。有些民族与某一时代用它象征权力的高贵；但也有某些民族视紫色为一种有毒（恶）的象征。因为它具有神秘感、诗意及高贵气息，而备受女性偏爱。

紫色让人容易联想到紫罗兰、紫葡萄，象征着高贵、神秘、优雅、浪漫等。

6）白色

白色象征着纯洁、朴素、神圣。但它在视觉效果方面会令人产生膨胀之感。对发胖的人，白色是一种容易失败的服装颜色。

白色令人联想到白云、白雪、白棉、白花，也让人容易联想到纯洁、朴素和神圣。

7）黑色

黑色显露出庄重、沉闷以及高贵气质，同时也是一种消极压抑的颜色。在视觉效果上它同白色正好相反，紧缩、沉重，黑色具有吸收隐匿一切的特性。

黑色让人容易联想到黑夜、死亡，象征着深邃、奥秘、腐败、肃穆等。

8）灰色

灰色和银白色是温和色，几乎同任何色彩都不冲突。但它所表现的温和缺乏一种活泼性质，是一种没有鲜明个性及活力的颜色。

灰色让人容易联想到灰尘、石头、水泥、白银，象征着中庸、平凡、温和、谦让等。

2. 色彩的基本知识

在服装色彩、款式、面料、造型四个要素中，色彩居首位。人们穿衣打扮，色彩相随，人们对你的第一眼印象有一多半来自色彩。所谓"以色取人"，就是这个意思。

1）色彩的三原色

色彩的三原色，是指红、黄、蓝。

由红、黄、蓝构成的三原色可以调和出无数丰富的色彩，如红、黄调和出橙色，红、蓝调和出紫色，黄、蓝调和出绿色。

自然界的三种原色又可变化出赤、橙、黄、绿、青、蓝、紫共7种。若是将它们排成一个色相圆环，上半圆环是赤、橙、黄这3种颜色，因为它们都有黄色因素，所以给人以温暖活泼的感觉，俗称为暖色调；下半圆环是绿、青、蓝、紫，它们都带有蓝色调，显得冷静而理性，俗称为冷色调。

2）色彩的三要素

色彩的三个基本属性（三要素）：色相、明度、纯度。

色相，就是色彩的名字，用来区别它和其他色的差异。如红、橙、黄、绿等有彩色，称之为有色相；黑、白、灰等无彩色，称之为无色相，最亮的是白色，最暗的是黑色，介于二者之间的是灰色。

明度，就是颜色的明亮程度，这是由光的折射所形成的，色彩浅的明度高，色彩深的明度低。在有彩色系中明度高的是黄色，所以警戒的标牌是黄色，交警的背心用黄色，马路上清洁工的服装用黄色，孩子们过马路引起注意的帽子是黄色。

纯度，当色相和明度被固定之后，色彩还可根据其饱和度加以区别，这就是纯度。标准的黄、红色，无其他色的为纯色。色彩纯正而浓烈的为纯度高，反之则为纯度低，如国旗的纯度就高。

3. 色彩的简单分类

在7种色彩中，可以根据含黄色和蓝色把它们分为暖色和冷色。大凡含有黄色系的色彩都给人温暖的感觉，为暖色；含有蓝色的色彩都为冷色，看上去理性而安静。暖色让人温暖、活泼，具有亲和力，冷色令人镇静、沉稳。如橘子、香蕉、柠檬、苹果让人看了喜欢，大海、鱼类、葡萄就令人心旷神怡但却有距离感。

色彩有强弱之分，红、黄、绿、橙都让人感觉鲜艳、个性而令人印象深刻，引人注目；墨绿、泽红、深蓝则让人感觉成熟、安稳，视觉冲击力不那么强烈。

色彩有轻重之分，穿白色、浅蓝色、粉红色衣服的女子和穿咖啡色、紫青色、泽红色衣服的女子站在一起，即便她们俩是孪生姐妹，体重、身高完全相似，人们的视觉感觉也是前者轻盈、年轻、可爱；后者成熟、稳重、内敛。

4. 四季色彩理论

四季色彩理论是由美国的卡洛尔·杰克逊女士（全球最权威色彩咨询机构 CMB 公司创始人）创立，并迅速风靡美日，给世界各国人的着装生活带来了巨大的影响。经过日本佐藤泰子女士的再研究，开发出了适合亚洲人特色的色彩体系。1998 年，于西蔓女士把色彩理论从日本带入中国，创立了西蔓色彩工作室，首次引进和传播了"色彩顾问""个人色彩诊断"等国际最新色彩应用技术和概念。

1) 四季色彩理论的基本内容

四季色彩理论的重要内容就是把生活中的常用色按基调的不同进行冷暖划分，进而形成四大组自成和谐关系的色彩群。由于每一色群刚好与大自然四季色彩特征吻合，便把这四组色彩分别命名为"春""秋"（为暖色系）和"夏""冬"（为冷色系）。在生活中，我们常见到多种多样的皮肤底色，冷暖皮肤色调的类型见表 2-1。

表 2-1 冷暖皮肤色调的分类

冷 色		暖 色	
夏季型	冬季型	春季型	秋季型
淡蓝	蓝灰	象牙色	深棕
玫瑰棕	黑色	米色	浅棕
海蓝	白色	桃粉红	驼色
玫瑰粉红	红色	桃色	橙色
藕色	鲜粉红	亮蓝	金色
梅色	灰色	鹅黄	苔绿

四季色彩理论的最大成功之处在于，它解决了人们在装扮用色方面的一切难题。一个人如果知道并学会运用自己的色彩群，不仅能把自己独有的品位和魅力最完美、最自然地显现出来，还能因为通晓服饰间的色彩关系而节省装扮时间，避免浪费。

2) 四季色彩理论的基本诊断

四季色彩理论是把人的身体色特征区分为冷色调和暖色调两大基调。

春季型的人在色彩搭配上应遵循鲜明、对比的原则来突出自己的俏丽。春季型的女性一般穿色彩亮、高鲜艳的服装色彩，如黄色、黄绿色、粉红色彩，避免陈旧和灰暗的着装。夏季型的女性着装颜色要柔和、淡雅，建议穿色彩明度高、纯度低的颜色，也就是柔和淡雅的颜色容易出效果，如天蓝色、玫瑰色、浅紫色；用蓝基调很容易扮出温柔雅致的形象。夏季型的人可用一些浅淡的灰蓝色、蓝灰色、紫色来代替黑色做职业套装，既雅致又干练，衬托出恬静的个性。

秋季型的人最适合金色、苔绿色、橙色等深而华丽的颜色，用浑厚浓郁的金色调很容易扮出成熟高贵的形象。秋季型的女性穿纯度高、浓烈、滞重的色彩，选择颜色要温暖、浓郁，如军绿色、山楂红、南瓜黄等。冬季型的女性最适合用鲜明对比、饱和纯正的颜色来装扮，选择的颜色要鲜明，光泽。冬季型的人着装色彩纯度高、明度也高，可用原色调扮出冷峻惊艳的形象。

知识点

四季色彩理论的基本诊断见表2-2。

表2-2　四季色彩理论的基本诊断

	春季型	夏季型	秋季型	冬季型
肤色特征	浅象牙色、暖米色，细腻而有透明感	粉白、乳白色皮肤，带蓝调的褐色皮肤，小麦色皮肤	瓷器般的象牙白色皮肤，深橘色、暗驼色或黄橙色	青白色或略暗的甘蓝绿，带青色的黄褐色
眼睛特征	像玻璃球一样奕奕闪光，眼珠为亮栗色、黄玉色，眼白感觉有湖蓝色	目光柔和，整体感觉温柔，眼珠呈焦茶色、深棕色	深棕色、焦茶色，眼白为象牙色或略带绿的白色	眼睛黑白分明，目光锐利，眼珠为深黑色、焦茶色
发色特征	明亮如绢的茶色、柔和的棕黄色、栗色，发质柔软	轻柔的黑色、灰黑色，柔和的棕色或深棕色	褐色、棕色、铜色、巧克力色	乌黑发亮，黑褐色、银灰色、酒红色
要点	颜色要鲜明，不能太暗和陈旧，可用黄基调扮出明亮形象	颜色要柔和、淡雅，用蓝基调扮出温柔雅致的形象	颜色要温暖、浓郁，用浑厚浓郁的金色调扮出成熟高贵的形象	颜色要鲜明，光泽，用原色调扮出冷峻惊艳的形象
妆色	适用象牙色的粉底，眼影最好用明亮的浅金棕系列，口红、腮红适用珊瑚粉和橘红系列	适用偏玫瑰粉的冷粉色，腮红和口红应统一在浅玫瑰色系里，眼影颜色最好与服装一致	适用与肤色相同的粉底颜色，棕红色的腮红，眼影以咖啡色为基调，也可尝试苔绿眼影	适用蓝灰色系列的眼影，深玫瑰色的腮红、口红
误区	避免用冷暗色调	避免强烈色彩反差对比的搭配	避免过于鲜艳的颜色	避免轻柔的色彩
基色	适合以黄色为基调的颜色	适合以蓝色为基调的颜色	适合以金色为基调的颜色	适合以冷峻惊艳为基调的颜色

3）色彩搭配的不同效果

色彩运用正确与错误的不同效果见表2-3。

表2-3　色彩运用正确与错误的不同效果

正确的色彩	错误的色彩
面部皮肤光洁通透	面部皮肤显得晦暗、疲乏、憔悴
淡化面部的皱纹和黑眼圈	加重口鼻周围的阴影及黑眼圈
面部皮肤显得健康红润	加深面部皮肤的斑点和缺陷
服饰色彩与脸部皮肤和谐	服饰色彩与脸部皮肤对比迥异
面部靓丽，色彩处于从属地位	色彩太强，使面部无色

2.3.2　服饰的穿戴搭配

1. 服饰比较理想的配色

色调是构成服装美的重要因素之一。衣服面料的各种色调的协调，上衣和裤子、鞋、帽色调的协调固然重要，但这些又要与生活环境、穿着者的年龄、职业相协调，才能体现出服装的色调美。以下推荐的配色规律供参考。

绿色—黄色	深粉红—亮绿
粉红—浅蓝	酒红—森林绿
深蓝—红色	酒红—杏色（黄红色）
深蓝—灰色	中棕色—中蓝色
黑色—浅绿	深棕—深紫色
黄褐—白色	橄榄绿—红色
宝蓝—鲜绿	暗灰色—蓝色
炭灰—浅灰	浅紫—红褐
淡紫—暗灰色	骆驼灰—橄榄绿

在现实生活中，可以按自己的肤色、气质、性格、职业的特点来选择自己的服装配色，用最协调的色彩来装扮自己。需要注意的是，服装的色彩与人本身相比，它仅仅是陪衬。服装的色彩要以能达到突出和烘托个人独特的气质、风度、形象的目的，才算是最佳效果（见彩插图13）。

有人说形象是一生的战略问题，美是学出来的，长得不美，才有打扮的空间。色彩以67%的比例决定每个人的形象品位。

2. 着装的基本搭配法

每种色彩都有自己美的个性特点。如专家认为黑、白、灰是配色中的安全色，它们几乎可以同其他任何颜色搭配。下面是服装色彩专家经过研究、总结出的一些搭配组合建议。

1）用三种基本法进行着装的搭配

一般来讲，我们常见的着装搭配是同一色、相邻色、对比色三种基本搭配法。

（1）同一色搭配

同一色搭配是指同一种色彩中深深浅浅搭配，如都是红色家族，搭配在一起会显得错落有致，内外呼应显得协调舒适，使人看过去非常自然。

（2）相邻色搭配

相邻色搭配是指色相环上相近的邻居色搭配，如黄配绿、橙色和黄色、紫色和蓝色，本来色彩过渡就是这样依次变化，相邻色穿衣搭配显得很有品位和艺术气息，富有规律和韵味。

（3）对比色搭配

对比色搭配是指采用色相环中的对立面，如冷暖对比，色彩反差越大，就把它们搭配在一起，产生的效果是强烈、夸张、艺术创新甚至会有另类的感觉。

可以选择与考虑色相对比、明度对比、纯度对比、补色对比、冷暖对比等。

2）色彩分解搭配法

一种分解是选色分解。分解原理比如一件白、红、黑色彩组成的衬衫，那么从上衣的这三种色彩中任选一种作为下身长裤或裙子颜色。一般人们的视觉心理是上轻下重，所以裙子用红色调或黑色调会更和谐一些。

另一种分解方法是组色分解。如喜欢橙色，但又不想穿一身橙色来打扮自己，那么就要分解橙色。橙色是由黄和红组成的，也就是说，橙色和黄色、红色搭配，都会很和谐。当然，由于黑、白、灰同任何色彩都可以组合，用它们中的任何一色搭配橙色也很不错。

3. 着装的基本常识

1）着装遵循人体美的规律

服装给人的感觉仅仅是合适是远远不够的，更重要的是服装要产生对人体的修饰作用。着装的目的和重点是遮掩身体缺陷，理想的着装是要比自己实际的体形更完美，更接近人体的黄金分割律。一般来说，标准体形为"八头比例"，是符合"黄金分割"美的比例。"七头比例"体形往往显得腰长腿短，"九头比例"体形则显得腿脚过长，这都有些失调倾向。

① 着装以腰为界，让腰以下的下身明显长于上身，有专家推荐的比例是62：38。最简单的着装是穿筒裤，裤长到脚面，让下踝与脚成为腿的一部分；穿与裤子一致色调的鞋；穿高卡腰的衣服、裙子；着高跟鞋等。

② 着装让腰臀应有区别。有专家推荐的比例是腰围占臀围的62%。

2）良好的姿势是美好体形的前提

一个正确的姿势（站姿挺拔等）容易提升人们的视觉效应，会使人在原有的基础上看上去显高2～3 cm，腹围显小2～3 cm，腿显长3～4 cm。

好的姿势就是自信的姿势。自信的姿势配以得体的衣服，以喜欢的方式搭配好，相信一般的服装也会因为穿衣人的风度而变得高贵与优雅。

3）了解自己的外形特征

了解自己的面部、神态、姿势及性格等基本元素所形成的特质给人的视觉印象，判断着装风格与品位。如身材的曲线或直线、高矮胖瘦、腿长短、腰粗细、身体的圆润与单薄等方面。

矮个子的人，常见的建议是选择那些单一的色彩和竖直条纹的衣服。对高而胖的人，建议不要穿太紧的衣服，穿深色较好些，会有收缩形体的作用，高而胖的男性不穿大方格，女性则不穿大花图案等。体形较胖的人，服装款式要力求简洁、朴实；衣服要宽紧适度，不宜穿过分紧身的服装。形体瘦的人，应尽量减少露在外面的部分，穿长袖衬衫，长裤、长袖立领的连衫裙都较合适。女士应在胸前做些点缀，或打些褶；穿褶裙、喇叭裙也较合适。

结合脸形考虑着装的领子形状为：椭圆形脸是理想的脸形，任何领子都适合；三角形脸好像梨形，下额宽大、上额狭小，穿"V"形领会好些；方形脸多属于宽大型，不适合穿圆形衣领，"U"形领口可缓和这种脸形；长方形脸可选择适合的船形领、方领、水平领等；圆形脸显得宽大、饱满，应该增加长度感，减少圆的感觉，以"V"形的领口最为适合。

> **小思考**
>
> **假如你要参加求职面试，怎样为自己进行形象设计？**
>
> 答：男士形象设计：① 面部干净，头发整洁，发型庄重；② 深蓝色西装、白色衬衣、紫红色领带、深色袜子、黑色皮鞋；③ 黑色手提式公文包，最好戴上手表。
>
> 女士形象设计：① 面部化妆淡雅清秀，头发干净整齐，发型以短为宜，以体现成熟和干练；② 根据肤色、季节选择一套得体、典雅的西装套裙，配上合适的内衣或衬衣，穿上肉色长筒袜，选择与服装色彩相吻合的高跟（半高跟）皮鞋或黑色皮鞋；③ 黑色的手持或夹式公文包。
>
> 除此以外，不论男士、女士都要注意自己的站姿、坐姿、走姿、手势和表情等，这些都是形成第一印象的主要因素，都是不可忽视的。

4. 掌握规律性的着装技巧

商务人士着装择色，要掌握因人而异、因时而异、因地而异，结合身材、肤色、职业、性格、爱好，找到内在规律。着装自然、舒适、协调、美观就好，不要盲目去模仿时装画刊或是名人偶像。

服装可以显露个人身材的优点，也能掩饰身材上的缺点。我们往往从一个人服装搭配上就能判断其审美能力的高低。提高审美能力是持续性的，一方面要通过学习、读书提高；另一方面，在短期内可以通过掌握一些规律性的着装技巧来提高。这些技巧包括以下几个方面：

① 色彩的重要性远远大于款式和面料；
② 视觉平衡能带给别人更好的感受；
③ 单色穿着是最为简单易行的法则；
④ 两种颜色搭配时，应避免 1∶1 的比例关系；
⑤ 垂直线条能够塑造修长的身段；
⑥ 善用饰品，为服饰增添光彩，依场合着装，处处显魅力；
⑦ 注重服饰细节，凸显不凡品位；
⑧ 营造着装的视觉中心更加出彩。

5. 结合不同的肤色进行着装选择

肤色很白：适合的颜色范围较广，穿深色服装更显得白皙；穿浅色服装则显得娴静素雅，给人以超凡脱俗之感。

发红的肤色：如果配上浅色的衣服，会显得更加红润，这就是色彩和肤色产生的和谐的效果。

黑红脸：最好不要选择浅粉、浅绿这两种色调和蓝绿色的服装，因为这种色彩的对比过于强烈，会使肤色显得过红甚至发紫。

肤色偏黄或近于褐色的人：不适合亮度过大的蓝色、紫色等服装。脸色偏黄的人最好选择浅粉色，或者白底小花、白底小红格的衣服，这样可以使面部显得富有色彩。

商务礼仪实务一——个人仪容实训指导

1. 不同脸形的画眉与腮红修饰技巧

脸形	印象	画眉	抹腮红
椭圆形 圆形	圆形脸比椭圆形脸稍宽，外轮廓呈圆形，给人可爱、活泼的印象	适于画上扬眉，使脸部相应拉长	可将腮红从颧骨中心向靠近鼻梁的部位逐渐拉长，呈长弧形涂抹，再自然地向耳边舒展，渐渐淡下去，可以使脸形产生长一些的视觉效果
方形 （"田"字形）	方形脸的线条较直，外轮廓呈方形，给人坚毅、刚强、有力的印象	眉毛不宜过细，方眉则可使脸看起来较圆	腮红从颧骨上部向靠近眼角的部位，呈长弧形涂抹圆润，加强立体感；下巴处用深色的腮红修饰自然
长方形 （"国"字形）	长方形脸的长度比方形脸稍长一点，给人严肃、正直的印象	适合水平眉，可以使脸显得短一些	腮红从颧骨中心向靠近鼻梁的部位，呈长弧形涂抹，再自然地向耳边舒展，形成椭圆感觉；窄长脸形或小"国"字形，选用浅桃红或艳些的苹果红色的腮红，以颧骨为中心往外侧推抹，横面铺开为扇形，到两颊自然地匀开，可使脸显得丰满、圆润
三角形 （"由"字形）	三角形脸的特点是下颌比额头还宽，给人稳重、威严的印象	不适合有角度的眉，眉形要大方	腮红从颧骨中心向靠近眼角的部位，呈圆弧形涂抹，再自然地向耳边舒展。下巴处用深色修小，拉成椭圆感觉
倒三角形 （"甲"字形）	倒三角形脸的额头很宽而下巴尖细修长，此脸形被认为是最理想的脸形	适合柔和的稍粗的水平眉	可以同时使用棕、粉红、淡红偏黄三种颜色的腮红。棕色涂在颧骨下的阴影部位，粉红涂在颧骨处，淡红偏黄颜色涂在颧骨之上和眼外角及眼下部位
菱形 （"申"字形）	菱形脸的额头和下巴较窄，颧骨宽而凸出，给人机智、精明的印象	适合稍粗的有弧度的眉	腮红从颧骨上部向靠近眼角的部位，呈圆弧形涂抹，加强光度；颧骨下部开始用明快一些的或浅色修到下巴处，提高视觉的圆润

2. 脸部五分钟按摩法（见图 2-8）

第一分钟，按摩眼周。用双手中指指肚在眼周围旋转按摩，注意方向从内眼角上部向外眼角上部，到外眼角下部，再到内眼角下部。重复圆周按摩一分钟（图 2-8（a））。

第二分钟，按摩前额。用双手中指指肚在前额轻轻打旋，或从下往上按摩横纹。重复按摩一分钟（图 2-8（b））。

第三分钟，按摩脸颊。用双手中指从笑纹下端向上推摩，同时再向外向上拉向耳部。重复按摩一分钟（图 2-8（c））。

第四分钟，按摩下巴。用拇指、食指轻捏下巴赘肉部位，或轻轻用双手食指指背从下巴中央向双耳耳根推拉。重复轻捏或推拉一分钟（图 2-8（d））。

第五分钟，按摩颈部。颈部的皱纹是横向的，所以我们要纵向按摩，而且应该由下向上推摩。重复推摩一分钟（图2-8（e））。

图2-8 脸部五分钟按摩图

3. 女性脸形与发型选择（见图2-9）

图2-9 女性脸形与发型选择

4. 简易双眼皮六步法（见图2-10）

准备一面足够大的镜子，摆放在面部对面，镜子的角度最好倾斜一点，能够看清眼睛全貌（图2-10（a））。

用化妆棉蘸少许爽肤水，擦去眼皮多余的脂肪和不洁之物（图2-10（b））。

用定位的小叉子在眼皮上定好位置，然后留下叉子的痕迹做上胶的位置参考，一般位置定在睫毛向上3 cm左右，也可以根据自己的要求定位（图2-10（c））。

用眼皮胶的小刷蘸适量的胶涂抹在眼皮已定好叉子的痕迹上，胶量根据眼皮的情况适当增减（图 2-10（d））。

等待几分钟让眼皮胶变为透明。可以用冷风效果的小吹风机，距离眼皮 40～50 cm 处，闭眼吹以缩短等待的时间（图 2-10（e））。

用叉子在上胶的部分压出折痕，然后修饰眼尾的双眼皮褶线条，随后是整理眼头内眼角的双眼皮褶线部分。这样便变成了双眼皮（图 2-10（f））。

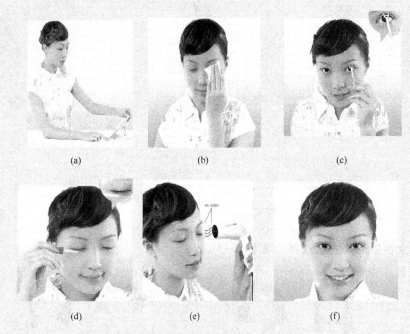

图 2-10　简易双眼皮六步法

5. 女性上妆法（见图 2-11）

图 2-11　女性上妆法

商务礼仪实务二——个人仪表实训指导

1. 仪表规范检查要点

结合图2-12,检查仪容和仪表规范的内容,学生分组进行自检并总结,每个组1~2人发言,10~15分钟。

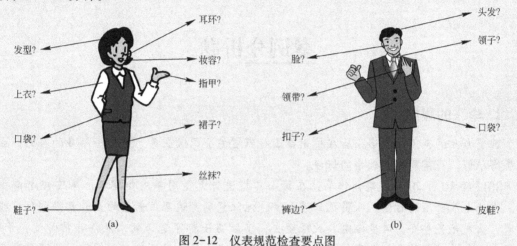

图2-12 仪表规范检查要点图

2. 服饰色彩的搭配分析

学生分组,结合彩插图13和彩插图14,说明服饰着装色彩的搭配优点和着装场合;结合彩插图15分析丝巾的用法,进行1~2种色彩方面的组合变化,比较与分析。实践时间安排20~30分钟。

本 章 小 结

本章所讲授的是仪容仪表礼仪。主要是指商务人员个人面部化妆修饰与打扮的规范要求。遵守仪容仪表礼仪,有助于维护商务人员的个人形象和单位形象。

- 2.1节讲授的是仪容礼仪。具体涉及面部和头发的仪容修饰,仪容的化妆礼仪包括眉毛、眼睛、嘴唇的化妆要点与技巧等。
- 2.2节讲授的是仪表礼仪。仪表美是人外在美的组成部分,体现着人的精神面貌。具体涉及着装的场合与原则、商务女性着装及商务男士着装礼仪要点。
- 2.3节讲授的是服饰色彩与穿戴搭配礼仪。具体涉及色彩理论内容、服饰穿戴搭配规则等。

复习思考题

1. 商务人员设计发型要考虑哪些因素?
2. 简要概括说明男、女护肤化妆的要点与内容。
3. 着装礼仪的基本原则有哪些?请举例说明。
4. 穿戴西装要注意哪些事项?
5. 结合个人说明四季色彩理论有哪些诊断技巧。
6. 说出2~3个运用色彩理论进行着装搭配的技巧。

案例分析题

1. 李飞的尴尬

国贸专业的李飞大学毕业后在杭州萧山一家贸易公司做业务。通过一年多的努力,业绩发展得很好,获得同事和领导的好评。

2017年10月20日,某合作单位在萧山宾馆进行大型周年庆典宴会,李飞应邀前往参加。当他走入会场的时候,人员已到了大半,他注意到身边几位老总的穿着都很到位:精致西装,头发光亮整齐,风度翩翩。放眼望去,多数男士都穿着正装,显得非常帅气、干练;多数女士身着时髦的套裙或穿着明艳的晚礼服,脖子上的水钻项链金光闪闪。他还看到几个本单位的同事也是穿戴整齐,精神抖擞。

李飞看了看自己,因为匆忙赶来,脸上微微出汗,混合着油渍,头发没打理,有点凌乱,身上散发着一点味道。尽管穿着西装,但由于近两天很忙碌,一直没有更换衬衣和领带。再低头看看皮鞋上布满灰尘,裤线没有了,裤腿上还隐约有块油污。

李飞感觉自己浑身不自在,很尴尬,希望宴会快些结束,中途就借口提前离开了宴会场。

分析:

1. 李飞为什么感觉尴尬,提前离开宴会?
2. 你认为李飞出席这样的场合,仪容仪表方面应注意些什么问题?

2. 一双白袜子毁了一桩大生意

某公司的老总到国外宣传推广自己的企业,来宾都是国际著名的投资公司管理人员,场面很隆重。但听众们发现台上的老总虽然西装革履,裤脚下却露出一截"飞毛腿",而且老总的黑皮鞋里是一双白色袜子。这样的穿着出席重要的商务活动,让来宾们产生了疑问:这样一个公司老总能管好他的企业吗?这个公司的品质能保证吗?后来合作也就不了了之。

分析: 合作为什么没有继续?

3. 女职员的着装

有位女职员是财税专家,她有很好的大学学历背景,常能为客户提供很好的建议,在公司里的表现一直很出色。但当她到客户的公司提供服务时,对方主管却不太重视她的建议,她能发挥才干的机会也就不大。这位女职员很苦恼。

一次偶然的机会,一位时装师发现这位财税专家在着装方面有明显的缺憾:她26岁,身高152 cm,体重45 kg,圆圆的娃娃脸看起来机敏可爱,平常喜爱着可爱型的服装,像个十六七岁的女孩。其外表与她所从事的工作相距甚远,导致客户对于她所提出的建议缺少安全感、依赖感,所以难以实现她的创意。

这位时装师建议她用服装来强调财税学者和专家的气势,用深色的套装、对比色的上衣、镶边帽子来搭配,甚至戴上稳重大方的眼镜,女财税专家认真照办。结果,三个月后客户的态度有了明显的转变。很快,她成为公司重要的董事之一。

分析:

1. 时装师的建议你认同吗?为什么?
2. 你对职业女性的着装原则有什么建议吗?

4. 小李的销售为什么上不去

祖籍山东的小李大学毕业后留在了杭州某贸易公司,他的口头表达能力不错,对公司产品的介绍也得体,人既朴实又勤快,在业务人员中学历又最高,老总对他抱有很大期望。可做销售代表半年多了,业绩却总上不去。

后来,大家发现他是个不爱修边幅的人,双手拇指和食指喜欢留着长指甲,里面经常藏着很多"东西"。白衬衣衣领经常是酱黑色,有时候手上还记着电话号码。他喜欢吃大饼卷大葱,吃完后,也不知道去除异味的必要性。

在大多数情况下,小李没有机会见到想见的客户。

分析: 你知道小李的问题出在哪里吗?

第 3 章
仪态礼仪

> 美丽的外形胜于美丽的脸蛋，美丽的举止胜于美丽的外形。
>
> ——爱默生

内容简要

仪态主要指人的动作、姿态和精神状态。仪态礼仪，是指站、走、坐、蹲等仪态的基本操作规范。商务人员注重仪态，展示其内在素质和气质的和谐，使仪态的魅力更永久。本章讲授的内容，包括站、走、坐、蹲基本姿势，微笑与眼神的运用，语言和谈吐的基本内容与礼仪规范要求。

学习目标

1. 学习仪态礼仪的主要内容；
2. 掌握商务场合站、走、坐、蹲及微笑等仪态礼仪操作规范；
3. 了解语言谈吐礼仪的内容。

在商务活动中，仪态被视为第二语言。有研究表明，在人际沟通中，有 65% 的信息是通过仪态语言表达的。仪态礼仪要求美观大方、自然优雅。它不但透露出一个人良好的礼仪修养，是人的内在品质、知识修养的真实外露，而且能赢得对方的好感，获得更多合作的机会。本章系统介绍商务人员站、走、坐、蹲基本礼仪，以及微笑与眼神礼仪和语言谈吐礼仪。

3.1 站、走、坐、蹲基本仪态

相貌的美高于色泽的美，而优雅舒适的动作美又高于相貌之美，这是美的精华。

——培根

仪态是人的身体姿态，又称为体姿，基本包括人的站姿、坐姿、走姿、蹲姿等各种动作。仪态是一种语言，商务人员的仪态包括其所有行为举止：正确的站姿、优美的坐姿、雅致的步姿、恰当的手势、真诚的表情等。这些传递的气质风度、礼貌修养信息比有声语言更真实，更富有魅力。

3.1.1 站姿礼仪

站姿是生活、工作、交往中的一种最基本的姿态。正确标准的站姿是一个人身体健康、精神饱满的体现，也是培养优美仪态的起点。

1. 基本站姿

基本的站姿，要求做到"站有站相"。"站如松"，意思是站得要像松树一样挺拔，同时还需注意站姿的优美和典雅。

1）正确的站姿

正确的站姿应是：端正、庄重，具有稳定性。基本要求是挺直、舒展，站得直，立得正，线条优美，精神焕发。具体要求是：头要正，肩要平，背要直，胸要挺，腹要收，臀要提，腰要直，指微微并拢，手下垂，脚跟相靠，双目平视，嘴唇微闭，面带笑容（见彩插图16）。

具体要点为：

① 身体挺拔，抬头，头顶上悬，脖颈挺直；
② 微收下颌，双目平视，头和下巴在同一条竖直线上，下巴和地平行；
③ 脖颈挺拔，双肩舒展放松，稍向下压，双臂自然垂于体侧，手指自然弯曲；
④ 两腿并拢立直，脊椎、后背挺直，身躯直立挺胸，重心在两脚之间，膝和脚跟靠紧；
⑤ 挺胸、收腹、立腰，臀部肌肉收紧，重心有向上升的感觉。

基本的站姿关键看三个部位：一是髋部向上提；二是腹肌、臀肌收缩上提；三是头顶上悬，肩向下沉。男女站姿的不同美感为：女性应是亭亭玉立，文静优雅；男性应是刚劲挺拔，气宇轩昂。站姿从正面观看，全身笔直，精神饱满，两眼正视（而不是斜视）。两肩平齐，两臂自然下垂，两脚跟并拢，两脚尖张开60°（女士应小于45°），身体重心落于两腿正中；从侧面看，两眼平视，下颌微收，挺胸收腹，腰背挺直，手中指贴裤缝，整个身体庄重挺拔。采取这种站姿，会使人看起来稳重、大方、俊美、挺拔。

2）工作场合常见站姿

① 垂直站姿：如标准立正姿态。
② 前交手站姿：身体直立。男性双脚分开不超过肩宽，重心分散于两脚上，两手在腹前交叉。女性两脚尖略展开，一脚在前，后跟靠近另一脚内侧前端，重心可落于两脚上，也可落于一只脚上，通过重心的转移减轻疲劳，双手仍在腹前交叉。
③ 后交手站姿：脚跟并拢，脚尖展开60°～70°。挺胸立腰，下颌微收，双目平视，两手在身后相搭，贴在臀部。
④ 单背手站姿：两脚尖展开，左脚向前，将脚跟靠于右脚内侧中间位置。成左丁字步，

身体重心于两脚上。左手背后,右手下垂,成左背手站姿;相反,站成右丁字步,背右手,左手下垂,成右背手站姿。

⑤ 单前手站姿:两脚尖展开,左脚向前,将脚跟靠于右脚内侧中间,左手臂下垂,右臂肘关节屈,右前臂抬至横膈膜处,右手心向里,手指自然弯曲,成右前手站姿。同样,相反的脚位和手位可站成左前手站姿。

2. 女性站姿

女性站立时,双脚成"V"形或"丁"字形,见图 3-1。女士双膝和双脚要靠紧,脚后跟尽量靠拢;或一只脚略前,一只脚略后,前脚的脚后跟稍稍向后脚的脚背靠拢,后腿的膝盖向前腿靠拢。这些站姿是规范的,但要避免僵直硬化,肌肉不能太紧张,可以适宜地变换姿态,追求动感美,表现女性轻盈、妩媚、典雅、娴静的韵味,要努力给人以一种"静"的优美感(见彩插图 16)。

3. 男性站姿

男性站立时,身体要立直,抬头挺胸,下颌微收,双目平视,两膝并严,脚跟靠紧,脚掌分开成"V"形。挺胸髋立腰,吸腹收臀,双手置于身体两侧自然下垂;或者两腿分开,双腿直立平行。男士两脚间可稍分开点距离,但不宜超过肩宽,双手在身后交叉,右手搭在左手上,贴在臀部。

应当注意的是,男士工作中的站姿,双脚也可调整成"V"形,双手下垂于身体两侧,也可以将手叠放于腹前或放在背后(见彩插图 16),贴在臀部,体现刚健、潇洒、英武、强壮的风采,要力求给人一种"劲"的阳刚之美。如图 3-1 所示。

原立式站姿

腹前握拳式站姿

腹前握指式站姿

图 3-1 男女站姿

4. 商务工作中常见的两种站姿

1)肃立

身体直立,双手置于身体两侧裤缝处,中指微曲,双膝并拢,双腿直立,脚掌分开成"V"形,下颌微收,双目平视,面带微笑。

2) 直立

男士：双脚平行分开，两脚间距离不超过肩宽，以 20 cm 为宜，两手手指自然并拢，左手搭在右手上，轻贴腹部；也可两脚跟相靠，脚尖展开成 60°～70°，两手叠放在背后。

女士：两脚并拢，或两脚尖相距 10 cm 或站右侧丁字步，两手自然并拢，右手放在左手上，轻贴腹前。身体重心可放在双脚上，也可放在一只脚上，通过重心移动减轻疲劳。但要注意双腿基本并拢，不可叉开。

5. 5 种不正确站姿

站立时，不可以弯腰驼背，探脖，耸肩，挺腹，双手叉腰，也不可以将双腿叉开过大，双脚随意抖动，或随意挟、拉、靠、倚等。这些不雅的站姿会给人以懒惰、轻薄、不健康的印象。

1) 弯腰、驼背、挺肚

这是一个人身躯歪斜的一种特殊表现。在站立时，一个人如果弯腰驼背，除去其腰部弯曲、背部弓起之外，通常还会同时伴有颈部弯缩、胸部凹陷、腹部凸出、臀部撅起、耸肩等一些其他的不良体态。它显得一个人缺乏锻炼、无精打采，甚至健康不佳。

2) 手位不当

站立的时候，必须注意以正确的手位去配合站姿。在站立时手位不当，会破坏站姿的整体效果。站立时手位不当主要表现在：一是双手抱在脑后；二是用手托着下巴；三是双手抱在胸前；四是把肘部支在某处；五是双手叉腰；六是将手插在衣服或裤子口袋里。

3) 脚位不当

在正常情况下，"V"形步、"丁"字步或平行步均可采用，但要避免"人"字步、"蹬踩式"步和外"八"字步。"人"字步即俗称的内"八"字步；"蹬踩式"指的是在一只脚站在地上的同时，把另一只脚踩在鞋帮上，或是踏在其他物体上。

4) 半坐半立

在正式场合，必须注意坐立有别，该站的时候就要站，该坐的时候就要坐。在站立之际，绝不可以为了贪图舒服而擅自采用半坐半立之姿。当一个人半坐半立时，不但样子不好看，而且还会显得过分随便。

5) 身体歪斜

古人曰："站如松"，要求站立时不能歪歪斜斜。若身躯明显地歪斜，如头偏、肩斜、腿曲、身歪，或是膝部不直，不但直接破坏了人体的线条美，而且还会使自己显得颓废消沉、萎靡不振或自由放荡。

知识点

现代女士美体七大新指标

① 站姿美；

② 胸部美；

③ 腰部美；
④ 腹部美；
⑤ 背部美；
⑥ 臀部美；
⑦ 腿美。

3.1.2 坐姿礼仪

坐的姿势，一般称为坐姿。标准坐姿是人们将自己的臀部置于椅子、凳子、沙发或其他物体之上，以支撑自己身体重量，双脚则放在地上。端庄优美的坐姿，会给人以文雅、稳重、自然大方的美感。

对商务人员坐姿的基本要求是端庄、文雅、大方、得体。

正确的坐姿可以给人庄重、优雅的印象，同时能体现出男子的自信、豁达，女性的端庄、矜持。正确的坐姿与体位的协调配合一致，更能显示出坐姿静态美的魅力。因此，选择良好的坐姿与手位动作是很有必要的。

1. 正确坐姿

优美的坐姿是端庄、自然、大方、舒适。正确的坐姿规范是入座时，要走到座位前面，然后右脚向后退半步使腿肚贴到椅子边，然后轻稳坐下；入座后，上体自然坐直，双肩平正放松，立腰、挺胸，两手放在双膝上或两手交叉半握拳放在腿上，亦可两臂微屈放在扶手上，掌心向下。男士双脚平落地上，两脚平行，双膝稍稍分开，但女士的双膝必须靠紧，臀部坐椅子的2/3。男士可坐满椅子，背轻靠椅背。双目平视，嘴唇微闭，微收下颌，面带微笑。

正确坐姿要点如下。

① 入座时要稳、要轻。就座时要不紧不慢，大大方方地从座椅的左后侧走到座位前，轻稳地坐下。若是裙装，应用手背将裙稍稍拢一下，不要坐下后再站起来整理衣服。

② 面带笑容，双目平视，嘴唇微闭，微收下颌。

③ 双肩放松平正，两手自然弯曲放于椅子或沙发扶手上。

④ 坐在椅子上，要挺胸立腰，上体自然挺直。

⑤ 双膝自然并拢。双腿正放或侧放，双脚平放或交叠。

⑥ 坐在椅子上，一般要坐椅子的2/3，脊背轻靠椅背。

2. 八种常用坐姿

① 正襟危坐式。又称最基本的坐姿，适用于最正规的场合。要求上身与大腿、大腿与小腿、小腿与地面都应当成直角。女士双膝双脚完全并拢。

② 垂腿开膝式。多为男性所使用，也较为正规。要求上身与大腿、大腿与小腿皆成直角，小腿垂直地面。双膝分开，相距一个拳掌。

③ 双腿叠放式。它适合穿短裙子的女士采用，造型极为优雅，有一种大方、高贵之感。

要求将双腿完全地一上一下交叠在一起，交叠后的两腿之间没有任何缝隙，犹如一条直线。双腿一般斜放于右侧，斜放后的腿部与地面成45°。

④ 双腿斜放式。适用于穿裙子的女性在较低处就座使用。要求双膝先并拢，然后双脚向左或向右斜放，力求使斜放后的腿部与地面成45°，同时脚背绷紧。

⑤ 双脚交叉式。它适用于各种场合，男女皆可选用。要求双膝先要并拢，然后双脚在踝部交叉。交叉后的双脚可以内收，也可以斜放；但不宜向前方远远直伸出去。

⑥ 双脚内收式。适合一般场合采用，男性宜用。要求：两大腿首先并拢，双膝略打开，两条小腿分开后向内侧屈回。

⑦ 前伸后屈式。这是女性适用的一种优美的坐姿。要求大腿并紧之后，向前伸出一条腿，并将另一条腿屈后，两脚脚掌着地，双脚前后要保持在同一条直线上。

⑧ 大腿叠放式。多适用男性在非正式场合采用。要求两条腿在大腿部分叠放在一起。叠放之后位于下方的一条腿垂直于地面，脚掌着地；位于上方的另一条腿的小腿则向内收，同时脚尖向下。

常见坐姿如图3-2所示。

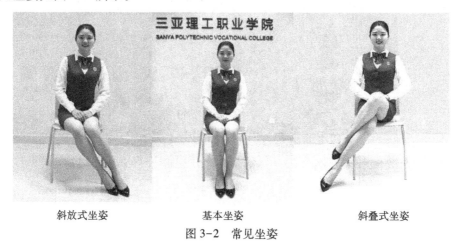

斜放式坐姿　　　　　　基本坐姿　　　　　　斜叠式坐姿

图3-2　常见坐姿

3. 女士坐姿

1）一般坐姿

女士就座时，双腿并拢，以斜放一侧为宜，双脚可稍有前后之差。即：若两腿斜向左方，则右脚放在左脚之后；若两腿斜向右方，则左脚放置右脚之后。这样，人正面看来双脚交成一点，可延长腿的长度，也显得颇为娴雅。女士分腿而坐显得不够雅观，腿部倒V字式也是不提倡的，女士若穿裙装应有抚裙的动作。

一般来说，在正式社交场合，要求女性两腿并拢无空隙，见图3-3（a）。两腿自然弯曲，两脚平放地面，不宜前伸。在日常交往场合，女性大腿并拢，小腿交叉，但不宜向前伸直，也可以跷腿。

女性较长时间端坐很累时，可适当交换为侧坐或跷"小二郎腿"，但脚尖应朝地面，两小腿贴紧，切忌脚尖朝天抖动。这样，既能做到轻松舒适，又能表现出自己的仪态万千。见图3-3（b）。

2）优雅型坐姿

女士在基本坐姿的基础上，双腿可略向前伸直，脚踝相叠，保持坐姿平稳，双腿同时轻轻离地向回收，相叠部位由脚踝过渡到膝盖，双腿向一侧倾斜，略微调整。在美观的基础上，以稳定、舒适为宜。

女士坐姿表现的是"阴柔之美"。就座时要缓而轻，如清风徐来，给人以美感。在工作场所应该上身自然挺直，下颌微收，双目平视，面带微笑；双手轻放双膝上或轻搭在椅子扶手上，两腿自然弯曲并拢，两脚平放；在轻松场合也可右脚（左脚）在前，将右脚跟（左脚跟）靠于左脚（右脚）内侧，双手虎口处交叉，右手在上，轻放在一侧的大腿上，给人一种文静、雅致的感觉（见彩插图17）。

总之，人坐在椅子上可选择不同的姿态，只要正确的坐姿与体位的协调配合，那么各种坐姿都会是优美自然的。女士比较优美的坐姿，如图3-4所示。女士坐姿优雅的要点是大方、自然、伸直、夹角45°。

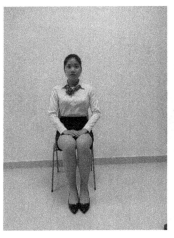 

(a)　　　　　　　　　　　(b)

图3-3　女士坐姿

图3-4　女士比较优美的坐姿

4. 男士坐姿

图 3-5 男士坐姿

在正式场合，男士坐姿应以"坐如钟"的姿势，给人一种四平八稳的感觉。男子就座时，双脚可平踏于地，上体微向前倾，两腿自然弯曲分开，两腿之间可有一拳的距离，见图3-5。双手可分置左右膝盖之上或放在扶手上，表情自然。男士穿西装时，注意应解开上衣纽扣。在日常交往场合，男性可以跷腿，但不可跷得过高或抖动。

欧美国家的男士叠腿而坐时，小腿部分放在另一条腿的膝盖上，大腿之间是有缝隙的，但注意脚不要跷得太高，以免鞋底正对旁边的客人。在与欧美国家人士交往时，需注意对方的习俗，这样更有助于双方的沟通。

男士工作坐姿应做到上身挺直，下颌微收，双目平视，表情自然；两腿分开，不超肩宽，两脚平行，小腿与地面垂直（见彩插图17）；两手分别放在双膝上或双臂微屈，放在桌面上。

男士在轻松场合，可交叠双腿成"小二郎腿"。"小二郎腿"是把一条腿放到另一条腿的大腿上。当年龄较大的男人在同比较年轻的人说话时，为减少呆板的感觉，可选择这种坐相。

5. 不良的坐姿

不良的坐姿不仅不美，而且会影响身体发育与形体的美。常见的不良坐姿如下。
① 就座时前倾后仰，或是歪歪扭扭，脊背弯曲，耸肩探头。
② 两腿过于叉开或长长地伸出去，萎靡不振地瘫坐在椅子上。
③ 坐下后随意挪动椅子，跷二郎腿时抖腿。
④ 为了表示谦虚，故意坐在椅子边上，身体萎缩，前倾地与人交谈。
⑤ 大腿并拢，小腿分开，或双手放在臀下，腿脚不停地抖动。
⑥ 就座时，脚尖相对或跷起，双脚踝部交叉，半脱鞋，两脚在地上蹭来蹭去；不停地摆弄手中东西，如头发、饰品、手指、戒指等。
⑦ 女士入座时，露出衬裙。
⑧ 男士在礼仪场合使用"4"字形的叠腿方式（见彩插图18），或用手把叠起的腿扣住的方式。

以上不良坐姿都会影响人的举止风度，在学习标准坐姿的同时，要注意矫正不正确的坐姿。

3.1.3 走姿礼仪

走姿即行姿、步姿，属动态的美。由于受年龄、职业、生活条件、社会环境等因素的影响，人们的走姿可以说是千姿百态。从现代礼仪角度看，正确而富有魅力的走姿犹如一首动人的抒情诗,有一种轻快自然的美。中国古代强调要"行如风",就是要求人在行走时,要行得正确、优美、轻盈,有节奏感,给人以美感。无论在日常生活中,还是在社交场合,走路往往是最引人注目的体态语言,因而最能表现出一个人的风度和活力。如何正确地使用标准走姿是给人留下美好印象的关键之一。

1. 走姿的基本要求

走姿就是人行走的姿态、体态,它是站姿的延续动作,是在站姿的基础上,展示人动态美的手段。走姿的基本要求是行走时,头部要抬起,目光平视前方,双臂自然下垂,手掌心向内,并以身体为中心前后摆动。上身挺拔,腿部伸直,腰部放松,脚幅适度,脚步宜轻且富有弹性和节奏感。

1)正确的走姿规范

标准的走姿要以端正的站姿为基础。要求行走时头部端正,胸部挺起,收腹立腰,上体正直,双肩平稳,双目平视,下颌微收,面带微笑。起步时,身体稍向前倾,手臂伸直放松,手指自然弯曲,双臂以肩关节为轴向前、向后自然摆动,上臂带动前臂,以前摆35°、后摆30°为宜,肘关节略弯曲,前臂不要向上甩动;上体稍向前倾,提髋屈大腿带动小腿向前迈。正常的行走,脚印应是正对前方,保持膝关节和脚尖正对前进的方向;然后脚尖略抬,脚跟先接触地面,依靠后腿将身体重心推送到前脚脚掌,使身体前移;行走线迹要成为"一条线""两条平行线"(见彩插图19)。

正常步幅约一个脚长,即前脚脚跟与后脚脚尖相距为一个脚长(不同性别、身高会有一定差异);步高(指行走时脚抬起的高度)不宜过高,也不宜过低;行走速度,男士一般为每分钟118~120步,女士每分钟108~118步。

2)男女行走的区别

男士的步履应雄健、有力、潇洒、豪迈、步伐稍大,展现出刚健、英武的阳刚之美。男士在工作场合,走路应挺起胸膛,显出朝气,大步向前走;双脚落地平稳而有力,不拖泥带水;双臂自然摆动,给人以充满自信及镇定自如的气度。

在悠闲时轻踱慢行,要显示出男士的一种逍遥风度。做到不慌不忙,边走边看,边与同伴谈笑风生,给人以气度不凡的姿态。

行走时切记男不扭腰,男士要抬头挺胸,步履稳健、自信,避免"八"字步。

女士的步履应为轻捷、娴雅、飘逸,步伐略小,展示出温柔、娇巧的阴柔之美,见图3-6。女士要脊背挺直,双脚平行前进,步履轻柔自然,避免做作。可右肩背皮包,不扭臀走路。

停步、拐弯、侧行、转身、上下楼梯时,应从容不迫,控制自如,体现步伐的规范和优美。女士上下楼梯时,要点是目光前视,上身挺直,左右脚踩成一直线,上楼力量放两脚间,见图3-6。

第3章 仪态礼仪　63

上楼　　　　　　　　走姿　　　　　　　　下楼

图 3-6　女士走姿与上下楼姿态

男女在行走中配合手势要求做到简捷、大方、明了，这样才能在仪态举止方面显出挺拔、优雅、活泼、潇洒的风度（见彩插图 19）。

2. 走姿的忌讳

走路最忌内"八"字步和外"八"字步；其次忌弯腰驼背，歪肩晃膀。

走路时不可大甩手，扭腰摆臂，大摇大摆。行走时眼光不能东张西望；如需张望或回望，应转动头部，而不要用眼珠斜视。

注意双腿不要过于弯曲或走曲线；步子不要太大或太小；不要脚蹭地面，双手插在裤兜或后脚拖在地面上有气无力地行走。男士的走姿应注意不要一步一挪；不要像闲人一样"八"字步迈开，那会给人以萎靡不振的感觉。另外，背手、叉腰等不雅走姿有失风度，也要避免。

以上不正确的走姿，都会影响个人的举止，应及时矫正。

3.1.4　蹲姿礼仪

在日常生活中，人们捡拾地上或低处的物品时，习惯姿势是弯腰、翘臀。这种姿势是不合适的，如能恰当地采用蹲姿，将会给人留下美好的印象。

1. 正确的蹲姿

当要下蹲取物时，上身尽量保持正直，两腿合力支撑身体，靠紧向下蹲。女士无论采用哪种蹲姿，都要将腿靠紧，臀部向下。举止应自然、得体、大方、不造作，这样才能体现出蹲姿的优美。蹲姿一般可分为交叉式和高低式两种（见彩插图 20）。

1）交叉式蹲姿

下蹲时，右（左）脚在前，左（右）脚在后，右（左）小腿垂直于地面，全脚着地，左（右）腿在后与右（左）腿交叉重叠，左（右）膝由后面伸向右（左）侧，左（右）脚跟抬起，脚掌着地，两腿前后靠紧，合力支撑身体。女士要求臀部向下，上身稍前倾。

2）高低式蹲姿

下蹲时左（右）脚在前，右（左）脚稍后（不重叠），两腿靠紧向下蹲。左（右）脚全脚着地，小腿基本垂直于地面，右（左）脚脚跟提起，脚掌着地，臀部向下，基本上以膝低的腿支撑身体。

2. 注意纠正不良的蹲姿

下蹲时注意不要有弯腰、臀部向后撅起的动作，不要两腿叉开平衡下蹲；下蹲时不能露出内衣裤。当要拾起落在地上的东西或拿取低处物品的时候，应先走到要捡或拿的东西旁边，再使用正确的蹲姿，将东西拿起。

优雅、大方、自然的仪态本身就是一种礼仪。

3.2　眼神与微笑礼仪

微笑的魅力比美貌大三万倍以上。

——乔·吉拉德

法国著名作家罗曼·罗兰说："面部表情是经过多个世纪培养成功的语言，是比嘴里讲的要复杂到千百倍的语言。"任何社交活动都离不开各种各样的表情。人的脸部表情是通过眼睛、眉毛、鼻子、嘴巴以及脸上的肌肉变化表示出来的。如表情明朗、刚强给人一种壮美的印象；表情柔和、舒展给人一种优美的感受；表情生硬、扭曲给人的感觉是生气、发怒。脸部表情在交际交往中应该是明朗、刚强、柔和的，这样才能体现脸部表情的大方、宁静和轻松。"万种风情，尽在不言中。"常用的面部表情由头部、嘴唇、鼻子、牙齿等来表达，表示的含义也不尽相同。

林肯说过，一个人过了四十岁就该对自己的面孔负责。人的面部表情在人们交往过程中，发挥着信息沟通的重要作用。在我们常用的面部表情中，微笑是最具感染力的。送给对方一个愉快、亲切的微笑，抵得上千言万语所起的效果。

构成表情的主要因素，一是目光，二是笑容。在千变万化的表情礼仪中，眼神、微笑最具表现力。

小思考

表情语、体态语在人际交往中重要吗？

答：非常重要。因为表情语、体态语在人际交往中占55%的比例，其余由38%的音调和7%的书面语构成。

这是美国心理学家艾伯特·梅拉比安在一系列实验基础上得出的一个经典公式。

3.2.1 眼神礼仪

眼神是面部表情的第一因素。眼神是一种真诚的、含蓄的语言。人们常说，"眼睛是心灵的窗户"。对个人而言，眼睛能够最明显、最自然、最准确地展示自身的心理活动。在商务活动中，正确地运用眼神是重要的，目光传递的信息应是平等、真诚、友好的。

1. 眼睛注视的部位

眼睛的注视区域通常分为公务注视区域、社交注视区域、亲密注视区域（见彩插图21）。

① 公务注视区域：在磋商、谈判等洽谈业务场合，眼睛应看着对方双眼或双眼与额头之间的区域。这样注视显得严肃、认真，公事公办，别人也会感到你有诚意。

② 社交注视区域：在茶话会、友谊聚会等场合，眼光应看着对方双眼到唇心这个三角区域。这样注视会使对方感到礼貌、舒适。

③ 亲密注视区域：在亲人、恋人和家庭成员之间，眼光可注视对方双眼到胸部第二纽扣之间的区域。这样注视表示亲近、友善。但对陌生人来说，这种注视有些过分。

一般情况下，不要注视对方头顶、大腿、脚部和手部，尤其对异性，不看中间，不看下边，也不要上下扫描或盯住某个部位，否则容易引起对方误解。允许注视的部位一般是双眼，表示对对方的尊重。注视额头，表示严肃认真，公事公办；注视眼部至唇部，表示礼貌，尊重对方。

2. 注视的方向（角度）

注视的方向（角度）往往能准确地表达出对他人的尊重与否。

① 正视（平视），表示理性、平等、自信、坦率。适用于普通场合与身份、地位平等的人之间的交往。

② 俯视，即抬眼向下注视他人。一般表示对晚辈的爱护、宽容，也可对他人表示轻慢、歧视。

③ 仰视，即抬眼向上注视他人。它表示尊敬期待，适用于面对尊长之时。

3. 注视的时间

在商务交往与交谈中，与对方目光接触的时间，一般占全部相处时间的1/3多。

谈话时，若对方为关系一般的同性，应该不时与对方双目对视，以示尊重；对对方表示关注时，如果双方关系密切，则可较多较长时间地注视对方，注视的时间占全部相处时间的2/3，以拉近心理距离。如果对方是异性，双目对视不宜持续超过2~3分钟，目不转睛长时间地注视会使对方不自在；但一眼不看对方，也是不礼貌和失礼的表现。

如果你想和别人建立良好的默契，应用60%~70%的时间注视对方，注视的部位是两眼和嘴之间的三角区域，这样信息的传接，会被正确而有效地理解。如果想在交往中特别是和陌生人的交往中获取成功，那就要以期待的目光注视对方的讲话，不卑不亢，带浅浅的微笑和不时的目光接触，这是常用温和而有效的方式。

研究表明，交谈时目光接触对方脸部的时间宜占全部谈话时间的1/3，超过这一时限，可认为对对方本人比对谈话内容更感兴趣；低于这一时限，则表示对谈话内容和对对方都不怎么感兴趣。

4. 目光接触传递信息

在商务交往中，目光接触发挥着信息传递的重要作用。不同的目光，反映着不同的心理，产生着不同的心理效果。

① 一旦被别人注视而将视线突然移开的人，大多自卑，有相形见绌之感。
② 无法将视线集中在对方身上，并很快收回视线的人，多为内向性格，不善交际。
③ 听别人讲话时，一面点头，一面却没有将视线集中在谈话者身上，表示对来者和话题不感兴趣。
④ 说话时，将视线集中在对方的眼部和面部，是真诚的倾听，尊重和理解对方。
⑤ 注意自己手中的活计，不看对方说话，是怠慢、冷淡、心不在焉的流露。
⑥ 仰视对方，是尊敬和信任之意；俯视他人，是有意保持自己的尊严。
⑦ 伴着微笑而注视对方，是融洽的会意；随着皱眉而注视他人，是担忧和同情。
⑧ 面无悦色的斜视，是一种鄙意；看完对方突然一笑，是一种讥讽；突然圆眼瞪人是一种警告或制止；从头到脚地巡察别人，是一种审视。
⑨ 彼此心存好感的两人说话，更注视对方的眼睛，以示寓意通达；话不投机的人相遇，一般都尽量避免注视对方的目光，以消除不快。
⑩ 戴着深色眼镜与人交往，目光不能等同地接触，会造成一些隔膜和不悦。

良好的目光交流应该友好、平和和坦然。它对建立双方的信任、交流和增强信誉等都至关重要。

5. 修炼眼神要点

① 眼神要灵活。眼神中流露出的是你的过去、现在和将来。灵活的眼神，会给人一种流动的美感。
② 眼神要有礼貌。在公交车、电梯等近距离空间，避免目光对视良久。在公共场合，避免上下打量，左顾右盼；众目睽睽之下，要用眼光树立一个有魅力的形象。
③ 平常注意不要有斜视、俯视、不屑一顾、轻浮等不礼貌的眼神。
④ 恰当地运用眼神，需要加强文化、品德修养。

3.2.2 微笑礼仪

笑是全世界的共同语言，一个微笑就能带给彼此一种会心的感觉。所以，笑是商务人员最好的语言工具，在有些情况下甚至不需要一言一行，只要一个笑容就可以打动客户（见彩插图22）。

1. 微笑的内涵

① 一个人的内在精神状态的反映。例如，微笑服务是对服务员内在服务质量的一种检验

标准。

② 自信的象征。微笑是人所拥有的一种高雅气质。一个奋发向上、对本职工作充满热情的人，总是微笑着走向生活，走向社会，充满自信和力量。

③ 和睦相处的反映。善于与人相处的人，往往能经常保持微笑。

④ 心理健康的标志。微笑反映一个人的心境愉快、开朗坦荡、心地善良。

⑤ 有益健康。人在微笑时，全身的肌肉松弛，达到一种放松的境界，有利于新陈代谢。据有关医学实验得出，在病人面前，医护人员的微笑对患者的安抚胜过 10 剂良药。所以，笑是人类健康的保证。

⑥ 一个人礼仪修养的充分展现。一个有知识、重礼仪、懂礼貌的人，常常把微笑当作最好的礼物，慷慨地奉献给别人，与他人心灵相通、友好、亲近。

2. 微笑的意义与魅力

微笑是真正的"世界语言"。微笑的妙处，在于它的温文尔雅，在于它的含而不露，在于它任何场合都是无往而不胜的有力"武器"。其主要表现为以下 5 个方面。

① 当赞美别人时，微笑会使你的赞美词更有分量。

② 当拜托别人时，微笑会使对方无法拒绝你的请求。

③ 交际中出现僵局时，微笑能够缓解气氛；萍水相逢时，微笑能够使对方觉得你像老朋友一样亲切。

④ 微笑能使对方觉得你是值得信赖并能友好相处的人，从而为双方的沟通扫清障碍。

⑤ 轻轻一笑，可以拉近彼此的距离。

要想拉近彼此的距离，一定要展现你天使般的笑容。当客户看到你的这种笑容时，不但不会对你产生排斥的心理，还会留下极好的印象。所以，要想拉近与客户之间的距离，一定别忘了展现你天使般的笑容。

卡耐基说过："笑是人类的特权。"微笑是人的宝贵财富，微笑是自信的标志，也是礼貌的象征。人们往往依据对方微笑来获取其印象，从而决定对对方所要办的事的态度。只要人人都献出一份微笑，人与人之间的沟通将变得十分容易，笑容是结束说话的最佳"句号"。

微笑能够消除隔阂，调节情绪。常言说"举手不打笑脸人"，"相逢一笑泯恩仇"。微笑有益身心健康，"笑一笑，十年少"，要健康就要经常让自己笑一下。

微笑是和真诚的表情、挺直的身体、协调的肢体、灵巧的动作紧密结合在一起的。

微笑与眼睛、语言、身体三者结合是最有魅力的。

在现实生活中，工作中的烦恼、人际关系的复杂、生活的琐事等让很多人失去了微笑，感觉不到微笑的魅力。要防止别人偷走你的微笑，生活中需要点阿 Q 精神，设身处地多想想，怀着一颗感恩的心进行自我激励，这些都是有效的方法。

商务场合中，合乎礼仪的笑容大致有含笑、轻笑、开怀大笑、浅笑、微笑等，不同的笑表达着不同的心态和感情，传递着不同的信息。最能缩短彼此之间的心理距离，并能够创造出交流和沟通的良好氛围的笑，莫过于亲切温馨的微笑。微笑是人际交往中最美的表情。

微笑不仅有助于表现一个人的才华、干练和智慧，更可以柔化个人外表刚硬的气质，舒缓不知不觉中给予人的压迫感。恰到好处的笑容，不但增加个人的亲和力和亲切感，化解尴尬的气氛，它同时也散发热量，给人温暖等，这些都是微笑带来的魅力。

3. 微笑的价值

微笑是发自内心的自然的感情的流露。微笑指的是不发声、肌肉放松、嘴角两端向上略微提起，面带笑意，亲切自然的表情。

真正的微笑不但可以带来人际和谐，而且给人带来极大成功。卡耐基曾说："真正的微笑，是一种令人心情温暖的微笑，一种发自内心的微笑，这种微笑才能在市场上卖得好价钱。"

美国沃尔玛零售公司的微笑服务享誉全世界。在微笑服务上，他们的"统一规格"是露出8颗牙齿的微笑。这个"微笑要求"让沃尔玛的服务一直在世界范围里领先同行，也取得了无法估算的经济效益。

微笑是力量，它是一种伟大的爱的体现。微笑是财富，它能被世界上所有的人所接受。商务人士真诚的微笑，发自内心的微笑，一样能使人如沐春风，心胸畅快。

法国巴黎被称为"微笑的城市"。在巴黎的商店、饭馆、医院、机场乃至居民的住宅区，处处都张贴着一首名为《微笑》的诗，并把诗排列成一颗心的形状。诗中写道：

微微一笑并不费力，
但它带来的好处却无法算计。
得到一个笑脸觉得是个福气，
给予一个笑脸也不会损失分毫。
微微一笑虽然只需几秒，
她留下的记忆却不会轻易逝去。
没有谁富有得连笑脸也拒绝看到，
也没有谁会贫穷得连笑脸也担当不起。
微笑为您的家庭带来和顺美满，
微笑支持您在工作中百事如意，
微笑还能帮助传递友谊。
对于疲劳者她犹如休息，
对于失意者她仿佛鼓励，
对于伤心者她恰似安慰。
"解语之花""忘忧之草"的美名她当之无愧，
她买不来、借不到、偷也偷不去，
因为她只能在给人后才变得珍贵。

（见1986年4月27日《中国青年报》）

4. 训练真诚的微笑

1）发自内心，真诚微笑

礼仪专家指出，职业化微笑一般要求露出6~8颗牙齿，因为那样的笑最自然。但最

"高级"的微笑应该是发自内心的,令对方看到眼睛中含着笑。

真诚,应当是发自内心喜悦的自然流露,体现一个人的淳朴、坦然、宽容和对人的信任,真诚的微笑面部应平和自然,下颌略向后收,嘴角微微上扬,牙齿微露,亲切和蔼,愉悦动人,犹如盛开的鲜花。因此,保持乐观积极进取的情绪,才能让笑发自内心深处。真诚的微笑是社交的通行证。

2) 微笑要甜美,声情并茂

所谓甜美,应该是笑得温柔友善,亲切自然,恰到好处,给人愉快、舒适、幸福、动人的好感和快感。要注意让笑和眼神、表情、气质等相结合,口到眼到,笑眼传情,情绪饱满,微笑才能亲切、动人而富有感染力。

3) 适时地笑

当笑则笑,不该笑时就别笑,这是发挥笑容功能的关键。如打破沉默之前,先露出笑容,马上拥有一个良好的氛围。

5. 笑的禁忌

商务人员虚假造作的微笑只能令人反感,因此必须避免负面形象的笑:假笑、怪笑、冷笑、狞笑、干笑、媚笑和窃笑等。

如在正式场合,不能放肆大笑。在商务工作中不要讥笑,使对方恐慌;不要傻笑,使对方尴尬;不要皮笑肉不笑,使对方无所适从;不要冷笑,使对方产生敌意。总之,笑也要因时、因地、因事而异,否则毫无美感且令人生厌。

3.3 言谈举止礼仪

说话能力绝非话术,而是指双方能够"谈得拢"的能力而言。

——原一平

语言,是人类用以表达思想、交流情感、沟通信息的特有工具。在日常工作与生活里,语言还是最为重要的交际工具。俗话说:"言为心声",所谓语言礼仪规范,是指运用语言文字不能不遵守的一些成规。语言是双方信息沟通的桥梁,是双方思想感情交流的渠道。

交谈是人们日常交往的基本方式之一。美国著名的语言心理学家多罗西·萨尔诺夫曾说道:"说话艺术最重要的应用,就是与人交谈。"广泛意义上讲,交谈是人们交流思想、沟通感情、建立联系、消除隔阂、协调关系、促进合作的一个重要渠道。

3.3.1 交谈礼仪的4个方面

1. 交谈的态度

商务人员欲使交谈顺利进行,就务必要对自己的谈话态度予以准确把握、适当控制。具体而言，交谈时应当体现出以诚相待、以礼相待、谦虚谨慎、主动热情的基本态度。

1）表情自然

表情，通常是指一个人面部的表情，即一个人面部神态、气色的变化和状态。人们在交谈时所呈现出来的种种表情，往往是个人心态、动机的无声反映。为了体现交谈诚意和热情，应当对表情予以充分注意。

① 交谈时目光应专注，或注视对方，或凝神思考，从而和谐地与交谈进程相配合。如果是多人交谈，就应该不时地用目光与众人交流，以表示交谈是大家的，彼此是平等的。

② 在交谈时可适当地运用眉毛、嘴、眼睛在形态上的变化，表达自己对对方所说的赞同、理解、惊讶、迷惑，从而表明自己的专注之情，并促使对方强调重点、解释疑惑，使交谈顺利进行。

③ 交谈时的表情应与说话的内容相配合。如与上级领导谈话，应当恭敬而大方；与群众谈话，应当亲切而温和。

2）举止得体

人们在交谈时往往会伴随着做出一些有意无意的动作举止，这些肢体语言通常是自身对谈话内容和谈话对象的真实态度的反映。

（1）动作适度

例如，发言者可用适当的手势来补充说明其所阐述的具体事由。倾听者则可以点头、微笑来反馈"我正在注意听""我很感兴趣"等信息。可见，适度的举止既可表达敬人之意，又有利于双方的沟通和交流。

（2）避免过分、多余的动作

与人交谈时可有动作，但动作不可过大，拉扯、拍打都不合适。切勿在谈话时左顾右盼，以手指指人或双手置于脑后，或是高架"二郎腿"，甚至剪指甲、挖耳朵等。

3）遵守惯例

商务人员在交谈时通过一些细节来体现自己的谈话态度。为表达自己的诚意、礼貌，在这些细节的处理上要遵守一定的惯例。

（1）注意倾听

倾听是交谈顺利进行的必要条件。在交谈时务必要认真聆听对方的发言，用表情、举止予以配合，从而表达自己的敬意，并为积极融入交谈中做最充分的准备。

（2）谨慎插话

交谈中不应当随便打断别人的讲话，要尽量让对方把话说完再发表自己的看法。如确实想要插话，应向对方打招呼："对不起，我插一句行吗？"

（3）礼貌进退

参加别人谈话之前应先打招呼，征得对方同意后方可加入。话中若遇有急事需要处理，应向对方打招呼并表示歉意。

（4）注意交流

交谈是一个双向或多向交流的过程，需要各方的积极参与，自己发言时要给其他人发表意见的机会，互动式促进交谈进行。

2. 交谈的语言

语言是交谈的载体，交谈过程即语言的运用过程。语言运用是否准确恰当，直接影响着交谈能否顺利进行。

1）通俗

商务人员在交谈时，要考虑对方的职业、受教育程度等因素，说话应平易通俗，以利于沟通与交流。使用的语言最好是让人一听便懂，语言过于咬文嚼字、矫揉造作，或都是专业术语，让人感觉在卖弄学识，容易让人生厌。

2）礼貌

商务人员在交谈中，要善于使用一些约定俗成的礼貌用语，如"您""谢谢""对不起"等。尤其应当注意的是，在交谈结束时，应当与对方礼貌道别，如"谢谢您""再见"等。交谈中应当尽量避免一些不文雅的语句和说法，不宜明言的一些事情可以用委婉的词句来表达，在交谈时切不可对他人冷嘲热讽，或教训指正人。

3）简洁明确

商务人员在交谈时要吐字清晰，所使用的语言应当力求简单明了，要让他人准确无误地听懂自己的发言；言简意赅地表达自己的观点和看法，忌用方言、土语，也切忌喋喋不休、啰啰唆唆。

说话含义明确，不可模棱两可，以免产生不必要的误会。

3. 交谈的内容

商务人员所选择的交谈内容，应当遵守一定的原则和要求。

第一，交谈内容的选择一定要符合身份，如遵守"TPO"原则。T即时间，P即地点，O即场合。交谈内容务必要与交谈的时间、地点与场合相对应，否则就有可能犯错误。

第二，要因人而异。交谈时要根据交谈对象的不同而选择不同的交谈内容。交谈中发现彼此有不同的兴趣爱好、关注话题等，应本着求同存异的原则，愉快交谈。

第三，选择高雅的、轻松的内容。例如，哲学、历史、文学、艺术、风土、人情、传统、典故，以及政策国情、社会发展等话题，不宜谈论庸俗低级的内容。轻松的内容能给交谈对象带去开心与欢乐的轻松话题。选择自己所擅长的内容，就会在交谈中驾轻就熟，得心应手；选择对方擅长的，可以给对方发挥长处的机会，调动其交谈的积极性。

商务人员交谈时，要注意回避忌讳的内容，尤其与外国人打交道时，如过分地关心他人的行动去向，了解他人年龄、婚姻、收入状况，询问他人身高、体重等，都是应当避免的。

> **小思考**
>
> **商务交谈中禁谈的话题有哪些？**
>
> 答：① 个人隐私；
>
> ② 对方的禁忌；
>
> ③ 庸俗话语；
>
> ④ 令人压抑的事情。

4. 交谈的方式

商务人员交谈方式的选择恰当与否，对于能否正确进行人际沟通、恰当表达个人思想、友善传递敬人之意都起着关键的作用。一般而言，可供选择运用的谈话方式主要有以下6种。

1）倾泻式交谈

倾泻式交谈，就是人们通常所说的"打开天窗说亮话"，无所不言，言无不尽，将自己的所有想法和见解统统讲出来，以便让对方较为全面、客观地了解自己的内心世界。

倾泻式交谈方式的基本特征，是以我为主，畅所欲言。采用倾泻式交谈方式，易赢得对方的信任，而且可以因势利导地掌握交谈主动权，控制交谈走向。

2）静听式交谈

静听式交谈，即在交谈时有意识地少说多听，以听为主。当别人说话时，除了予以必要的配合，主要是洗耳恭听。在听的过程中努力了解对方思路，理清头绪，赢得时间，以静制动。

静听式交谈的长处在于它既是表示谦恭之意的手段，也可后发制人，变被动为主动。

3）启发式交谈

启发式交谈，即交谈一方主动与那些拙于辞令的谈话对象进行合作，在话题的选择或谈话的走向上对对方多方引导、循循善诱，或者抛砖引玉，鼓励对方采用恰当方式阐述己见。

4）跳跃式交谈

跳跃式交谈，即在交谈中，倘若一方或双方对某一话题感到厌倦、不合时宜、无人呼应或难以回答时，及时地转而谈论另外一些较为适当的、双方都感兴趣的话题。

5）评判式交谈

评判式交谈，即在谈话中听取了他人的观点、见解后，在适当时刻，以适当方法恰如其分地进行插话，来发表自己就此问题的主要看法。此种方式的主要特征是在当面肯定、否定或补充、完善对方的发言内容。

6）扩展式交谈

扩展式交谈，即围绕着大家共同关心的问题，进行由此及彼、由表及里的探讨，以便开阔思路、加深印象、提高认识或达成一致。扩展式交谈的目标在于使各方各抒己见，交换意见，以求集思广益。

扩展式交谈方式能使参与交谈的有关各方统一思想，达成共识，或者交换意见，完善各自观点。

3.3.2 日常谈话场合应对要点

1. 与人保持适当距离

说话通常是为了与他人沟通思想。要达到这一目的，首先要注意说话的内容和说话声音的轻重，其次也要注意保持与对方的距离。

从礼仪上说，说话时与对方离得过远，会使对方误认为你不愿向他表示友好和亲近，这显然是失礼的。然而，如果在较近的距离交谈，稍有不慎就会把唾沫溅在别人脸上，这是最令人讨厌的。

从礼仪角度来讲，一般保持 1~1.5 m 的距离最为适合。这样做，既让对方感到有种亲切的气氛，同时又保持一定的"社交距离"，这是最舒服的。

2. 恰当地称呼对方

无论是新老朋友，一见面就得称呼对方。

每个人都希望得到他人的尊重，人们比较看重自己已取得的地位。对有头衔的人称呼其头衔，就是对他莫大的尊重。

对于知识界人士，可以直接称呼其职称。

3. 善于言辞的谈吐

善于言辞的谈吐首先强调作为交谈的双方，应该是平等的，不应该以貌取人。

其次，交谈一般选择大家共同感兴趣的话题，但是，有些不该触及的问题如对方的年龄、收入、个人物品的价值、婚姻状况、宗教信仰，还是不谈为好。打听这些是不礼貌和缺乏教养的表现。

3.3.3 优雅言谈的内容

1. 用语礼貌、文明、准确

1) 常用口语化的礼貌语

简单礼貌语，指约定俗成的用以表示谦虚、恭敬的专门用语。主要有"您好""请""谢谢""对不起""再见"等。

2) 常用书面化的礼貌语

初次见面，说"久仰"；许久不见，说"久违"。
等待客人，说"恭候"；客人到来，说"光临"。
探望别人，说"拜访"；起身作别，说"告辞"。

中途先走,说"失陪";请人别送,说"留步"。
请人批评,说"指教";请人指点,说"赐教"。
请人帮助,说"劳驾";托人办事,说"拜托"。
麻烦别人,说"打扰";求人谅解,说"包涵"。

3) 语言要文明

文明语言,就是要杜绝有失身份的话出口。在交谈中,绝对禁止采用以下用语。
① 粗话。口中吐出"老头儿""老太太""小妞"等称呼,是很失身份的。
② 脏话。讲起话来骂骂咧咧,非但不文明,而且自我贬低,十分无聊。
③ 黑话。一说话就显得匪气十足,令人反感、厌恶。
④ 荤话。把绯闻、色情、"荤段子"挂在口边,会显得低级趣味。
⑤ 怪话。说话怪声怪气、黑白颠倒,让人难生好感。
⑥ 气话。说话时意气用事、发牢骚或指桑骂槐,很容易伤害人、得罪人。

4) 语言准确

语言准确包括发音准确、语速要快慢适中、口气谦和、内容简明,以及慎用方言和外语等。

2. 礼让对方

商务人员在交谈中,应以对方为中心,礼让对方,尊重对方,要注意以下"五不要"。
① 不要唱独角戏。
② 不要冷场。
③ 不要插嘴。
④ 不要抬杠。
⑤ 不要否定。

3. 掌握说话分寸与措辞

商务人员在交谈中,善意的、诚恳的、赞许的、礼貌的、谦让的话可以说,而且应该多说。因为这些话出自对对方的友好、爱护和尊重,也表现出个人的大度;相反,恶意的、虚伪的、贬斥的、无礼的、强迫的话要不说,因为这些话会造成冲突、破坏关系、伤及感情,体现出个人的狭隘。所以,言语交际必须对要说的话进行有效的控制。掌握说话的分寸,才能获得好的效果。
① 说话时要注意自己和对方的身份,有角色意识。
② 要顾及他人的情感和自尊心。
③ 说话要有善意,避免恶语伤人。
④ 谈话要"六不问",即不问年龄、婚姻、住址、收入、经历、信仰等个人隐私。

4. 把握交谈时间与主题

与其他商务活动一样,交谈也受制于时间。因此,交谈要见好就收,适可而止。普通场合的谈话,最好在30分钟以内结束,最长不能超过1小时。交谈中每人的每次发言,以3~5分钟为宜。另外,可选择天气、新闻、体育等合适的谈话主题。

语言特有的魅力往往可以吸引别人，争取到更多的支持和协作，驾驭语言不是件容易的事情。想让自己的话受到欢迎，除了要掌握言谈的技巧，还要具有渊博的知识。具有了浓厚的文化底蕴，才能让说出的话言之有物，有高度的可信性，才能打动对方。所以，平时对语言技巧的学习和积累，是非常重要的，它是语言魅力的源泉。

5. 掌握交谈的技巧

言谈是人际交往中最迅速、最直接的一种沟通方式，谈话中不仅要注意表情、态度、用词，还要讲究交谈的方式及技巧。

1) 善找话题

如以问候与寒暄接近对方，熟记对方的姓名等，建立良好的谈话基础；出于真诚赞美对方，措辞得当，学会欣赏他人优点等，交谈时善找话题。这些都是交谈成功的关键。

寻找话题可以从以下几个方面入手。

（1）找共同点

交谈只有在共同的知识、经验、兴趣范围内才能进行下去。所谓找共同点，即从交谈参与者的年龄、职业、籍贯、毕业学校、学历、性格等特点上找共同点，并由此引出话题。如同行可谈谈业务上的问题，同事可聊聊单位的情况，老同学可一起回忆同窗共读的情景等。

（2）就地取材

即结合双方所处的环境引出话题。如在交谈对象的家中，家中的装潢、陈设以及室内的花卉，都可信手拈来，作为正式交谈的开场白；如果是在室外，可就天气与环境谈谈自己的见解。

（3）循趣入题

即问明对方的兴趣，或了解对方最近正在从事的活动，循趣出发，进入话题。如体育运动和近期赛事、电视、饮食文化、流行、烹饪、畅销书、时装、个人嗜好、热门话题等。

2) 说服的技巧

说服是改变对方原有意见、见解、思想及态度的一种语言技巧。在商务交谈中，出于各自的利益，双方在交谈中不可能处处都能达成共识，常常会就某问题产生意见分歧。在这种情况下，要说服对方改变原有主张，接受自己的建议，除原则性的问题之外，可采用的方法有：先肯定后否定，或在肯定的基础上局部否定；以数据讲话，以事例服人；通过对比，说服对方。

3) 拒绝的技巧

拒绝，即不接受。在彼此的交谈中，由于利益取向或其他方面的原因，不可能做到有求必应、事事同意。实际上，商务交谈中，拒绝别人的时候可能要多于承诺、应允的时候。

拒绝不是一件令人愉快的事，因此有必要学习和掌握好拒绝的技巧。如答非所问，转移、回避话题等，也可以选择说明原因，取得理解等方式。

4) 交谈要学会幽默

高尔基说："幽默是生活中的盐。"莎士比亚认为："幽默和风趣是智慧的闪现。"幽默是通过影射、讽喻、双关等修辞手法揭示生活中的哲理，让人们得到某些启迪。

幽默是交际语言的高级艺术，它以有趣或可笑而又意味深长的话语使别人获得精神上的快感，并从中受到一定的启迪和收益。当代幽默大师侯宝林曾说："我们的生活需要笑。懂得幽默、会笑的民族是健康的、充满希望的民族。"

3.3.4 言谈举止"五原则"与交谈方式"十不准"

1. 言谈举止"五原则"

① 既不可傲慢、盛气凌人、目空一切,也不可轻薄俗气,让人鄙视。
② 既不可过分自信、自以为是,也不可自惭形秽、自暴自弃。
③ 既不可行为放肆、毫无顾忌,也不可谨小慎微、畏首畏尾、过分拘谨。
④ 既不可粗言俗语、不拘小节,也不可滑头滑脑,虚情假意。
⑤ 言谈举止要符合身份、地位、年龄、辈分,还要符合气质、性格、处境。

2. 交谈方式"十不准"

① 不抢先说话。
② 不议论不在场的人。
③ 发生争吵时,迅速改变话题。
④ 不谈自己的责任与挫折。
⑤ 不谈别人的缺点和不足。
⑥ 不议论别人的生理缺陷。
⑦ 不损害民族尊严。
⑧ 不发火,不说粗话,不造谣。
⑨ 不取笑别人,不给人台阶。
⑩ 不阿谀奉承,不献媚攀高。

在商务工作中,言谈要适度,要时刻注意自己的言谈举止,无论在什么场合,言谈举止都应大方得体,恰如其分,不卑不亢。

3. 引领手势礼仪

1)手势要领

手掌自然伸直,掌心向上,手指并拢,拇指自然稍稍分开,手腕伸直,使手与小臂成一直线,肘关节自然弯曲,大小臂的弯曲以140°为宜。在出手时,要讲究柔美、流畅,做到欲左先右。避免僵硬死板、缺乏韵味。同时配合眼神、表情和其他姿态,使手势更显协调大方。

2)常用手势

(1)横摆式

在表示"请进""请"时常用横摆式。做法是:五指并拢,手掌自然伸直,手心向上,肘关微弯曲,腕低于肘。开始手势应从腹部之前抬起,以肘为轴向一旁摆出,到腰部并与身体正面45°时停止。头部和上身微向伸出手的一侧倾斜。另一手下垂或背在背后,目视宾客,面带微笑,表现出对宾客的尊重、欢迎。

(2)回摆式

如果右手拿东西或扶着门,需要向宾客做向右"请"的手势时,可以用回摆式。做法是：五指并拢，手掌伸直，由身体一侧由下而上抬起，以肩关节为轴，到腰的高度再由身前右方摆去，摆到距身体 15 cm、不超过躯干位置时停止。目视来宾，面带微笑，也可双手前摆。

（3）前伸式

请客人入座时，手臂从肚脐前伸出，五指并拢，手掌略微向下，指向座位。

（4）斜臂式

请客人落座时，手势应摆向座位的地方。做法是：手要先从身体的一侧抬起，到高于腰部后，再向下摆去，使大小臂成一斜线。

（5）直臂式

需要给宾客指方向时，用直臂式，做法是：手指并拢，掌伸直，屈肘从身前抬起，向指引的方向摆去，摆到肩的高度时停止，肘关节基本伸直；注意指引方向，不可用一个手指指示，这样显得不礼貌。

（6）提臂式

使用很广泛的一种手势，用于给客人指引路线。做法是：五指并拢，手臂从体侧抬起，小臂平行于地面，肘关节略微弯曲，手掌向上，上身略微倾向指引的方向。

引领手势如图 3-7 所示。

图 3-7 引领手势

知识点

电话礼仪

电话具有传递迅速、使用方便的特点，通过电话可以洽谈工作，交流信息，联络感情。

通电话是一种特殊的交谈方式。打电话时，除了要遵守当面交谈的一些礼仪规范外，还有许多使用电话的礼仪规范值得注意。

1. 打电话的礼仪

（1）选择适当的通话时间。

给人打电话时，白天一般应在早晨7点以后，假日最好在9点以后，夜间则在10点以前；对有午睡习惯的人，要尽量避开午睡时间。

（2）通话要讲礼貌。

电话拨通后，先行问候，说声"您好"；然后客气地问一声："请问，这是××公司吗？"得到肯定的答复后，应迅速通报自己的单位或姓名，并告诉接电话者你要找什么人。

一般来说，打电话的人是通话的主角，在电话中要说什么、说多久，主要由他来掌握；打电话的时间不宜过长，一般以3~5分钟为好。

2. 接电话的礼仪

（1）要尽快接听，并"自报家门"。

接电话时，电话铃一响，应尽快放下手中所做的事情，拿起话筒，先说声"您好"；然后通报自己的单位名称，根据情况还可报上姓名。

若对方表示有事相告，则应取过纸、笔当场记下，随后复述一下自己记录的要点，以检查有无差错。

（2）要聚精会神地接听电话。

在通话的过程中，受话人应避免打断对方的讲话。

3. 使用手机的礼仪

2000年7月，世界第一大手机制造商诺基亚公司在加州发起了一个"手机礼貌"运动，建议人们在使用手机时多为别人着想。

（1）安全地使用。

在一般情况下，要让手机处于开机状态。但在特殊场合，如在飞机上，或在开车、开会、动手术、讲课、表演、会谈时，就必须关机或让手机处于静音状态。

（2）文明地使用。

应文明地使用手机，如在某些公众场合，包括会场、机场、课堂、餐厅、影剧院、医院、葬礼、音乐厅、图书馆、宾馆大堂、公交车上等应该表现出对他人的尊重、关心和爱护。

（3）及时接听和回音。

手机的一大优点是通信快捷，可贴身跟随。开机时，手机要随身带，或放在容易拿到的地方，以便及时接听，不让对方焦急等待。

在不便及时接听的情况下，一有机会，就要及时回复说明原因并致歉。

（4）长话短说，顾及他人。

（5）潇洒大度，助人为乐。

商务礼仪实务三——站、走、坐实训指导

一、站姿训练指导

正确的站姿训练可概括为"挺"。正面看,头正、肩平、身直;侧面看,收颌、挺胸、收腹、直腿。如图3-8所示。

图3-8 挺拔的站姿

衡量方法:

头——下巴放平,双目正视前方;

肩——两肩自然放松并略略后倾;

胸、腰——挺胸直腰,但肌肉不要收紧;

腹、臀——收腹,臀部肌肉略微向上收,但不要后撅;

臂——两臂放松、下垂,位于身体两侧;

腿——两腿均衡受力,保持身体平衡,脚跟并拢。

1. 九点靠墙站立

即后脑、双肩、左右臀、左右小腿、左右脚跟九点紧靠墙面,并由下往上逐步确认姿势要领,练习站立动作的持久性。

① 女士脚跟并拢,脚尖分开不超过45°,双膝并拢;男士双脚分开站立,与肩同宽。

② 挺胸,双肩放松、打开,双臂自然下垂于身体两侧。

③ 立腰、收腹,使腹部肌肉有紧绷的感觉;收紧臀肌;使背部肌肉也同时紧压脊椎骨,感觉整个身体在向上延伸。

④ 双眼平视前方，脸部肌肉自然放松，使脖子也有向上延伸的感觉。

顶书训练：把颈部挺直，下巴向内收，上身挺直，使书本不掉下来。

2. 背靠背站立训练

两人一组练习：双方的脚跟、臀、双肩、脑后枕部都紧贴。练习站立动作的稳定性。

3. 对镜训练

面对训练镜练习：要求在正确的站姿基础上，结合脸部表情练习（重点是微笑），通过训练镜完善整体站姿的形象。注意站立时，附带说明引导和介绍的手部姿势。如图 3-9 所示。

图 3-9　站立的手势引导

用以上三种方法训练时，每次应不少于 15 分钟。

以上练习中要注意肌肉张弛的协调性，强调动作的挺胸立腰，呼吸自然均衡，面带微笑；同时注意站立时要以标准站姿的形体感觉为基础，进行整体规范动作训练。注意正确的站姿应体现在每个人的生活、工作中，融在自身的行为举止中，养成习惯。只有正确规范的动作与自然表情相结合，才能运用自如，分寸得当，使人感到既有教养又不造作。

站姿实训：

结合彩插图 16，分析男女站姿有什么不同？时间 15 分钟。

二、坐姿训练指导

坐姿训练，最好是在形体训练房进行。坐在镜子前，对着镜子检查自己的坐姿；也可在教室或宿舍内进行，同学之间互相指导、纠正。训练时间每次 20～30 分钟，训练时最好配上音乐，以减轻疲劳。

1. 背对训练镜，练习入座前的动作

入座时，走到座位前面再转身，转身后右脚向后退半步，然后轻稳地落座。动作要求轻盈舒缓，从容自如。

2. 面对训练镜,练习入座前的动作

以站在座位的左侧为例,先左腿向前迈出一步,右腿跟上并向右侧一步到座位前,左腿并右腿,接着右脚后退半步,轻稳落座;入座后右腿并左腿成端坐,双手虎口处交叉,右手在上,轻放在一侧的大腿上。

3. 练习坐后的端坐姿势

动作要求以正确坐姿规范为基础,配合面部表情,练习坐姿的直立感、稳定性等综合表现(男女各按要求练习)。其中,女士如图3-10所示。

4. 坐姿腿部的造型训练

在上身姿势正确的基础上,练习腿部的造型。男士练习两腿开合动作;女士练习平行步、丁字步、小叠步的动作。要求动作变换要轻、快、稳,给人以端庄大方、舒适自然之感。

基本坐姿　　　　　　斜放式坐姿　　　　　　斜叠式坐姿

图3-10　女士端庄的坐姿

5. 离座动作训练

离座起立时,右腿先向后退半步,然后上体直立站起,从左侧还原到入座前的位置。

坐姿实训1:结合彩插图17,对男女的坐姿和手势进行点评,找几个学生进行标准的示范和演练,时间10分钟。

坐姿实训2:结合彩插图18,分析坐姿有哪些方面需要改进?时间15分钟。安排1~2个小组学生进行讲解,并示范正确的坐姿。

三、走姿的训练指导

1. 行走稳定性练习

在保持正确的站立姿势的基础上,两臂侧平举,两手各持一碗水,练习行走者的稳定性,并及时矫正不良的走姿。

2. 动作表情的协调练习

加强和巩固练习者上、下肢动作的协调配合,同时结合面部表情进行练习。如图3-11所示。

图3-11　走姿的协调

3. 各种走姿练习

进行前行步、后退步、侧行步等动作练习。其动作规范要求如下。

① 前行步：在向前走时，练习向来宾或同事问候时的仪态举止。动作要伴随着头和上体向左或右转动，面带微笑，点头致意，并配以恰当的问候语言。

② 后退步：当与他人告别时，应该是先用后退步，再转身离去。一般以退二至三步为宜。退步时，脚轻擦地面，步幅小，协调地往后退；转身时，要先转身，稍后转头。

③ 侧行步：一般用于引导来宾或在较窄的走廊与人相遇时。引导来宾时要尽量走在宾客的左侧前方，左髋部朝着前行的方向，上身稍向右转体，左肩稍前，右肩稍后，侧身向着来宾，保持往前两三步的距离。在较窄的路面与人相遇时，要将胸转向对方，以示礼貌。

另外，也可以选择其他的训练方法，如走直线训练，即在地面画一条直线，行走时双脚内侧要求踩到这条线。训练停顿、让路与指示方向时的步姿。双肩、双臂摆动训练，步位、步幅训练，顶书训练和上、下楼梯的步态训练。

以上的走姿训练，不论朝哪个方向行走都应注意形体的变化，做到先转身，后转头，再配合一些"体态语"及礼貌用语，以达到整体动作的完美。

商务礼仪实务四——眼神与微笑实训指导

一、眼神的训练

眼睛是心灵的窗口。眼神作为一种无声的语言，起着传情达意的作用，有时甚至胜过语言而使人心领神会。为了使眼睛起到传情的作用，在正确运用眼神的同时，还要注重训练眼睛的表现能力，使自己的眼神更灵活，更富于感染力。

1. 眼睛扩大的训练

眼睛的大小是有限的，只有在自身生理条件允许的情况下充分地将眼睛扩大，才能体现出较好的眼神。使眼睛扩大的主要方法是做绷眼练习，即尽力将额肌上提，带动两眼角尾部向上，眼皮绷紧，使眼皮最大限度地打开。练习绷眼可使眼扩大，同时也为亮眼练习打下基础。

2. 眼睛光亮的训练

在眼睛扩大练习的前提下，还要使眼睛晶亮闪光，这样才能具有较好的表现力。这一练习主要是训练眼力的高度集中。眼力集中练习，可通过睁大两眼，平视镜中自己的一只眼进行。初练时，眼睛会出现流眼泪及出现眨眼睛等现象。通过训练后，眼睛稳定了，眼睛光亮也会稳定了。

3. 眼睛灵活度的训练

眼睛灵活度的训练是要将眼珠练得灵活。其练习方法，可先做有目标练习，然后再做无目标练习，即在两眼的左、右、上、下用红布或其他醒目的东西固定在一个点上（目标不要超过视线范围），眼球做左、右横线转动，上、下竖线的移动或圆圈转动。练习时头部不动，只用眼睛随目标转动。眼睛转动时，仍要保持绷眼皮。当眼睛练得有一定活动能力时，就可以进行无目标练习，让眼睛自然转动。

在礼仪课上，结合彩插图 21，每次安排 2~3 个学生进行与同学的目光交流训练，对效果进行评价。

注意以上几项练习，配合脸部微笑和基本身姿进行综合练习，才能将眼神的变化技巧与思想感情的表达结合起来，真正体现出眼神的表现力与适应力。

眼神实训：结合图 3-12，沈杰、张力、李月等商务人员在谈话时，分析他们的眼神交流的特点。选人进行现场模拟和评价。时间 15~25 分钟。

图 3-12 眼神实训

二、笑容的训练

只有发自内心的微笑才是最真诚的笑容，商务人员要想在任何情况下都能展现这样的笑容，就需要进行训练（见彩插图 22）。

微笑既能缩短人与人之间的心理距离，又能创造出交流和沟通的良好氛围，需亲切、温馨、发自内心。当然，对于大多数人而言，随时不断地保持温柔的笑脸也许是很困难的。微笑的习惯需要有意识地进行培养。像空姐一样的微笑如图 3-13 所示。

可以通过以下方法对微笑进行训练。具体练习方法如下。

（1）照镜训练法

图 3-13 空姐的微笑

对着镜子，心里想着高兴的情景，鼓动双颊，嘴角两端做出微笑的口形，找出自己认为最满意的微笑，天天练习，使之自然长久地呈现在你的脸上。

对着镜子练习,一方面观察自己笑容的表现形式,另一方面要注意调整心态,想象对方是重要客户或多年商界朋友,可面带笑容讲话,并请同伴给予评议。

(2) 情绪记忆法

多回忆美好往事,笑容自然流露,少想悲伤、辛酸的事情;时刻要提醒自己"保持笑容"。

(3) 发声训练法

面对镜子,深呼吸,然后慢慢地吐气,发"一""七""啊""衣""叶""钱"这些字的声音,也可发出词语"茄子""田七"的音,还可发出英语单词"lucky""cheese"的声音。发这些字、词形成的口形,正是微笑的最佳口形。

(4) 携带卡片法

经常在自己的皮夹中放一张写有"微笑"的卡片,随时随地提醒自己保持微笑。微笑时面部肌肉要放松,嘴角微翘,笑时避免露出牙龈。

(5) 自然微笑训练法

如何训练自己自然的微笑,见图3-14。

图3-14 自然微笑法

不断训练,坚持不懈,用心练习是笑容成功的唯一秘诀。

三、引领手势的训练

(1) 提臂式动作要领

手臂弯曲,由体侧向体前摆动,手臂高度在胸以下,适用于请人进门时,如请进。如图3-15所示。

(2) 横摆式动作要领

手臂向外侧横向摆动,指尖指向被引导或指示的方向,适用于指示方向时,如右边请,请跟我走。如图3-16所示。

图 3-15　提臂式　　　　　　　　图 3-16　横摆式

（3）斜臂式动作要领

手臂由上向下斜伸摆动，如小心脚下；向上方斜伸出去，如请看上方。适用于请人入座时。如图 3-17 所示。

（4）回摆式动作要领

适合于一只手不便指引，另一只手反向回摆指引。回摆小臂与身体 20 cm 左右，如请进。如图 3-18 所示。

图 3-17　向下斜臂式　　　　　　图 3-18　回摆式

（5）直臂式动作要领

手臂向外侧横向摆动，指尖指向前方，手臂抬至肩高，适用于指示物品所在，如前方第二个门。如图 3-19 所示。

（6）前伸式动作要领

手臂从体侧向前伸出，五指并拢，手略向下倾斜，指向座位或别的需要注意的东西，上身略微前倾，面带微笑，如您请坐，或请看这里。如图 3-20 所示。

图 3-19　直臂式　　　　　　　图 3-20　前伸式

本 章 小 结

本章所讲授的是仪态礼仪，具体分析了站、走、坐、蹲基本仪态、眼神与微笑礼仪、语言谈吐礼仪的基本内容。论述了仪态的重要性，加强了仪态礼仪指导与训练的方法。

● 3.1 节讲授的是站、走、坐、蹲的基本仪态。主要分析了站、走、坐、蹲的基本内容与规范要求，讲解了运用要点。

● 3.2 节讲授的是眼神与微笑礼仪。分析了眼神与微笑礼仪的基本内容、方式与运用主要事项和禁忌要求。

● 3.3 节讲授的是言谈举止礼仪。包括语言谈吐礼仪的内容，分析了优雅言谈要点，说明了交谈的运用技巧，介绍了电话礼仪的基本常识。

复习思考题

1. 语言礼仪包含哪些内容？
2. 你对自己的站、走、坐、蹲仪态满意吗？为什么？
3. 你的眼神是否充满了自信与活力？
4. 微笑的内涵与要求是什么？
5. 请分析人为什么要注重仪态礼仪。建议分组讨论和发言。

案例分析题

1. 微笑的后面是财富

一个下雨天的下午，有位妇人走进匹兹堡的一家百货公司，漫无目的地在公司内闲逛，很显然是一副不打算买东西的样子。大多数售货员只对她瞧上一眼，然后就自顾自地忙着整理货架上的商品。

这时，一位年轻的男店员看到了她，立刻微笑着上前，热情地向她打招呼，并很有礼貌地问她，是否有需要他服务的地方。这位老太太对他说，她只是进来躲雨罢了，并不打算买任何东西。这位年轻人安慰她说："即便如此，我们仍然欢迎您的光临！"并主动和她聊天，以显示自己确实欢迎她。当老太太离去时，这位年轻人还送她到门口，微笑着替她把伞撑开。这位老太太看着他那亲切、自然的笑容，向这位年轻人要了一张名片，然后告辞而去。

后来，这位年轻人完全忘记了这件事。但是，有一天，他突然被公司老板召到办公室去，老板告诉他，上次他接待的那位老太太是美国钢铁大王卡耐基的母亲。老太太给公司来信，指名道姓地要求公司派他到苏格兰，代表公司接下装潢一所豪华住宅的工作，交易金额数目巨大。老板祝贺年轻人："你的微笑是最有魅力的微笑！"

分析：这位年轻人从哪些方面打动了老太太？

2. 不会说话的客人

老朱以毕生之积蓄，在繁华的市中心买了套二居室的新房，装修后兴致勃勃地请公司同事到家做客。一位王同事稍懂建筑学，看到新房子客厅四周全是门，是新房老结构，开始大发评论：房子是好，可惜从建筑学上说，结构被打破了；装饰的木雕是漂亮，可房子却显得更小了。老朱不高兴了："叫你们祝贺我乔迁新居，你们却说'破'了、'小'了，真是不吉利。"

分析：王同事的话说得真不吉利了吗？你认为呢？

第 2 篇

商务交往礼仪

第 4 章　商务会面礼仪
第 5 章　商务拜访及接待礼仪
第 6 章　商务会议礼仪

第 4 章

商务会面礼仪

和蔼可亲的态度是永远的介绍信。

——培根

内容简要

商务会面礼仪是商务活动中运用最为广泛的职场礼仪。商务人员得体的行为举止既有利于彰显个人职业素养、人格魅力,也能提升企业的外部形象。本章讲授的内容主要包括:介绍、称呼、握手、交换名片等礼仪规范。

学习目标

1. 学习见面介绍称呼的内容与规范要求;
2. 掌握商务场合握手和交换名片的礼仪操作内容;
3. 了解日常交往礼仪的实训操作要点。

随着市场经济的不断发展,公司之间的业务往来不断增加,日常交往礼仪的重要性也越来越凸显出来。见面、介绍、握手、交换名片等共同构筑了交往礼仪的基本内容。下面主要以商务方面的礼仪为着眼点,阐述交往的艺术。

4.1 见面介绍的礼仪

如何打开沟通的线路呢?尽快地,最好是一张口说话便指出自己与听众之间有某种直接的关系。

——卡耐基

会面,通常是指在较为正式的场合与别人相见。在日常工作中,我们需要会见各式各样的人，既要对对方热情、友好，又要讲究基本的礼节。称呼、问候、介绍等，当属人人必须掌握的最基本的会面礼节。

见面礼仪，指的是在与他人见面时应当遵守的礼节规范和行为准则，主要包括称谓、打招呼、介绍等礼仪规范。

介绍是人际交往中与他人进行沟通、增进了解、建立联系的一种最基本的方式。介绍能使素不相识的人彼此认识，产生兴趣，找到共同的话题，搭起交往的桥梁；介绍既能缩短人与人之间的距离，又能扩大人们的社交范围。

根据介绍者所处位置的不同，介绍可分为自我介绍与他人介绍两大类。

4.1.1 自我介绍礼仪

自我介绍，就是在必要的场合，把自己介绍给其他人，以使对方认识自己。恰当的自我介绍，不但能增进他人对自己的了解，而且还能创造出意想不到的商机。

1. 自我介绍的类型

自我介绍根据介绍人的不同，可以分为主动型自我介绍和被动型自我介绍两种类型。

① 商务活动中，欲结识某个人或在无人引见的情况下，可自己充当自己的介绍人，将自己介绍给对方。这种自我介绍叫作主动型自我介绍。

② 应他人要求，将自己某方面的具体情况进行一番自我介绍。这种自我介绍则叫作被动型自我介绍。

在实践中使用哪种自我介绍的方式，要看具体环境和条件而定。

2. 自我介绍的机会

人们初次相见，彼此都有一种了解对方的愿望，都有一种需要被人重视或尊重的心理。如果你能在与人初次见面后，及时、简明地进行自我介绍，不仅满足了对方的渴望，而且对方也会以礼相待，主动作自我介绍。这样，双方以诚相见，就为进一步的交往奠定了良好的基础。

碰到以下这些情况，都要进行自我介绍：一是本人希望结识他人，如在商务场合，与不相识者相处或打算介入陌生人组成的交际圈时；二是他人希望结识本人，即商务场合有陌生人表现出对自己感兴趣或他人请求自己作自我介绍时；三是有必要使他人了解或认识自己，如参加招标、招考、应聘求职或到新单位报到等。

总之，在商务场合如遇到下列情况时，自我介绍就是很有必要的：

① 与不相识者相处一室；

② 不相识者对自己很有兴趣；

③ 他人请求自己作自我介绍；

④ 在聚会上与身边的陌生人共处；

⑤ 打算介入陌生人组成的交际圈；

⑥ 求助的对象对自己不甚了解，或一无所知；

⑦ 前往陌生单位，进行业务联系时；

⑧ 在旅途中与他人不期而遇而又有必要与人接触；
⑨ 初次登门拜访不相识的人；
⑩ 遇到秘书挡驾，或是请不相识者转告；
⑪ 初次利用大众传媒，如报纸、杂志、广播、电视、电影、标语、传单，向社会公众进行自我推介、自我宣传时；
⑫ 利用社交媒介，如信函、电话、电报、传真、电子信函，与其他不相识者进行联络时。

3. 自我介绍的方式

根据不同场合、环境的需要，自我介绍的方式有以下几种。

1) 应酬式的自我介绍

这种自我介绍的方式最简洁，往往只包括姓名一项即可。如"您好！我叫张克。"它适合于一些公共场合和一般性的社交场合，如途中邂逅、宴会现场、舞会、通电话时。它的对象，主要是一般接触交往的人。

2) 工作式的自我介绍

工作式的自我介绍的内容，包括本人姓名、供职的单位及部门、担任职务或从事的具体工作三项。

① 姓名。应当一口报出，不可有姓无名，或有名无姓。
② 单位。供职的单位及部门，如可能最好全部报出，具体工作部门有时可以暂不报出。
③ 职务。指现任的职务。有职务的最好报出职务；职务较低或者无职务的，则可报出目前所从事的具体工作。例如，可以说："我叫唐果，是大秦广告公司的公关部经理。"

3) 交流式的自我介绍

交流式的自我介绍也称为社交式自我介绍或沟通式自我介绍，是一种刻意寻求和交往对象进一步交流，希望对方认识自己、了解自己、与自己建立联系的自我介绍。在社交活动中，应介绍包括本人的姓名、工作、籍贯、学历、兴趣以及与交往对象的某些熟人的关系等。如："我叫王光，是里润公司副总裁。10年前，我和您先生是大学同学。"

4) 礼仪式的自我介绍

这是一种表示对交往对象友好、敬意的自我介绍。适用于讲座、报告、演出、庆典、仪式等正规的场合。内容包括姓名、单位、职务等。自我介绍时，还应多加入一些适当的谦辞、敬语，以示自己尊敬交往对象。如："女士们、先生们，大家好！我叫宋玉，是精英文化公司的总经理。值此之际，我谨代表本公司热烈欢迎各位来宾莅临指导，谢谢大家的支持。"

5) 问答式的自我介绍

针对对方提出的问题，做出自己的回答。这种方式适用于应试、应聘和公务交往。如对方发问："这位先生贵姓？"则应礼貌地回答："免贵姓张，弓长张。"

4. 自我介绍的注意事项

1) 内容要真实，详略得当

介绍自己时所具体表述的各项内容，首先应当实事求是，真实无欺。介绍自己时，既没有必要自吹自擂，吹牛撒谎，也没有必要过分谦虚，遮遮掩掩。

进行自我介绍时，要根据需要决定内容的详略。一般礼仪性的自我介绍应简单明了，只要讲清自己的姓名、身份即可。求职应聘时的自我介绍就不能过于简略，不仅要讲清楚自己的姓名、身份，而且要将自己的学历、资历、性格、专长、能力介绍清楚，即要充分显示自己的特长。这样才能在众多的应聘者中脱颖而出，获得招聘单位的青睐。

例如："我叫赵俊，现年28岁，江苏扬州市人。1995年毕业于扬州大学商学院财会专业本科，现已通过全国会计师任职资格考试。1998年起，我一直在花园国际大酒店担任财务主管工作，并认真学习过新的财会制度，除精通专业外，还掌握英语，懂计算机。自认为能够担当贵公司财务主管的重任。恳请贵公司给我一个机会，让我一试身手。"

2) 形式要标准，方式要灵活多样

自我介绍的形式应符合标准要求，不能乱，如工作式的自我介绍，它通常由本人的姓名、部门、职务、单位等多项内容构成。它主要适用于正式的因公交往。

进行自我介绍时，方式是灵活的，面对不同的对象要采取不同的方式。

3) 态度从容、自信

进行自我介绍，要做到从容、自信。首先，要有一个良好的面部表情和姿态。微笑要自然、亲切，眼神要和善，态度要恭谨有礼。其次，要充满自信。自信，即对自己的能力和特长要敢于肯定。只有充满自信的人，才能使对方产生信赖与好感。禁忌在商务交往中，自吹自擂，无中生有地自我吹嘘，抬高自己。

4) 把握介绍的时机与时间

在介绍自己时，要有意识地抓住重点，言简意赅，尽量节省时间。一般而言，介绍自己所用的时间以半分钟左右为佳。若无特殊原因，是不宜超过1分钟的。为了提高效率，在作自我介绍时，可利用名片、介绍信等资料加以辅助。

自我介绍应在适当的时候进行。进行自我介绍时，最好选择在对方有兴趣、有空闲、情绪好、干扰少、有要求之时。如果对方兴趣不高、工作很忙、干扰较大、心情不好、没有要求、休息用餐或正忙于其他交际之时，则不太适合进行自我介绍。

4.1.2 他人介绍

他人介绍，又称为第三者介绍，是经第三者为彼此不相识的双方引见、介绍的一种交际方式。介绍他人一般以中介人的身份，对另外两人或多人相关情况所做的介绍，也可称为第三者介绍。作介绍的人，一般是主人、朋友或公关人员等。

从礼仪上来讲，介绍他人时，最重要的是被介绍双方的先后顺序。也就是说，在介绍他人时，介绍者具体应当先介绍谁、后介绍谁，应十分注意。

1. 掌握原则

根据礼仪规范，在处理为他人作介绍的问题上，必须遵守"尊者优先了解情况"的规则。先要确定双方地位的尊卑，即要具体分析一下被介绍双方身份的高低，应首先介绍身份低者，然后介绍身份高者。这是因为身份高者有优先知道对方情况的权利。

在介绍时，除女士与年长者外，被介绍人一般应起立、微笑、握手致意，并说"您好""幸会""久仰"之类的客套话。

如果介绍是在谈判桌或宴会桌上进行，被介绍的双方可不必起立，只需微笑、点头即可，介绍后可说些客套话。

2. 介绍的顺序

介绍应注意顺序。在为他人作介绍时谁先谁后，是一个比较敏感的礼仪问题。介绍他人的礼仪如图 4-1 所示。

根据"尊者优先了解情况"的规则，为他人作介绍时的礼仪顺序大致有以下几种：
① 介绍上级与下级认识时，先介绍下级，后介绍上级；
② 介绍长辈与晚辈认识时，应先介绍晚辈，后介绍长辈；
③ 介绍年长者与年幼者认识时，应先介绍年幼者，后介绍年长者；
④ 介绍女士与男士认识时，应先介绍男士，后介绍女士；
⑤ 介绍已婚者与未婚者认识时，应先介绍未婚者，后介绍已婚者；
⑥ 介绍同事、朋友与家人认识时，应先介绍家人，后介绍同事、朋友；
⑦ 介绍来宾与主人认识时，应先介绍主人，后介绍来宾；
⑧ 介绍与会先到者与后来者认识时，应先介绍后来者，后介绍先到者。

在人际交往活动中，运用好介绍礼仪就是在他人之间架起了人际关系的桥梁。

图 4-1　介绍他人的礼仪

小思考

介绍中遇到"性别顺序"和"地位顺序"时，如何安排？

答：在具体交往中，应根据实际情况灵活运用介绍的原则。"性别顺序"要让位于"地位顺序"。例如，当男士位高望重而女士为年轻晚辈时，则应先把女士介绍给男士；又如集体介绍时，可按座次顺序，也可从贵宾开始介绍。

3. 他人介绍的方式

由于实际需要的不同,为他人作介绍时的方式也不尽相同。

(1) 一般式

一般式也称为标准式,以介绍双方的姓名、单位、职务等为主,适用于正式场合。如:"请允许我来介绍一下:这位是卡秀公司营销部主任江微小姐。"

(2) 简单式

只介绍双方姓名一项,甚至只提到双方姓氏而已,适用于一般的社交场合。如:"我来介绍一下:这位是王先生。"

(3) 附加式

附加式也可以称为强调式,用于强调其中一位被介绍者与介绍者之间的关系,以期引起另一位被介绍者的重视。如:"大家好!这位是飞跃公司的业务主管洋先生,这是小儿刘放,请各位多多关照!"

(4) 引见式

介绍者所要做的,是将被介绍者双方引到一起即可,适用于普通场合。如:"两位认识一下吧。大家其实都曾经在一个公司共事,只是不在一个部门。接下来,请自己说吧。"

(5) 推荐式

介绍者经过精心准备,将某人举荐给他人,介绍者通常会对前者的优点加以重点介绍。通常适用于比较正规的场合。如:"这位是阳远先生,这位是海天公司的赵海天董事长。阳先生是经济学博士、管理学专家。赵总,我想您一定有兴趣和他聊聊吧。"

(6) 礼仪式

礼仪式是一种最为正规的他人介绍,适用于正式场合。其语气、表达、称呼上都更为规范和谦恭。如:"孙小姐,您好!请允许我把北京远方公司的执行总裁李力先生介绍给您。李先生,这位就是广东润发集团的人力资源部经理孙晓小姐。"

4. 集体介绍

集体介绍的方式,实际上是他人介绍的一种特殊情况,它是指被介绍的一方或者双方不止一人的情况。介绍集体时,被介绍双方的先后顺序依旧至关重要。具体来说,集体介绍又可分为两种基本形式。

(1) 单向式

当被介绍的双方一方为一人,另一方为由多人组成的集体时,一般只把个人介绍给集体,而不必再向个人介绍集体。这就是集体介绍的单向式。

(2) 双向式

集体介绍的双向式,是指被介绍的双方皆由多人组成。在具体进行介绍时,双方的全体人员均应被正式介绍。在公务交往中,此种情况比较多见。它的常规做法是,应由主方负责人首先出面,依照主方在场者具体职务的高低,自高而低地依次对其进行介绍;然后,再由客方负责人出面,依照客方在场者具体职务的高低,自高而低地依次对其进行介绍。

5. 为他人作介绍应注意的问题

（1）介绍要实事求是

介绍的内容除姓名外，一般还包括工作单位、职务、职称、兴趣爱好、突出成就以及与介绍人的关系等。介绍时一定要分场合进行介绍。

（2）介绍要热情周到

介绍他人认识的目的，是为了使双方建立交流关系、联络感情、融洽气氛。介绍时必须亲切、热情，礼貌周全。在日常的交际场所为他人作介绍时，介绍人一般应以"请让我来介绍一下"之类的导入语开头，以引起被介绍者的注意。例如："周处长，请允许我向您介绍一下，这位是我的同事王萍小姐，她是我大学的同学……"

介绍人介绍时，要语调亲切，面露笑容，正确运用手势。介绍人要四指并拢，掌心向上向着被介绍一方，不可用手指乱点或用手拍打被介绍者的肩和背。介绍人的目光要友好地跟着被介绍人走，不可东张西望，心不在焉。

4.1.3 介绍中的问候与寒暄

见面交谈一般从问候与寒暄开始，必要的寒暄不仅是一种不可少的客套，还可以拉近双方的距离，为以后的深入交谈做情感上的铺垫。

问候，又称问好或打招呼。一般而言，它是人们与他人相见时，以语言向对方进行致意的一种方式。它适用于人们见面之初，以热情简洁的语言互相致意，或者用于交谈的导入阶段。它主要是为了表示向他人询问安好、关切或者致以敬意。问候语虽然简短，却是人际关系发生、发展的起点，应给予必要的重视。在正常情况下，一个人在与自己的熟人见面时，双方理应相互致以问候。通常一个人在接触他人时，假定不主动问候对方，或者对对方的问候不予以回应，便是十分失礼的。

1. 问候的形式

问候的形式有一般的日常问候与特殊问候两种。

（1）日常问候

日常问候是亲朋之间互致的问候，大体有时间问候、场合问候两种。

（2）特殊问候

特殊问候是在以下三种情况下进行的。

一是节日问候。在节假日，向在远方或不常见面的亲友，以及关系较密切的商业客户的问候，这是联络感情最简便又有效的方式。

二是喜庆时的问候与道贺。如对方店铺开业、事业有成、乔迁新居等喜事，应向其表示祝贺并致以问候。

三是不幸时的问候与安慰。如对事业受挫、家庭变故、失恋、遭灾等不幸表示同情、安慰，并给予必要的帮助。

2. 问候的顺序

问候别人时，有先后顺序的讲究。越是正式的场合，越是要重视这一点。在正式会面时，宾主之间的问候，在具体的次序上有一定的讲究。

（1）两人见面问候

两人见面时，双方均应主动问候对方，而不必等待对方先开口。不过在正常情况下，一个人与另外一个人之间的问候，标准的做法是"位低者先行"。即双方之中处于地位较低的一方，应当自觉地首先问候地位较高的一方。如男性先问候女性，晚辈先问候长辈，年轻人先问候老年人，下级先问候上级，年轻女性先问候比自己年龄大得多的男性。总之，主动问候，这是尊重他人的表示，即使你比对方年长，主动问候也不失自己的身份，只会多增加一份友情。

（2）与多人见面问候

当一个人与多人见面时，问候对方有两种具体方法可循。一是由尊而卑、由长而幼地依次而行，也可以由近而远地进行，依次问候对方。二是统一问候对方，而不必具体到每个人。例如，"各位好！""大家好！"

3. 问候态度

问候是敬意的一种表现。当问候他人时，在具体态度上需要注意4点。

（1）主动

问候他人，应该积极、主动。当他人首先问候自己之后，应立即予以回应。

（2）热情

在问候他人时，通常应表现得热情而友好。毫无表情，或者表情冷漠，都是应当避免的。

（3）自然

问候他人时的主动、热情的态度，必须表现得自然而大方。矫揉造作、神态夸张，或者扭扭捏捏，都不会给他人留下好印象。

（4）专注

在对交往对象进行问候时，应当面含笑意，以双目注视对方的两眼，以示口到、眼到、意到，专心致志。

4. 问候内容

问候他人，在具体内容上大致有两种形式，它们各有自己适用的不同范围。

（1）直接式

直接式问候，就是直截了当地以问好作为问候的主要内容。它适用于正式的人际交往，尤其是宾主双方初次相见。

（2）间接式

间接式问候，就是以某些约定俗成的问候语，或者在当时条件下可以引起的话题，如"忙什么呢""您去哪里"来替代直接式问候。它主要适用于非正式交往，尤其是经常见面的熟人之间。

5. 亲切、友好的寒暄要点

(1) 态度真诚

人们的交谈是信息的传递，也是情感的变流。交谈的态度是否真诚是交流能否成功的前提。人们在日常的交谈中，只有诚恳地以心换心，坦诚相见，才能唤起相互之间的信任感与亲切感，增进双方的了解与友谊。那些惯于装腔作势、夸夸其谈、言不由衷的人，不仅不能与他人进行有效的沟通，而且易引起人们的反感。

(2) 表情亲切

表情是人体语言最为丰富的部分，是人的喜、怒、哀、乐这些内心情绪的流露。它主要体现在人的目光和脸部表情上。人们在日常交往中，问候与寒暄应具有亲切的表情。要用稳重、柔和的目光注视着交谈对象，切忌目光左顾右盼或闪烁不定，也不可盯住对方的嘴、手或其他某一部位不动，做到温文尔雅，把握分寸。

(3) 姿态优雅

人的动作与姿态是人的思想情感与文化修养的外在表现。在问候与寒暄时，必须保持优雅的姿态，以博得对方的好感。首先，不论是站着还是坐着交谈，都要将自己的身体正面朝着对方。站立时，抬头挺胸，收腹立腰，给对方以挺、直的美感。入座时坐姿要端庄、大方。不论坐椅子或沙发，最好不要坐满，上身端正挺直，手放腿上或沙发扶手上，两腿并拢平列，女性可小腿交叉，以示尊重对方。其次，问候与寒暄时不要不时地看手表，不可将双手搂在脑后，双臂交叉紧抱胸前，双腿叉开；也不得有揉眼、搔头发、挖耳鼻、摆弄手指、跺脚、伸懒腰、打哈欠，或对着别人吐烟雾、烟圈等。这些不雅的动作都是失礼的行为。

(4) 话题恰当

选择恰当的话题是寒暄的关键。人们相互寒暄时，应观察对方的表情、体姿，以判断其对谈话的关注程度，并经常征询对方的意见，给予对方谈话的机会。寒暄忌讳问隐私，如对女士不问年龄、婚否、服饰价格等；对男士不问钱财、收入等。

4.1.4 见面礼

在交往中，见面时行一个标准的见面礼，会给对方留下深刻且美好的印象，直接体现出施礼者良好的修养。

比较常见的见面礼有脱帽礼、举手礼、鞠躬礼、屈膝礼、拥抱礼、亲吻礼、拱手礼、合十礼等。

1. 东方礼节

(1) 作揖礼

即拱手礼，是华人中最流行的见面礼。行礼方式是起身站立，上身挺立，两臂前伸，双手在胸前高举抱拳，自上而下，或者自内而外，有节奏地晃动两三下。

作揖礼主要适用于过年时举行团拜活动，向前辈祝寿，向友人恭贺结婚、生子、晋升、乔迁，向亲朋好友表示无比感谢，以及与海外华人初次见面时表示久仰之意。

(2) 鞠躬礼

行鞠躬礼，应脱帽立正，双目凝视受礼者，然后上身弯腰前倾。男士双手应贴放于身体两侧裤线处，女士双手则应下垂搭放在腹前。下弯的幅度越大，表示的敬礼程度就越大。如图4-2所示。

图4-2 鞠躬礼

鞠躬礼目前在国内主要适用于向长者表示敬重、向他人表示感谢、领奖或讲演之后、演员谢幕、举行婚礼或参加追悼会等活动。

鞠躬的次数，可视具体情况而定。参加追悼活动时用三鞠躬。

与日本、韩国等东方国家的外国友人见面时，行鞠躬礼表达敬意是常见的礼节仪式。鞠躬礼分为15°、30°和45°的不同形式（见彩插图23）。

鞠躬礼的基本原则：在特定的群体中，应向身份最高、规格最高的长者行45°鞠躬礼；向身份次之者行30°鞠躬礼；向身份对等者行15°鞠躬礼。

(3) 合十礼

合十礼，亦称合掌礼，即双手十指相合为礼。具体做法是双掌十指在胸前相对合，手掌并拢向上，掌尖与鼻尖基本持平，手掌向外侧倾斜，双腿立直站立，中身微欠，低头。可以口颂祝词或问候对方，也可面含微笑。行礼时，合十的双手举得越高，越体现对对方的尊重，但原则上不可高于额头。合十礼这种礼节通行于东亚和南亚信奉佛教的国家或佛教信徒。

2. 西方礼节

(1) 拥抱礼

拥抱礼的动作要点是，两人面对面站立，各自举起右臂，将右手搭在对方左肩后面；左臂下垂，左手扶住对方右腰后侧。首先各向对方左侧拥抱，然后各自向对方右侧拥抱，最后再一次向对方左侧拥抱，一共拥抱三次。在普通场合行此礼，不必如此讲究，次数也不必如此严格。在西方，特别是欧美国家，拥抱礼是十分常见的见面礼与道别礼。在人们表示慰问、祝贺、欣喜时，这种礼仪也是十分常用的。

(2) 亲吻礼

亲吻礼是西方国家常用的一种会面礼。有时，它会与拥抱同时采用，即双方会面时既拥抱，又亲吻。

双方关系不同，亲吻的部位也会有所不同。长辈吻晚辈，应当吻额头；晚辈吻长辈，应当吻下颌或吻面颊；同辈之间，同性应该贴面颊，异性应当吻面颊。接吻仅限于夫妻与恋人之间。需要注意的是，行亲吻时，非常忌讳发出亲吻的声音。如果将唾液弄到对方脸上，是非常尴尬的事情。

（3）吻手礼

吻手礼即男士亲吻女士的手背或手指。正确的吻手礼是：男士行至女士面前，首先垂首立正致意，然后以右手或双手捧起女士的右手，俯首用自己微闭的嘴唇，去象征性地轻吻一下女士的手背或手指背。

吻手礼的接受只限于已婚的女性。这种礼节，主要流行于欧美国家。手腕及其以上部位，是行礼时的禁区。

3. 东西方通用礼节

（1）点头礼

点头礼，也就是颔首礼。点头礼的做法是头部向下轻轻一点，同时面带笑容。注意不要反复点头不止，点头的幅度不宜过大。

点头礼适用的范围很广，如路遇熟人或与熟人、朋友在会场、剧院、歌厅、舞厅等不宜交谈之处见面，以及遇上多人而又无法一一问候之时，都可以点头致意。行点头礼时，最好摘下帽子，以示对对方的尊重。

（2）举手礼

行举手礼的场合，与点头礼的场合大致相似，最适合向距离较远的熟人打招呼。行举手礼的正确做法是右臂向前方伸直，右手掌心向着对方，其他四指并齐、拇指叉开，轻轻向左右摆动一下。不要将手上下摆动，也不要在手部摆动时以手背朝向对方。

（3）脱帽礼

戴着帽子的人，在进入他人住所，路遇熟人，与人交谈、握手，进入娱乐场所时或在升国旗、奏国歌的场合时，应自觉摘下帽子，并置于适当之处。女士在一般社交场合可以不脱帽子，这不会被人认为是失礼行为。

> **知识点**
>
> **人们见面交往的空间距离**
>
> ① 亲密距离。这是恋人、夫妻、父母子女之间以及至爱亲朋之间的交往距离。亲密距离为 0～45 cm。
>
> ② 私人距离。这是一个有"分寸感"的交往空间，为 45～120 cm。
>
> ③ 社交距离。这是超越亲朋、熟人关系的社交距离。这个距离体现的是一种社交性的、较正式的人际关系。社交距离为 1.2～3.7 m。
>
> ④ 公众距离。这是人际接触中界域观念的最大距离，是一切人都可自由出入的空间。公众距离为 3.7～7.6 m。

4.2 称呼礼仪

记住对方的名字，并把它叫出来，等于给对方一个很美妙的赞美。而若是把他的名字忘了，或写错了，你就会处于不利的地位。

——卡耐基

称呼又叫作称谓，是人际交往中所用的表示相互关系或身份、职业的名称。不论在什么场合，不论与什么人交往，要引起对方的注意，必须以某种称呼来呼唤对方。称呼是沟通人际关系的信号与桥梁，也是表达情感的重要手段。

4.2.1 正规称呼

称呼，一般是指人们在交往应酬中彼此之间所采用的称谓语。选择正确的、适当的称呼，既反映着自身的教养，又体现着对他人的重视程度，有时甚至还体现着双方关系所发展到的具体程度。

在工作岗位上，人们所使用的称呼自有其特殊性。下述正规的 5 种称呼方式，是可以广泛采用的。

1. 称呼行政职务

在商务交往中，尤其是在对外界的交往中，此类称呼最为常用，表示交往双方身份有别。

2. 称呼技术职称

对于具有技术职称者，特别是具有高、中级技术职称者，在工作中可直呼其技术职称，以示对其敬意有加。

3. 称呼职业名称

一般来说，直接称呼被称呼者的职业名称，往往都是可行的。

4. 称呼通行尊称

通行尊称，也称为泛尊称，它通常适用于各类被称呼者。诸如"同志""先生"等，都属于通行尊称。不过，其具体适用对象也存在差别。

小资料

《北京晚报》曾报道，有几个青年人到避暑山庄游玩，想抄近路去外八庙，向一位姑娘问路："小师傅，请问去外八庙的路怎样走？""谁是小师傅？！"姑娘怒目圆睁，愤愤而去，几个年轻人莫名其妙，不知哪里得罪了姑娘。

5. 称呼对方姓名

称呼同事、熟人，可以直接称呼其姓名，以示关系亲近。但对尊长、外人不可如此。

4.2.2 称呼之忌

以下4种错误称呼，都是商务场合不宜采用的。

1. 庸俗的称呼

商务人员在正式场合假如采用低级庸俗的称呼，是既失礼，又失自己身份的表现。

2. 他人的绰号

在任何情况下，当面以绰号称呼他人，都是不尊重对方的表现。

3. 地域性称呼

有些称呼，如"师傅""小鬼"等，具有地域性特征，不宜不分对象地滥用。

4. 简化性称呼

在正式场合，有不少称呼不宜随意简化。例如，把"张局长""王处长"称为"张局""王处"，就显得不伦不类，又不礼貌。

4.2.3 称呼的技巧

称呼多用于交往的开端，用称呼表达出对人的尊敬，是交往礼仪的基本要求。对人用敬称，对己用谦称，这是我国传统美德的一种体现。

1. 对人用敬称

中国人特别重视自己的姓名，在商务交往中对他人指名道姓，直呼其名，是失礼的行为。"敬称"的要求是：对具有一定职务或职称的人，应在其姓名之后或者姓之后加上职务、职称或以学位相称，职业也可以作为称呼，如王老师、吴大夫、李律师、钱会计等。为对德高望重的老领导、老专家表示由衷的敬意，一般在对方的姓氏之后加"老"或"公"字相称。

根据我国的传统礼仪，称呼他人的亲属时也应当用敬称，用得最为广泛的是以"令""尊""贵""贤"等构成的一系列敬称词。例如在比较隆重的交际场合，在我国港澳台地区的日常交往中，称对方的父、母分别为"令尊""令堂"，称对方的兄、弟分别为"令兄""令弟"，称对方的儿子为"令郎"等，显得既尊重又有地位。

2. 对己用谦称

对自己的谦称常用"在下""学生""小弟""鄙人"等。按照传统礼仪的习惯，在向他人称呼自己的亲属时，常在亲属称呼前冠以"家""舍"等字。

"家""舍"二字都是表达谦恭、平凡的意思，有长幼之分。一般来说，"家"用于称比自己辈分高、年长的亲人，如向人称自己的父亲为"家父"，母亲为"家母"；向人称自己的兄长为"家兄"。"舍"则用于向人谦称比自己卑幼的亲人，如对人称自己的弟弟为"舍弟"，侄子为"舍侄"等。

与自己有关的事物都可加上谦辞以表示对他人的尊敬。如称自己的家为"寒舍""斗室"；称自己的著作为"习作"；称自己的见解为"浅见""愚见"等。

3. 正确运用"先生""小姐"等称呼

在交往中，对男性可一律尊称为"先生"；而对女性的称呼就比较复杂了，应根据对方的婚姻状况，分别称之为"小姐"（未婚女性）、"太太"或"夫人"（已婚女性）、"女士"（婚姻状况不明者）等。在称对方"小姐"或"夫人"时，必须谨慎。

4. 借助常用的称呼语进行交往

在交往中，为了表明与对方的熟悉程度或尊敬之意，对不同的人可以分别称呼其姓名、职务、职称或职业；对于一般同事、同学、平辈的朋友、熟人，可以直接以姓名相称。

如长辈可以对晚辈以姓名相称，晚辈对长辈则不可以。

5. 见面多用尊称，适当用好敬称与雅语

见面多用尊称，是人际交往中双方最好的礼物。学说会说多说"您"字，如对德高望重的长辈，可以在其姓氏后面加"老"字或"公"字，如"王老""谢公"等。

敬称虽多见于书面，但用于口语也显得文雅。适当使用敬称，称呼对方为君子，也给人以不俗的感觉。

称呼时，用一些比较文雅的词语容易使对方接受，不引起反感。如一般把"胖"说成"富态""丰满"，把"瘦"说成"苗条"等。雅语委婉含蓄，曲径通幽巧达意，是一种智慧的体现。

另外，多说客套话，礼多人不怪。如初次见面说"久仰"，好久不见说"久违"，请人评论说"指教"，求人原谅说"包涵"，麻烦别人说"打扰"，等等。

小思考

在餐厅、酒吧等场所，称呼"服务员"还是"小姐"哪个更好？

答：称呼年轻女性为"小姐"是国际惯例。但是在我国称呼"小姐"容易产生歧义。在具体环境怎么称呼，也可视实际情况而定，称呼也讲究入乡随俗。如在东北一些地方，对女性的称呼用"大妹子"等。根据对方的职业来称呼也是一个不错的选择，在餐厅、酒吧等场所，"服务员"比"小姐"更为合适。

4.3 握手与交换名片礼仪

学习如何握手,使你能够经由这种寒暄方式,表达出温柔与热情。

——拿破仑·希尔

4.3.1 握手礼仪

握手是人们在社交场合不可缺少的礼节。人们在日常交往中,见面时习惯以握手相互致意,分别时以握手送别。受到别人帮助后,往往以握手表示谢意;别人取得成就时,向对方表示祝贺,也伴随着握手。

"聚散忧喜皆握手,此时无声胜有声。"可以说,握手是人们在社交场合司空见惯的一种礼仪,它看似平常,但却是沟通思想、交流感情、增进友谊的重要形式。文雅而得体的握手,是人们必须掌握的交际艺术。

握手,是见面时最常见的礼仪。因为不懂握手的规则而遭遇尴尬的场面,是谁也不愿意遇到的。行握手礼是一个并不复杂却十分微妙的问题。作为一个细节性的礼仪动作,做得好,它好像没有什么显著的积极效果;做得不好,它却能显示出负面效果。

握手既是人们见面相互问候的主要礼仪,也是祝贺、感谢、安慰或相互鼓励的适当表达。如对方取得某些成绩与进步时,或者对方赠送礼品以及发放奖品、奖状、发表祝词后,均可以握手来表示祝贺、感谢、鼓励等。

在国内外交往中,握手都是最为通行的会见礼节。握手是大多数国家见面和离别时相互致意的礼仪。

学习和掌握握手礼,其主要包括握手的方式、伸手的先后、相握的禁忌等方面。

1. 握手常见的时机

① 遇到久未谋面的熟人时。
② 在比较正式的场合与相识之人道别时。
③ 自己作为东道主迎送客人时。
④ 向客户辞行时。
⑤ 被介绍给不相识者时。
⑥ 在外面偶遇同事、朋友、客户或上司时。
⑦ 感谢他人的支持、鼓励或帮助时。
⑧ 向他人或他人向自己表示恭喜、祝贺时。
⑨ 应邀参加社交活动见到东道主时。
⑩ 对他人表示理解、支持、肯定时,要握手,以示真心实意。
⑪ 在他人遭遇挫折或不幸而表示慰问、支持时。
⑫ 向他人或他人向自己赠送礼品或颁发奖品时。

2. 不宜握手的时候

① 对方手部有伤时。
② 对方手里拿着较重的东西时。
③ 对方忙着别的事，如打电话、用餐、主持会议、与他人交谈时。
④ 对方与自己距离较远时。
⑤ 所处环境不适合握手时。

3. 握手礼节要点

作为一种常规礼节，握手的具体方式颇有讲究，其具体操作中的要点如下。

1）神态

与他人握手时，应当神态专注、认真、友好。在正常情况下，握手时应目视对方双眼，面含笑容，并且同时问候对方。

2）姿势

与人握手时，一般均应起身站立，迎向对方，在距其1 m左右伸出右手，握住对方的右手手掌，稍许上下晃动一两下，并且令其垂直于地面。

3）力度

握手的时候，用力既不可过轻，也不可过重。若用力过轻，有怠慢对方之嫌；不看对象而用力过重，则会使对方难以接受而生反感。

4）时间

一般来讲，在普通场合与别人握手所用的时间以3 s左右为宜，初次见面为5 s。

4. 握手的类型

1）单手相握

用右手与单手相握，是常用的握手方式。

① "平等式握手"：手掌垂直于地面并合握。地位平等或为了表示自己不卑不亢多采用这种方式。
② "友善式握手"：自己掌心向上与对方握手。这种握手方式能够显示自己谦恭、谨慎的态度。
③ "控制式握手"：自己掌心向下与对方握手。这种握手方式显得自高自大，基本不予采用。

英格丽·张女士说过，死鱼式的握手方式是别人对你的第一印象的杀手。除死鱼式握手外，抓指尖式、拉臂式、抠手心式等握手的方式，在商务场合是不提倡的。

2）双手相握

双手相握又称"手套式握手"，即用右手握住对方右手后，再以左手握住对方右手的手臂。这种方式，适用于亲朋好友之间，以表达自己的深厚情谊；不适用于初识者或异性，那样握手，会被误解为讨好或失态。

4.3.2 握手的操作

1. 标准的握手姿势

标准的握手姿势是：握手时，双方相距约 1 m，上身稍向前倾，头要微低，伸出右手，四指并拢，拇指张开，双方的手掌与地面垂直相握，并轻轻摇动，一般以 2～3 s 为宜。

男士与女士握手，一般只轻握女士的手指部分；两个女士握手，与男女握手的手势相同；两个男士握手，最好是虎口相切，代表热情和力量。如图 4-3 所示。

图 4-3 握手礼仪

握手时，双方应正视对方，面带笑容，并以简单的语言向对方致意。例如，可说一些客套语，如"您好""认识您很高兴"等。当知道对方受到表彰或有喜事时可说"恭喜您""祝贺您"，以表示祝贺；欢迎客人时，可说"欢迎您""欢迎光临指导"；送客时说"祝您一路顺风"以表示祝福。对尊敬的长者握手可采取双握式；除了年老体弱或有残疾者外，不能坐着握手。

握手力量要适度，正式场合的握手力度，代表热情。可以多练习，掌握握手的力度，太重或太轻都会失礼。

一般来讲，如果两个人比较熟悉或久别重逢，力度可以大些，时间也可长些。

2. 正确的握手方式

在问候之前，双方各自伸出右手，彼此之间保持 1 m 左右的距离，手掌略向前下方伸直，掌心向左，两人手掌平行相握，同时注意上身稍向前倾，头略低，面带微笑地注视对方的眼睛，以示认真和恭敬。

3. 握手的顺序

在握手时，双方握手的先后顺序很有讲究。一般情况下，遵循"尊者居前"的原则。即通常应由握手双方之中的身份较高者首先伸出手来，反之则是失礼的。握手的先后顺序应根据握手双方的年龄、社会地位、身份、性别及相关条件来确定。

一般遵循"尊者决定"的原则，应由尊者先行，即由上级、长辈和女士先伸手，下属、晚辈和男士一般应先问候，待对方伸出手后，再伸手与之相握。所以，当见到长者、上级、女士或小姐时，不宜贸然伸手。

在社交和商务场合，当别人不按照先后顺序的惯例已经伸出手时，都应毫不迟疑地立即回握，拒绝他人的握手是不礼貌的。

宾主之间的握手则较为特殊。正确的做法是：客人抵达时，应由主人首先伸手，以示欢迎之意；客人告辞时，则应由客人首先伸手，以示主人可就此留步。

在正式场合，握手时伸手的先后次序主要取决于职位、身份；在社交、休闲场合，则主要取决于年纪、性别、婚否。具体操作如下。

① 身份高者与身份低者握手，应身份高者先伸手。
② 女士与男士握手，应女士先伸手。
③ 已婚者与未婚者握手，应已婚者先伸手。
④ 年长者与年幼者握手，应年长者先伸手。
⑤ 长辈与晚辈握手，应长辈先伸手。
⑥ 社交场合的先至者与后来者握手，应先至者先伸手。
⑦ 主人应先伸出手来，与到访的客人相握。
⑧ 客人告辞时，应由客人首先伸出手来与主人相握。

4. 握手的禁忌

① 握手时，另外一只手不要拿着报纸、公文包等东西不放，也不要插在口袋里。
② 不要在握手时争先恐后，应当依照顺序依次而行。
③ 不允许交叉握手。当两人正握手时，别人不能跑上去与正在握手的人握手。
④ 与女士握手，不宜握得太紧太久，不能精神分散，目光游移，左顾右盼，心不在焉。
⑤ 与人握手后忌用手帕或湿纸巾擦手。
⑥ 不要以肮脏不洁或患有传染性疾病的手与他人相握。如正在干活、手不干净时，应说明原委，取得他人谅解。
⑦ 不要拒绝与他人握手。不要把对方的手拉过来、推过去，不要仅握住对方的手指尖，也不要只递给对方一截冷冰冰的手指尖。
⑧ 跨门槛时不可握手，因为这是一种不礼貌的握手。
⑨ 忌用左手与人握手。握手宜用右手，即使是左撇子，也要伸出右手去握，以左手握手被普遍认为是失礼之举。
⑩ 忌戴墨镜、戴手套与人握手。握手前务必要脱下手套，只有女士在社交场合戴着薄纱手套与人握手，才是允许的。如原先戴着手套，应尽快摘下手套，然后与人握手。如确有不便（残疾），要向他人说明情况，请求对方原谅。按照国际惯例，身穿军服的男人可以先敬礼，然后戴着手套和女士握手。在握手时一定要提前摘下墨镜，不然就有防人之嫌。
⑪ 慎用双手与人握手。用双手与人相握，只有在熟人之间才适用。与初识之人握手，尤其当对方是一位异性时，两手紧握对方的一只手，或者上下、左右晃个不停是不妥当的。

> **小思考**
>
> **握手时应注意哪三个方面的内容？**
>
> 答：① 讲究握手的先后顺序；
>
> ② 避免触犯握手的禁忌；
>
> ③ 注意运用握手的正确姿势。

4.3.3 名片礼仪

名片是我国古代文明的产物。据清代学者赵翼在其著作《陔余丛考》中记载："古人通名，本用削木书字，汉时谓之谒，汉末谓之刺，汉以后则虽用纸，而仍相沿曰刺。"可见，名片的前身即我国古代所用的"谒""刺"。

名片发展至今，已是现代人交往中一种必不可少的联络工具，成为具有一定社会性、广泛性，便于携带、使用、保存和查阅的信息载体之一。在各种场合与他人进行交际应酬时，都离不开名片的使用。

名片的使用是否正确，已成为影响人际交往成功与否的一个因素。

1. 名片的类别

根据名片用途、内容及使用场合的不同，在日常生活中使用的名片可以分为社交名片和公务名片两类。

在不同的场合，根据不同的需要，面对不同的交往对象时，应当使用不同的名片。

1）社交名片

社交名片，也称私用名片，指的是在工作之余，以私人身份在社交场合进行交际应酬时所使用的名片。一般而言，社交名片为个人名片。

社交名片的基本内容包括两个部分。

一是本人姓名，以大号字体印在名片正中央。姓名之后无须添加任何公务性官衔。

二是联络方式，以较小字体印在名片右下方。具体内容包括家庭住址、邮政编码、住宅电话、互联网址等。

社交名片只用于社交场合，通常与公务无关，因此一般不印有工作单位及行政职务，以示公私有别。

2）公务名片

公务名片，是指正式使用于公务活动之中的名片。值得注意的是，身边如果没有公务名片，可用社交名片代替。但如果没有社交名片，则不能用公务名片代替。可见，公务名片有着很强的公务性规范。

标准的公务名片，按惯例应由具体归属、本人称呼、联络方式三项基本内容构成。

具体归属包括供职的单位、所在的部门等内容，二者均应采用正式的全称。名片上所列的单位、部门不宜多于两个。本人称呼由本人姓名、行政职务、技术职务、学术头衔等几个部分构成。名片上所列的行政职务一般不宜多于两个，联络方式通常由单位地址、邮政编码、办公电话等内容构成，家庭住址、住宅电话、手机号码则不宜列出。

> **小思考**
>
> **名片有什么功能和作用？**
>
> 答：在人际交往中，名片的最基本功能是进行自我介绍。除此之外，名片还具有以下几种用途：第一，可以替代便函；第二，可以替代介绍信；第三，可以替代礼单；第四，可以替代请柬；第五，可用于通报和留言；第六，可用于通知变更。

2. 名片的制作

各国名片的规格是不尽相同的。目前我国通行的名片规格为 9 cm×5.5 cm，而在国际上较为流行的名片规格则为 10 cm×6 cm。一般人员以前一种标准订制名片。如果参与的公务活动多为涉外性质，则可采用后一种规格。

名片通常应以耐折、耐磨、美观、大方、便宜的纸张作为首选材料，如白卡纸、再生纸等。

一般商务人员所订制的名片宜选用单一色彩的纸张，并且以米白、米黄、浅蓝、浅灰等庄重朴实的色彩为佳。名片上除了文字符号外不宜添加任何没有实际效用的图案。正常使用的名片，应采用标准的汉字简化字，如无特殊原因，不得使用繁体字。

3. 名片的用途

在现实生活中，名片是一种不可或缺的交往工具。对商务人员而言，名片的基本用途有以下几种。

1) 常规用途

（1）介绍自己

初次与交往对象见面时，除了必要的口头自我介绍外，还可以名片作为辅助的介绍工具。这样不仅能向对方明确身份，而且还可以节省时间，强化效果。

（2）结交他人

在人际交往中，如欲结识某人，往往递出本人名片表示希望结交之意。

（3）保持联系

大多数名片都有一定的联络方式印在其上。利用他人在名片上提供的联络方式，即可与对方取得并保持联系，促进交往。

（4）通报变更

如果变换了单位、调整了职务、改动了电话号码等，应重新制作自己的名片。向交往对象递交新名片，就能把本人的最新情况通报对方，以一种更简单的方式避免联系上的失误。

2) 特殊用途

在社交场合，尤其是国际社交场合，人们往往以名片代替一封简洁的信函使用。此即名片的特殊用途。

具体做法是：在社交名片的左下角写上一行字或一句短语，然后放入信封寄交他人。如果是本人亲自递交或托人带给他人，要用铅笔书写；如果采用邮寄方式，则应用钢笔书写。

4. 名片的携带

① 足量适用。商务人员携带的名片一定要数量充足，确保够用。所带名片要分门别类，根据不同交往对象使用不同的名片。

② 完好无损。名片要保持干净整洁，切不可出现折皱、破烂、肮脏、污损、涂改的情况。

③ 放置到位。名片应统一置于名片夹、公文包或上衣口袋之内，在办公室时还可放于名片架或办公桌内，切不可随便放在裤袋之内。放置名片的位置要固定，以免需要名片时东找西寻，显得毫无准备。

4.3.4 递交名片

1. 递交名片的时机

① 希望认识对方。
② 被介绍给对方。
③ 对方向自己索要名片。
④ 对方提议交换名片。
⑤ 打算获得对方的名片。
⑥ 初次登门拜访对方。

遇到以下几种情况，不需要把自己的名片递给对方，或与对方交换名片。如对方是陌生人而且以后不需要交往；如对方对自己并无兴趣或不想认识或深交；双方之间地位、身份、年龄差别很大时。

2. 递交名片的方法

① 递名片时应起身站立，走上前去，使用双手或者右手将名片正面对着对方，递给对方。

② 若对方是外宾，最好将名片印有英文的那一面对着对方。

③ 将名片递给他人时，应说"多多关照""常联系"等话语，或是先作一下自我介绍。

④ 与多人交换名片时，应讲究先后次序。或由近而远，或由尊而卑进行。位卑者应当先把名片递给位尊者。

3. 发送名片时注意事项

1）观察意愿

除非自己想主动与人结识，否则名片务必要在交往双方均有结识对方并欲建立联系意愿的前提下发送。

2）把握时机

发送名片要掌握适宜时机，只有在确有必要时发送名片，才会令名片发挥功效。发送名片一般应选择初识之际或分别之时，不宜过早或过迟。不要在用餐、观赏戏剧、跳舞之时发送名片，也不要在大庭广众之下向多位陌生人发送名片。

3）讲究顺序

双方交换名片时，应当首先由位低者向位高者发送名片，再由后者回复前者。

4）先打招呼

递上名片前，应当先向接受名片者打个招呼，令对方有所准备。既可先作一下自我介绍，也可以说声"对不起，请稍候""可否交换一下名片"之类的提示语。

5）表现谦恭

对于递交名片这一过程，应当表现得郑重其事。要起身站立主动走向对方，面含微笑，上身前倾15°左右，以双手或右手持握名片，举至胸前，并将名片正面面对对方，同时说声"请多多指教""欢迎前来拜访"等礼节性用语。切勿以左手持握名片。递交名片的整个过程应当谦逊有礼，郑重大方。

注意：不要将名片背面对着对方或是颠倒着面对对方；不要将名片举得高于胸部或以手指夹着名片给人。

4.3.5 接受名片

1. 接受名片的步骤

① 他人递名片给自己时，应起身站立，面含微笑，目视对方。
② 接受名片时，双手捧接，或以右手接过。不要只用左手接名片。
③ 接过名片后，要从头至尾把名片默读一遍，表示重视对方。
④ 接受名片时，对方使用了谦辞敬语，如："请多关照"。接受方应及时回敬"谢谢"。
递接名片礼仪如图4-4所示。

2. 索要名片

依照惯例，一般场合不要直接开口向他人索要名片。但若想主动结识对方或者有其他原因有必要索取对方名片时，可随机采取下列办法。

1）互换法

即以名片换名片：向对方提议交换名片，主动递上本人名片；在主动递上自己的名片

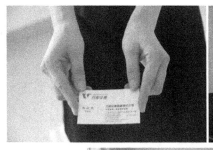

图 4-4　递接名片礼仪

后，对方按常理会回给自己一枚他的名片。

2）暗示法

即用含蓄的语言暗示对方。例如，向尊长索要名片时可说："请问今后如何向您请教？"向平辈或晚辈表达此意时可说："请问今后怎样与您联系？"

当他人索取本人名片而自己又不想给对方时，应用委婉的方法表达此意。可以说："对不起，我忘了带名片。"或者"抱歉，我的名片用完了。"若本人没有名片，又不想明说时，也可以用这种方法表述。

3. 接受他人名片的注意事项

接受他人名片注意事项如下。

1）态度谦和

接受他人名片时，不论有多忙，都要暂停手中一切事情，并起身站立相迎，面含微笑，双手接过名片。

2）认真阅读

接过名片后，先向对方致谢，然后至少要用一分钟时间将其从头至尾默读一遍，遇有显示对方荣耀的职务、头衔不妨轻读出声，以示尊重和敬佩。若对方名片上的内容有所不明，可当场请教对方。

3）精心存放

接到他人名片后，切勿将其随意乱丢乱放、乱揉乱折，而应将其谨慎地置于名片夹、公文包、办公桌或上衣口袋之内，且应与本人名片区别放置。

4）有来有往

接受他人的名片后，一般应当即刻回给对方一枚自己的名片。没有名片、名片用完了或者忘了带名片时，应向对方做出合理解释并致以歉意。

4. 存放名片

1）名片的存放

① 在参加商务活动时，要准备充足的名片。

② 随身携带的名片，最好放在专用的名片包、名片夹里。公文包以及办公桌抽屉里，也应经常备有名片，以便随时使用。

③ 接过他人的名片看过之后，应将其精心存放在自己的名片包、名片夹或上衣口袋内。

2）名片的管理

商务人员应及时把所收到的名片加以分类整理收藏，以便今后使用。不要将其随意夹在书刊、文件中，更不能把它随便地扔在抽屉里面。

存放名片要讲究方式方法，做到有条不紊。推荐的方法有：按姓名拼音字母分类；按姓名笔画分类；按部门、专业分类；按国别、地区分类；输入计算机等电子设备中，使用其内置的分类方法。

5. 递接名片时配套的其他行礼方式

1）欠身

欠身是向别人表示自谦的礼貌举止。它与鞠躬略有差别。鞠躬要低头，而欠身仅身体稍向前倾，两眼可直视对方。鞠躬一定要站着；欠身则可站着，也可坐着。

2）点头

点头是与别人打招呼时常用的礼貌举止，通常用于会场、路遇和迎送的场合。尤其是在会场不便说话之时，在迎送者有许多人时，用点头可以向许多人同时致意。

3）起立

起立是向尊长、来宾表示敬意的礼貌举止，常用于上课前学生对老师，开会时对重要领导、来宾、报告人到场时的致敬。平时，坐着的位低者看到刚进屋的位尊者，坐着的男子看到站立着的女子，或者在送他们离去时，也都可以用起立以表示自己的敬意。

4）举手

举手也是与别人招呼时的礼貌举止。手举过头，通常用于远距离向对方问候；手举不过头常用于中距离向对方问候；手举过头并左右摆动，常用于送别场面，表示依依不舍。

5）拱手

拱手是身份相仿者之间互致敬意的礼貌举止。拱手即双手相抱，一般是左手抱住右手，上举齐眉，下至胸前，前后摇动几下，表示致敬、庆贺。

商务礼仪实务五——介绍礼仪实训指导

1. 结合教材要点，学生分组进行实训。按照规范操作进行介绍练习，演练个人介绍和集体介绍的内容。学生 5~7 人一组，演练一次。也可以安排学生按照相同的出生月份、来源地和姓氏分组，进行集体介绍，要求介绍爱好、特点、印象最深的事情等内容。每组 5 分钟，另外一组进行点评，时间 5 分钟。

2. 介绍礼仪实训：结合图 4-5（a），说明有什么地方需要改进？安排一个组进行演练，另一组点评。分析图 4-5（b），假设你带一位新领导去办公室，见到大家在讨论问题，你如何开场进行相互介绍？安排 1 个组的学生进行正确的演练，另安排 2~3 个组进行点评。时间 15~20 分钟。

 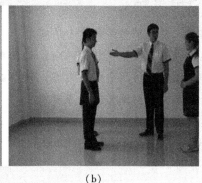

(a)   (b)

图 4-5 介绍礼仪实训

商务礼仪实务六——握手与交换名片及递物实训指导

1. 分组进行实训，结合教材要点，按照规范操作进行握手、自我介绍的练习活动，演练握手、鞠躬及相互介绍的标准手势，结合微笑与眼神表情等礼仪内容。要求学生分组，5~7 人一组，做不到位的地方请相互评议并进行改正。每组 5 分钟，合计 25~35 分钟。

2. 握手与交换名片实训：结合彩插图 24、25，说明两位男士、女士之间以及异性之间握手有什么不同？

安排 2~3 个组的学生进行正确的演练，并加上交换名片（递物）的动作（见彩插图 26）；另安排 2~3 个组进行点评，时间 15~20 分钟。

本章小结

本章所讲授的是日常交往的基本礼仪。包括见面介绍、称呼、握手与交换名片的礼仪内容与规范要求,强调了商务人员掌握日常交往礼仪的重要性。

● 4.1 节讲授的是见面介绍的礼仪。具体涉及见面介绍的方式、内容与要求。讲解了问候与寒暄,以及东、西方见面礼节的不同与内容。

● 4.2 节讲授的是称呼礼仪。讲解了正规称呼、称呼之忌、称呼的技巧运用要点。

● 4.3 节讲授的是握手与交换名片礼仪。具体涉及握手礼仪、操作要点,讲解了名片的种类、制作及接递名片的操作要求与步骤,分析了运用中的注意事项。

复习思考题

1. 商务人员使用称呼的类型有哪些?
2. 简要说明男女握手礼仪的内容与区别。
3. 作介绍时应该注意哪些内容?请举例说明。
4. 递交名片时要注意哪些事项?
5. 课堂进行模拟见面和打招呼对话(安排演讲和故事情景的声音训练)。比较说话是否文雅,是否带有情感的效果。学生分组,5~7 人一组,每组 5~10 分钟;另外一组进行点评,3~6 分钟。

案例分析题

1. 令人遗憾的见面

王先生是集团公司的老总,主要代理国内知名品牌的服饰。一天,他接待了来访的某服装厂主管销售李先生。只见李先生被秘书领进了王先生的办公室,未等秘书介绍,李先生就热情地伸出右手,与王先生握了握,很快便缩了回去。

李先生也不开口说客套和寒暄话,搓搓手,然后从西装裤兜里拿出名片,用左手递上名片作自我介绍:"你好,我姓李。我代表公司想跟你谈谈服饰代理事宜。"

双方会谈不到 5 分钟,王先生就托词结束了初次见面。

分析:王先生为什么结束了见面?

2. 尴尬的推销员

2017 年 7 月的一天,某居民区苏女士家的门铃突然响了,正在家中收拾家务的苏女士打开门一看，迎面而立的是一位戴墨镜的年轻男士，但她却不认识。于是她狐疑地问："您是……"这位男士也不摘下墨镜，而是从裤子口袋中摸出一张名片，递给苏女士："我是保险公司的，专门负责这一地区的业务。"苏女士接过名片一看，不错，是保险公司的。

苏女士看看推销员戴着墨镜的样子，对自己没称呼和问候，站在门外边说话边抖动腿的形象，让她打心底反感。便说："对不起，我不投保险。"说着就要关门。而这位男士动作却很敏捷，已将一只脚迈向门内，说："你们家房子装修得这么漂亮，真令人羡慕，可是天有不测风云，万一发生个火灾什么的，再重新装修，势必要花费很多钱，倒不如现在你就买份保险……"苏女士很生气，把年轻男子赶了出去。

推销员话没说完就被赶跑了，感觉很尴尬。

分析：推销员在哪几个方面是失误的？

3. 称呼小姐黄了一桩生意

《北京晚报》曾报道，一位衣冠楚楚的男士带着自己刚刚怀孕的妻子，专门去一家著名的孕妇装专卖店买衣服。一进店门，店里的女服务员就很热情地迎上来，但刚一张口就把买卖给"喊"黄了："先生，您给小姐买点什么？"

这位妻子立即黑下脸来："你才是小姐呢！"并且狠狠地瞪了服务员一眼，气呼呼地拉着丈夫扭头而去。店里的女服务员愣了一下，对自己刚才言语的冒失感到后悔。

分析：称呼小姐，你认为有问题吗？

第 5 章

商务拜访及接待礼仪

彬彬有礼是高尚的品格中最美丽的花朵。

——温特

社交接触常常会造成很有价值的商业伙伴,因为大部分人都喜欢和朋友合作共事。

——卡耐基

内容简要

随着市场竞争的日趋激烈,企业的业务往来不断增加,对外的交往也在不断扩大。商务交往包括拜访、接待、宴请、馈赠等活动,目前,这些活动已成为很多商务人士的一项经常性的工作。而在商务交往中个人的举止表现是否合乎商务礼仪,不仅关系到自己的形象,同时也关系到企业的形象,甚至在很大程度上直接决定着商务活动的成败。所以,商务交往礼仪越来越受到商界的重视,已经成为衡量一个商业人士职业素养的重要内容。那么,要成为一个成功的商业人士,应该从哪些方面提升自己的商务交往礼仪素质呢?本章详细介绍商务交往中的拜访礼仪、接待礼仪、宴请礼仪、馈赠礼仪等内容,通过学习和实训全面掌握商业活动中的各类礼仪要求,快速提高礼仪水准,切实保证商务活动的顺利开展。

学习目标

1. 认识拜访、接待、宴请与馈赠礼仪的重要性;
2. 掌握拜访、接待、宴请与馈赠礼仪的基本内容和步骤;
3. 掌握拜访、接待、宴请与馈赠礼仪的原则与技巧。

为了更好地进行人际交往,促进相互间的信息沟通与感情交流,人们必须懂得一些基本的交往礼仪,如日常拜访与迎访礼仪、馈赠礼仪、宴请礼仪等。通过学习全面掌握商务活动中的各类礼仪要求,快速提高礼仪水准,切实保证商务活动的顺利开展。

5.1 拜访礼仪

人与人之间需要沟通、交往和温情。

——卡耐基

中国人素来重人情，走亲访友是人们维系感情必不可少的方式。拜访是最常见的社交活动，商务拜访是为了商务目的而进行的有计划的拜访，是许多商务交往的开端，也是商务活动经常性的工作。掌握和运用其中的礼仪规范，不仅能够融洽双方感情，增进了解，彰显企业的形象，并且能提高商务交往的效果，甚至成为许多商务活动成败的关键。那么，怎样才能让商务拜访做得更得体、更具效果，必须考虑以下事项并进行训练以形成习惯。

5.1.1 拜访前的预约

拜访要选择合适的时间。最好选对方需要之时，如红白之事、特殊纪念日、生病之时等。

拜访要做到有约在先，忌做不速之客。无论到居室、办公室或者是酒店，都要事先与被拜访者预约，以便双方都能利用和控制时间。不约而至，是对主人的不尊重，常常会令人难堪，使人不快。

预约的方式很多，可以当面向对方提出约会，也可写信或发短信。目前，电话是最常用、最方便的预约方式。

约定拜访时间和地点，应尊重主人，客随主便。若是家中拜访，不要约在吃饭和休息时间，最好安排在节假日下午或晚上；若是办公场所拜访，一般不要约在上班后半小时和下班前半小时内；若去异性朋友处做客，尤其要注意时间安排，以对方方便的时间为宜。

5.1.2 拜访前悉心准备，以示尊重

为了表示对主人的尊重，也为了使拜访达到预期的效果，在拜访之前应做好相应的准备和安排。

① 拜访客户前要对主人的情况，如喜好、禁忌、做事的风格原则、在商界的信誉，以及所在企业的情况等有所了解，尤其是一些重要的拜访，事先应考虑好需要商量哪些事宜，如何与对方交谈，是否与他人一同前往。如欲带其他人一同前去拜访，应事先说明，征得同意。

② 出发前要修饰好自己的仪容仪表，服饰要整洁规范、得体大方。

③ 准备好名片。男士的名片可以放在西装口袋中，也可以放在名片夹中；女士的名片要放在手提包中容易取到的地方。

④ 检查一下该带的资料、礼物之类的东西。若是初次公务拜访，最好带上介绍信。

⑤ 如果拜访的是非常重要的客户，一定要在进门前或者谈话前关掉手机。

只要准备充分了，就会有好的拜访效果。

> **知识点**
>
> **办公室拜访六要素**
>
> ① 选择拜访时间；
> ② 拜访前要预约；
> ③ 拜访前要注意修饰仪表；
> ④ 到达后要礼貌地进入室内；
> ⑤ 节省时间进入正题；
> ⑥ 礼貌告辞。

5.1.3 守时守约

约好时间、地点后，就不可轻易变动。因特殊原因不能如期赴约，务必尽快打电话通知对方，说明情况并诚恳致歉；待见面时，应再次致歉。

拜访时应准时到达，提早和迟到都不宜。提前会让主人来不及准备，迟到则显得缺乏诚意。

考虑到交通拥挤或其他影响因素，可约定一个较为灵活的拜访时间，如"我在七点半到八点之间到达"，以免给对方留下不守时、不守信的印象。

5.1.4 进门有礼，不可冒失

无论到他人家中或办公场所拜访，都不可破门而入。有门铃的首先按门铃，时间2秒左右即可；若间隔十几秒未见反应，可按第2～3次，切忌长时间连续不断按铃，吵得主人心烦。没有门铃的，先敲门。敲门时用中指与食指的指关节有节奏地轻叩房门2～3下，不可用整个手掌，更不能用拳头擂或用脚踢。在炎热的夏季，有的人习惯敞开着门，若在这时拜访，也应敲门或告知主人，征得主人应允后方可进门。

进门后随手将门带上。如果带着雨具，应放在门口或主人指定的地方，避免把水滴在房间里。在寒冷的冬季，进入主人家后，应在主人示意下脱下外套，摘下帽子、手套等随身携带的物品，一起放在主人指定的地方。如果主人没有示意，则表示无意让你进屋，这时不可急匆匆地脱下衣帽。需要脱鞋时，应将鞋脱在门外，穿拖鞋后进屋。若无须脱鞋，则应先将鞋在门外的擦鞋毡上擦净泥土后方可进屋。

5.1.5 言谈有度，举止得体

进屋后随主人在指定的座位坐下。如果主人家中有长辈，应先与主人家的长辈打招呼。若有其他客人，也不能视而不见，应礼貌寒暄，但也不要随意攀谈或乱插话。

未经主人邀请，不宜到处参观；没有得到主人示意，不能随意走动，特别是不能随意进入主人卧室，也不要乱动主人家的物品。

主人端茶、送水果及点心，应欠身致谢，并双手捧接。

上门做客最好不抽烟；若抽烟，也要征得主人同意；主人递烟时，可接过并主动为主人点烟。

坐姿要端正，不要东倒西歪，不能把整个身体陷在沙发内；也不要双手抱膝，更不要跷二郎腿。若觉疲劳，可变换坐姿，但不能抖动两腿。女士应注意两膝要靠拢。

拜访交谈，要做到心中有数。适当的寒暄后，应尽快切入主题，不要东拉西扯，浪费时间；可以对主人的家庭状况作一般了解，但不可盘问细节，更不可过多询问主人家的生活和家庭情况。

交谈过程中，要尊重主人，注意倾听，不可反客为主，口若悬河，独自滔滔不绝。忽视交谈对象的反应，是谈话技巧之大忌，也是失礼的表现。

5.1.6 善解人意，适时告辞

拜访交谈时要注意掌握时间。拜访时间不宜太长，适时告辞，要知道"客走主人安"的道理。

一般拜访不要超过一个小时，初次拜访不要超过 30 min。如果主人心神不定，不停地看钟、看表或接听电话，面露难色，欲言又止，说明主人已无心留客，这时就应主动提出告辞。即便主人有意挽留，也不要犹豫不决。

告辞前要向主人道别；如果带有礼物，可以在进门时交给主人，也可在告辞时请主人收下。出门时，应与主人握手告辞，并说"请留步"；出门后，还应转身行礼，再次道别。

回到家后最好给主人打个电话，既让主人放心，又表达感谢之意。

> **小思考**
>
> **拜访异性客商应注意哪些事项？**
>
> 答：① 忌做不速之客；
> ② 选择合适的拜访时间；
> ③ 服饰要整洁、大方；
> ④ 言语要真诚、得体；
> ⑤ 适时告辞。

5.2 接待礼仪

善气迎人，亲如弟兄；恶气迎人，害于戈兵。

——管仲

商务接待的客人有生产厂家、供货单位，也有本企业的顾客以及相关领域的客户。如果细分，可以分为业务往来接待、顾客投诉接待、会议接待、参观接待等，其中又分为个人接待与集体接待。接待是一项经常性的工作。在经济蓬勃发展的今天，彼此往来的活动日趋频繁，接待工作更讲究规范。商务接待工作在礼仪方面如能做到严谨、热情、周到、细致，会大大加深客商对公司的了解，从而增强与公司合作的信心，促进双方业务发展。

5.2.1 接待前准备工作

接待工作繁杂琐碎，如有疏漏将对企业的声誉造成不良影响，甚至导致业务失败，造成损失。

1. 接待人员准备

接待人员是展现公司形象的第一人，其接待来访客商时的形象和态度对客商形成公司整体印象起着非常重要的作用。因此，公司在选用人员时，应进行严格筛选。

1）仪容整洁

作为与来访客户进行接触的第一人，其重要性不言而喻。接待人员的仪表仪容要端庄整洁，服装要干净、平整、大方。女士应适当化妆，以示尊重对方。发型不宜过于新潮，珠宝首饰不可佩戴过多。

2）举止优雅

作为一名接待人员，说、站、坐、走，甚至举手投足、目光表情，都能反映出其文化素养，也能代表所在企业的管理水平。客户对其企业的美好印象，很大一部分归功于接待人员在接待时表现出来的高水准。

3）恪守职责

接待人员要敬业爱岗，开创性地干好自己的工作。兢兢业业、一丝不苟、精益求精、讲究效果，减少或杜绝差错是接待人员做事的指导原则。热情地接待好每一位来访者，是接待人员的职责所在。

2. 接待环境及物质准备

1）环境准备

良好的环境有助于接待工作的顺利进行，要重视办公室或会议室等场所的环境布置和绿化。室内要保持空气清新，光线不能过强或过弱，室内陈设摆放合理，不能有碍于人员的活动。

2）物质准备

办公设备要准备充分，确保音响等设备能正常使用。欢迎标语的写作要恰当，张贴的地点要放置于来宾的必经之路。茶具与茶叶的准备要有针对性，水果、点心要方便客人食用。不选太硬而声音大的小吃，如太硬的豆类等；不选太多籽的水果，如西瓜等。如果选西瓜等体积大的水果，也要事先切成小块放置盘中，并准备好水果叉、牙签和纸巾等。

3. 接待对象的了解与准备

首先，在接待之前，必须了解客人的基本情况。要清楚接待对象的单位、性质及来宾的基本情况，如姓名、性别、职业、级别、人数、来访目的和要求。

其次，要问清客人到达的日期、所乘的交通工具、车次或航班抵达的具体时间。

最后，对于重要的客人和高级团体，要制订严格的接待方案。接待方案一般包括接待工作的组织分工、陪同人员和迎送人员的名单、房间安排、伙食标准、交通工具、费用支出、活动方式及日程安排等。

4. 乘车座次礼仪

情况 1

如果你与上司张总及张总夫人一同坐车，由张总驾车，张太太自然应坐前座，你千万不要抢着坐前面。如果中途张太太下了车，你应该怎么办？不动吗？特别是女职员，更会这样想：我单独跟张总在一起，还是要避嫌，坐远一点好些。错！你要第一时间打开车门，在副驾驶座坐下。为什么？因为如果张总在前面驾车而你坐在后座，张总便成了你的司机。总的来说，只有在乘坐名副其实的"司机"驾驶的车子时，才应该司机坐前座，你坐后座。

情况 2

如果自己作为宾客拜访，对方公司的秘书和司机接送。那么，对方秘书应在副驾驶位。驾驶位后面右侧的座位为第一尊位，后边左侧座位为第二座位，所以自己应该坐司机座位后方右侧的位置。

情况 3

如果张太太驾私家车，载甲小姐和乙先生，应如何坐呢？因为是女性驾车，所以应该由男士坐她旁边，即乙先生坐前座，甲小姐坐后座。

情况 4

ABC 公司的司机小何送本公司经理及另一位主任去机场，应该怎么坐呢？

你大概已猜到经理会坐后座，那主任应该坐哪里呢？坐前座？后座？其实很容易，主要看主任平时是否有权预订车子自用。如果有的话，那么他平时可能坐后座，现在和经理一起，他也应该理直气壮地跟经理一块儿坐后座。如与经理同行的是他的秘书，而秘书平时是不可预订车子自用的，她便应坐前座了。再具体说下，司机是经理的司机，秘书和司机只是同事关系，所以她应该和司机同坐前座。

秘书和经理一同乘飞机去新加坡，由酒店的车子接他们去酒店，秘书是坐前座还是后座呢？答案是后座。因为两人现在是酒店的客人，所以都应该坐后座。很简单，主要看你跟司机的关系。

5.2.2 正式接待工作

接待工作视来访者的身份、来访目的、接待地点的不同而有所不同。但各类接待的目的是一致的，即让客户感到受尊重，感到东道主的诚意，为双方进一步展开实质性合作打下基础。

1. 迎接客人

客人到达后，要安排专人迎接。一般客人可由业务部门人员或办公室人员或经理秘书去机场、码头迎接；重要客人应安排有关领导亲自前往迎接。去迎接的人员应在客人到达前就到场等候。

1）迎接的三阶段行礼

我们通行的三阶段行礼包括15°、30°和45°的鞠躬行礼。如图5-1所示。15°的鞠躬行礼是指打招呼，表示轻微寒暄；30°的鞠躬行礼是敬礼，表示一般寒暄；45°的鞠躬行礼是最高规格的敬礼，表达深切的敬意。

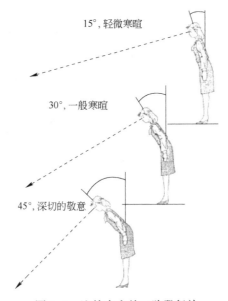

图5-1 迎接客户的三阶段行礼

在行礼过程中，不要低头，要弯下腰，但绝不能看自己的脚尖；要尽量举止自然，令人舒适；切忌用下巴跟人问好。

2）引导手势要优雅

接待人员在引导访客时要注意引导的手势。

男性引导人员的正确手势应该是：当访客进来的时候你只需要行个礼，鞠个躬，当你的手伸出的时候，眼睛要随着手动，手的位置在哪里眼睛就跟着去哪里。如果访客问你"对不起，请问去经理室怎么走"，千万不要口中说着"那里走"，手却指向不同的方向。

女性接待人员在做指引时，手要从腰边顺上来，视线随之过去，很明确地告诉访客正确的方位；当开始走动时，手就要放下来（见彩插图27），否则会碰到其他过路的人。等到必须转弯的时候，需要再次打个手势告诉访客"对不起，我们这边要右转"。打手势时切忌五指张开或表现出软绵绵的无力感（见彩插图28）。

3）注意提醒

在引导过程中要注意对访客进行危机提醒。例如，在引导访客转弯的时候，熟悉地形的你知道在转弯处有一根柱子,这时就要提前对访客进行危机提醒;如果拐弯处有斜坡,你就要提前对访客说:"请您注意,拐弯处有个斜坡。"

对访客进行危机提醒,让其高兴而来平安而归,是每一位接待人员的职责。

4)行进中擦身而过,及时打招呼

在行进中,如果跟客户即将擦身而过的时候,你应该往旁边靠一下,并轻松有礼地向他鞠个躬,同时说声"您好"。千万不要无视客户的存在,装作没看到客户,头一扬就高傲地走开。

如果你能够在行进中向与你擦身而过的客户打个亲切招呼,客户会带着良好的心情去与你所在的公司进行交易,那么你就能给公司间接地带来利益。

5)上、下楼梯的引导方式

上、下楼梯引导客户时,假设你是女性,穿的是短裙,那么你千万不要在引导客人上楼时自告奋勇"请跟我来",因为差两个阶梯,客户视线就会投射在你的臀部与大腿之间。此时,你要尽量真心诚意跟对方讲"对不起,我今天服装比较不方便,麻烦您先上楼,上了楼右转",很明确地将正确方位告诉客户就可以了。

上、下楼梯的引导如图 5-2 所示。

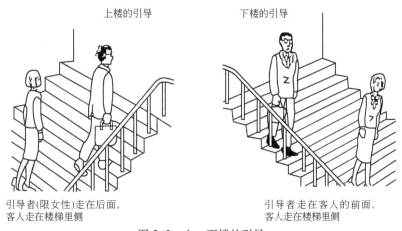

图 5-2 上、下楼的引导

6)会客室安排

(1)会客室座位的正常安排

一般会客室离门口最远的地方是主宾的位子。假设某会议室对着门口有一个一字形的座位席,这些位子就是主管们的位子,而与门口成斜角线的位子就是主宾的位子,旁边是主宾的随从或者直属人员的位子,离门口最近的位子是安排给年龄、辈分比较低的员工的。

(2)有特殊情况时会客室座位的安排

会客室座位的安排除了遵照一般的情况外,也要兼顾特殊。有些人位居高职,却不喜欢坐在主位,如果他坚持一定要坐在靠近门口的位子时,你要顺着他的意思,让客户自己去挑选其喜欢的位置,接下来你只要做好其他位子的相应调整就可以了。

7)开启会客室大门

会客室的门分为内开和外开的,在打开内开的门时不要急着把手放开,这样会令后面的客户受伤;如果要开外开的门,就更要注意安全,一旦没有控制好门,很容易伤及客户的后脑勺。所以，开外开门时，千万要用身体扣住门板，并做一个"请"的动作（见彩插图 27），当客户进去之后再将门轻轻地扣住。这是在维护客人的安全，接待人员一定要注意。

8）接待中令人不悦的表现

如表 5-1 所示的 10 种表现是令访客不悦的服务态度。作为接待人员，一定要避免使用这些不良的方式去对待访客。

表 5-1　令访客不悦的服务表现

令访客不悦的服务表现	
1	当客人进来时，假装没看见继续忙于自己的工作
2	一副爱理不理甚至厌烦的应对态度
3	以貌取人，依客人外表而改变态度
4	言谈措辞语调过快，缺乏耐心
5	身体背对着客人，只有脸向着客人
6	未停止与同事聊天或嬉闹的动作
7	看报纸、杂志，无精打采地打哈欠
8	继续电话聊天
9	双手抱胸迎宾
10	长时间打量客人

知识点

电话接待的礼仪要求

① 电话铃一响，拿起电话机首先自报家门，然后再询问对方来电的意图等。

② 电话交流要认真理解对方意图，并对对方的谈话作必要的重复和附和，以示对对方的积极反馈。

③ 应备有电话记录本，重要的电话应做记录。

④ 电话内容讲完，应等对方结束谈话再以"再见"为结束语。对方放下话筒之后，自己再轻轻放下，以示对对方的尊敬。

2. 安排食宿

客人到达后，应组织客人签到，安排有关人员协助拿行李，并把客人引到事先安排好的客房。客人住下后，就把就餐的时间、地点告诉客人。对重要客人应安排专人陪同。

3. 协商活动日程

进一步了解客人的意图和要求，与客人共同商议活动的内容和具体日程，如洽谈、参观、游览等。有特殊要求的客人要予以关照。根据客人的要求为其安排返程，如订返程车（机、船）票等，并及时送到客人手中。如情况有变化，应及时通知有关部门以便进行准备工作。

4. 组织活动

按照日程安排，精心组织好各项活动。如客人洽谈供货合同，可提前做好各项工作；如客人去参观、游览，应安排好交通工具和陪同人员。在客人活动全部结束后，应安排领导与客人会见，听取意见，交换看法。

5.2.3 送客礼仪

在活动结束、客人准备离开时，一定要善始善终。接待工作就是服务工作，要符合服务业中的通用公式："100-1=0"，就是说要重视接待中的每个环节，有一件事做不好，等于整个过程的失败。在客人离去时要提醒客人带好随身物品。一般应送客人到门口或机场、车站等，与客人握手作最后道别。总之，在整个接待过程中，要向客人提供热情、周到、礼貌、友好的服务，给客人留下美好印象。

小思考

商务接待注意要点有哪些？

答：① 备好一个卫生、整洁、清爽的环境，同时准备好茶水、饮料、糖果等。
② 讲究得体的衣饰，可以直观地让客人感受到尊重。
③ 若贵宾来访，宜在其乘坐的交通工具（如火车、飞机、地铁）的到达地点迎候。
④ 提前到达事先约定的迎候地点。对初次来访的客人，宜在户外迎候。
⑤ 接听电话或有其他事要暂时离开，可以对客人说："对不起，我马上回来。"

5.2.4 具体活动的接待

1. 会议接待

1）会议筹备工作

确定接待规范，发放会议通知，选择并布置会场。有人说："房间的陈设应当展现人们美好的心灵。"精心布置的会客室犹如企业形象的一扇窗口，颇受人们的重视。大凡稍具规模的企业，都会准备一间专门的会客室接待来访者，以示正规和礼遇。

会议资料也要事先准备好，文件资料应用文件袋装好。

企业召开的会议一般有两种：一是企业内部召开的会议，二是由上级单位召开，本企业承办的会议。由于参加会议的主要领导身份不同，接待规范也不一样，企业内部的会议应尽量俭朴，讲究效率，不拘形式。如果是请上级领导参加的表彰会、庆祝大会，出于对领导的尊重和对外宣传的需要，可将会议搞得隆重些。上级单位主持召开的会议，因邀请各企业代表参加，所以会议规模大、规格高，为了完成高规格的会议接待工作，通常由企业的一位主要领导直接抓会议筹备工作，专门研究布置会议的各项具体工作，明确各接待人员的职责。

筹备会议需特别注意的事项是安排座席，具体有以下几种情况。

（1）圆桌型

这是用圆桌或椭圆形桌为会议桌。这种布置使与会者同领导一起围坐，不但清除了不平等的感觉，而且与会者能清楚地看到其他人的目光、表情，有利于相互交换意见。这种形式较适合 10～20 人的会议。主人和来宾应相对而坐，来宾席应安排在朝南或朝门口的方向。

（2）长桌型

长桌型会议席安排突出了与会者的身份，表现出最高领导者的权威性。方桌型会议的座席安排体现了主人与客人平等相处。

（3）教室型

这是最常采用的形式，主席台与听众相对，主席台的座次按人员的职务、社会地位排列。主席台的座位以第一排中间为上。这种形式较适合于与会人数较多，不需讨论、交流意见，只以传达指示为目的的大型会议。

> **小思考**
>
> **一般接待的座次安排有哪些？**
>
> 答：一般接待的座次安排，大致有以下 5 种主要方式。
>
> ① 相对式。它是宾主双方面对面而坐。这种方式显得主次分明，多适用于公务性会客。
>
> ② 并列式。它的基本做法是，与会宾主双方并排就座，以暗示双方"平起平坐"，地位相仿，关系密切。
>
> ③ 居中式。居中式排位是指当多人并排就座时，讲究"居中为上"，即应以居于中央的位置为上座，请客人就座；以其两侧的位置为下座，而由主方人员就座。
>
> ④ 主席式。它主要适用于在正式场合由主人一方，同时接待两方或两方以上的客人。
>
> ⑤ 自由式。它的做法是，会见时有关各方均不分主次，不讲位次，而是一律自由择座。

2）会议前的接待工作

检查准备情况，查漏补缺。迎接来宾，组织签到和做好引座工作。

3）会议中的服务礼仪

接待人员应及时递茶、倒茶。在会场上不要随意走动，不要使用手机。如果有电话或有事相告，工作人员应走到对方身边，轻声转告。如果要通知主席台上的领导，最好用字条传递通知。

在领奖仪式上迅速组织受奖人按顺序排列好，及时送上奖状或荣誉证书，由领导颁发给受奖者。

4）会议的善后工作

与会人员离别时，接待人员应根据情况安排车辆把客人送到车站、码头或机场，待客人登上车、船、飞机，与客人告别后方可离去。

2. 参观、游览接待

1）选定参观游览的项目

要根据客人来访的目的、性质、兴趣以及本企业的实际条件确定参观、游览的项目。

2）落实日程

参观、游览日程安排与客人协商，如先参观哪里，后参观哪里，途中休息和用餐、逗留和集合时间、所安排的交通工具等。企业应安排身份合适的人员陪同客人参观游览，并选派技术员解说。做好接待准备的同时，注意对商业秘密和产品信息进行保密。

3）注意事项

在接待参观、游览过程中，要有张有弛，注意宾主双方人员的疲劳程度和安全。

3. 家庭接待

"有朋自远方来，不亦乐乎！"我国素有热情好客的传统，招待客人应做到热情诚恳，礼貌周全。

1）布置整理做准备

首先要尽力设置一个令人愉悦的待客环境，整洁有序是最基本的要求；其次，备好烟、茶、果、点，以让客人感受到你的热情；最后，不要忽视了待客时的仪表仪容，着装要整齐得体，女主人还可略施淡妆，这也是对客人的礼貌。穿睡衣待客或衣着不整、蓬头垢面都是一种失礼的表现。若是外地来客，可能还有膳食、住宿等需要。异地他乡，实有不便，应热情相助。

2）恭迎

与要来访的客人事先约好后，主人必须在家等候。如果因特殊情况确实需要改变时间，一定要事先通知对方并请求谅解。

对重要客人或初次来访的客人，应到大门口或下楼迎接；若是外地客，需要时还要到车站、码头、机场迎接。当客人来访，听到敲门声或电铃声，应立即起身开门迎接。见到客人要热情招呼、寒暄问候，并请客人入内。客人进门后，主人应帮助接挂外衣、帽子、雨具并将客人随身携带的物品放在合适的地方，或示意其放置地点，但不要去接客人的手提包。

3）请坐

将客人请入客厅，客人就座后，自己方可落座。同时，要表示对客人的欢迎。如果此时你正在收听收音机或看电视，应立即把其关掉；不要一边接待客人一边听收音机或看电视，那样极不礼貌。待客最重要的是要热情、周到。

4）介绍

如与来访者是第一次见面，见面时双方都应主动自我介绍。说明身份后，将客人引入室内并向家人介绍，同时将家人介绍给客人。如果来访者虽不是初次见面，但却是第一次来家做客，也应将客人与家人相互介绍。

5）敬茶上烟

按中国人待客的习惯，在客人落座后，应先给客人沏茶敬茶，茶具要干净，不能有残缺或茶垢。沏茶时茶叶量要适中，用开水冲泡。斟倒茶水时，水量以八分满为宜。敬茶时应面带着微笑双手奉上并说："请用茶。"如果客人不止一位时，第一杯茶应给职务高者或年长者。如果客人有吸烟的嗜好，还要敬烟。客人不吸烟不可勉强。最好再准备些果点，事先去皮切块，并备好牙签，以便客人食用。

6）交谈

如果谈话的内容与家人没有关系，家人可回避。在与客人交谈中，多把说话的机会留给客人。与客人交谈时态度要友好、热情，表情要专注，不能对客人爱答不理，不能边谈边干别的事。不停地看表，或不停地起身，或一边看电视一边与客人交谈，这些漫不经心的举动等于是在给客人下逐客令。冷落客人是很失礼的行为，是极不礼貌的。若确有急事，应坦诚地向客人说明，以取得客人谅解。

7）送客

送客是待客过程最后一个环节。当客人要告辞时，主人应盛情挽留，但不可勉强，主随客便，以礼相送。主人应待客人起身后方可起身相送，并在客人伸手后方可伸手与之握别。客人临别时家中成员都应起身相送或握手告别并欢迎下次再来。最后，送客应将客人送至门口，应目送客人背影消失后，方可回身关门。不能在客人刚出门就将门重重地关上，这将使客人产生极不舒服的感觉。重要的客人还应送至电梯口、楼下、大门口，甚至车站、码头、机场。

小思考

送别客人，基本的有哪三点不宜？

答：① 客人未伸手握别，主人就抢先"出手"；
② 客人一出门，就将房门重重地用力关上；
③ 客人未进电梯间或其乘用的交通工具尚未离去时，转身就走。

知识点

商务拜访接待客套用语表

情景	套用语	情景	套用语	情景	套用语
初次见面	幸会	麻烦别人	打扰	归还原物	奉还
看望别人	拜访	求给方便	借光	求人原谅	包涵
等候别人	恭候	托人办事	拜托	欢迎顾客	光顾
请人勿送	留步	他人指点	赐教	客人来到	光临
请人帮忙	烦请	赞人见解	高见	好久不见	久违
请人指教	请教	赠送作品	雅正	老人年龄	高寿
请人解答	请问	与人分别	告辞	中途先走	失陪

5.3 宴请礼仪

在宴席上最让人开胃的就是主人的礼节。

——莎士比亚

中国"食文化"历史悠久，宴请或参加宴会对于每个人来说都是不可避免的。无论是初次见面的新朋友，还是交往颇深的老朋友，都可以在轻松和谐的宴会中交流思想，促进彼此了解。如果不熟悉宴请礼仪，举止粗俗无礼，不但会损害个人形象，而且也不能达到交友的目的。

宴请是人们交往中表示欢迎、庆贺、答谢、饯行等而举行的活动，是人们结交朋友、增进友谊和联络感情的重要手段。宴请是商务交往中常见的活动，也是商务交往中最常见的待客方式之一。与一般的宴请相比，商务宴会的参加者往往由宴请者（东道主组织）和赴宴者组成。宴请者根据活动的目的、内容、经费、人员数量等确定宴会的规模和规格。

5.3.1 商务宴请的形式

宴请是国际公务交往中最常见的交际活动形式之一。在形式上主要有宴会、招待会、茶会、工作进餐等。

1. 宴会

宴会的种类繁多、形式多样。从规格上可把宴会分为国宴、正式宴会、便宴、家宴等；从餐别上可把宴会分为中餐宴会、西餐宴会、中西合餐宴会等；从时间上可把宴会分为早宴、午宴、晚宴等；从礼仪上可把宴会分为欢迎宴会、答谢宴会、饯行宴会等。

1）国宴

这是国家元首、政府首脑为欢迎外国元首、政府首脑或举办大型庆典活动等而举办的宴会。国宴规格较高，宴会厅内悬挂国旗，有乐队伴奏。国宴一般专设主持人，宴会的主人致祝酒词或欢迎词，主要客人致答谢词等。

2）正式宴会

正式宴会是指各类社会组织为欢迎来访的宾客、召开各种专题性活动、答谢合作者和支持者，或是来访宾客为答谢主人而举行的宴会。正式宴会规模可大可小，规格可高可低。一般由组织或部门负责人主持，不挂国旗，也没有乐队伴奏。

3）便宴

常用于非正式宴请，通常是组织为招待小批客人、个别采访者、合作者等而举行的宴会。便宴的规模较小，规格要求不高，不拘于严格的礼仪，宾主可随意，气氛比较宽松、和谐。

4）家宴

这是家庭为招待客人而举行的便宴。

2. 招待会

招待会是指各种不备正餐，只备食品、酒、水的一种方便灵活的招待宴请活动。招待会的形式主要有招待酒会（鸡尾酒会）、冷餐招待会（自助餐）等。

1）招待酒会

招待酒会是一种较为流行的招待宴请活动方式。它以酒水招待为主，配以食品等小吃。其规模可大可小，十几人、几百人均可。目前，招待酒会多用于庆贺节日、欢迎来访宾客、各种庆典、大型专题活动等。招待酒会的时间大多在下午 2 点至 7 点期间举行；有的也可在中午举行，时间一般为 2～3 小时。招待酒会一般不设桌椅，只设小桌或吧台，以便于将食品置于上面供客人自取。

招待酒会可分为两种不同的类别：正餐之前的酒会（又称鸡尾酒会）、正餐之后的酒会（又称招待会）。

鸡尾酒是一种混合酒，它由多种酒按一定比例混合而成。目前，许多酒会并没有鸡尾酒，但也统称为鸡尾酒会。鸡尾酒会大多提供香槟酒、红葡萄酒或白葡萄酒、白兰地、威士忌、啤酒和各种烈性酒等。此外，至少还要备好不含酒精的各种饮料，如汽水、果汁饮料等。

2）冷餐招待会（自助餐）

冷餐招待会，又称自助餐，也是比较流行的招待宴请活动形式。冷餐招待会设有餐台，餐台上摆放着各种食品、酒水、餐具，供客人自行选用。有的冷餐招待会也准备少许热菜。冷餐招待会有的设座位，有的不设座位，客人可自由活动，边吃边谈，交流信息，气氛融洽和谐。吃自助餐应注意一次取食品不要太多，可吃完再取，其他礼仪与招待酒会相同。

3. 茶会

茶会是一种更为简单的招待方式，它一般在客厅举行，不排座位，请客人一边品茶一边交谈。

4. 工作进餐

工作进餐是现代商务交往中经常采用的一种非正式宴请形式，它不请配偶，只请与工作有关的人员，利用进餐时间，边吃边谈工作问题。

5.3.2 宴请商务客人的 5M 原则

按照国际商务礼仪的惯例，安排宴请的商务礼仪主要应遵守所谓的 5M 原则。

5M 原则是指在商务交往中安排宴会时有五大基本问题需要兼顾。5M 是指：meeting，即约会；medium，即环境；money，即费用；menu，即菜单；manner，即举止。因为这 5 个基本问题的英文第一字母都是 M，所以称为 5M 原则。

1. 约会

约会的具体时间与对象，一定要三思而行。

1）宴请的时间

确定宴请时间，最好先征求被邀请主宾的意见，选择宾主双方都适宜的时间，以示尊重。不要选择对方工作繁忙的时间，回避选择禁忌日。给对方宽裕的准备时间，以便安排好各方面工作。

涉外宴请也应避开对方国内重大节假日。

特定的节日、纪念日的宴请，只能在节日、纪念日之前或当日举行，不能拖到节日、纪念日之后。

2）宴请对象

宴请对象是指邀请哪些方面的人士出席，请多少人出席。范围过大，造成浪费；范围太小，则会得罪人。总的原则是在照顾各方面关系的前提下，尽量控制范围，减少人数。

2. 环境

宴请地点恰当与否，体现着主人对宴请的重视程度。宴请地点可依据宴请的目的、规模、形式和经费能力来确定。通常应选择环境幽雅、卫生方便、服务优良、管理规范的饭店或宾馆。如宴请地点可以按客人多少、来宾的意愿确定，也可以按宴请类型确定。另外，宾主熟悉的程度、关系亲疏或感情深浅也是选择宴会地点的依据。

3. 费用

在费用的使用上，既要热情待客又要量力而行，反对浪费。商务交往既要有档次，又不主张奢侈浪费，所以注意少吃少餐，餐少而精，也就是说要强调宴请内容的少而精，以避免大吃大喝、铺张浪费的做法。

4. 菜单

在菜单的安排上关键是要了解客人尤其是主宾不能吃什么，排除个人禁忌、民族禁忌与宗教禁忌。具体安排菜单时，既要照顾客人口味，又要体现特色与文化，即吃出文化，吃出特色。菜单以营养丰富、味道多样、丰俭得当为原则。

具体注意事项如下：

① 拟订菜单时要考虑宴请对象的喜好和禁忌；
② 拟订菜单既要注意通行的常规，又要照顾到地方特色；
③ 宴席的菜单，应安排有冷有热，有荤有素，有主有次；
④ 略备些家常菜，以调剂客人口味；
⑤ 晚宴比午宴、早宴都隆重些，所以菜的种类也应丰富一些；
⑥ 考虑开支的标准。

5. 举止

在餐桌上，主人和宾客均应举止优雅、文明、规范。

1）礼貌入席

就餐者一般应从自己行进方向的左侧入座；应让同桌的女士、长者、位高者先落座；落座后椅子与桌子之间不要过近或过远,距离最好为 20 cm 左右;双手不宜放在邻座的椅背或餐桌上,更不要用两肘撑在餐桌上。

2)举止文雅

入席后当众补妆、梳理头发、挽袖口或松领带都是不礼貌的。用餐中千万不要随意用自己的筷子为别人夹菜。

3)交谈适度

就餐期间静食不语是不礼貌的,交谈的对象要尽量广泛;交谈的内容应愉快、健康、有趣;交谈的音量要适中;与人交谈时应放下手中餐具,暂停进食。

4)正确使用餐具

就餐者不能用筷子敲打任何餐具或插在饭碗中;餐巾不应用来擦汗、擦眼镜或擦拭餐具;席间若失手把餐具掉落在地上,应请服务员补上相应的餐具;应把餐巾摊放在膝盖上。主人打开餐巾就意味着宴席的开始。

5.3.3 宴请的礼仪

1. 宴会前期准备工作

1)确定宴会的宴请形式、规模与规格

确定宴请形式、规模与规格时,要与宴请对象及其参加宴会人员的数量相对应。

2)确定主持人

主持人必须有一定的组织能力、交际能力、表达能力和控制能力。

3)确定宴会的时间、地点

确定宴会的时间、地点,并准备好请柬,及时发给欲邀请的对象。

请柬是一种高雅的礼仪载体,要根据不同场合使用高雅、得体、礼貌的措辞,做到热情而不俗套,恭敬而不卑微,讲究语言美。

4)订菜

订菜应尽量适合宾客的口味,尽量考虑宾客的年龄、性别、风俗习惯、健康状况等,尤其要注意各民族不同的饮食习惯。菜单一经确定,即可印制。菜单可一桌一份或两份,也可每人一份。

5)安排好桌次和席位

正式宴会和比较讲究的一般宴会都需安排好桌次和席位。按照国际惯例,桌次高低以离主桌位置远近而定,一般是右高左低,桌数多时安排桌次牌。正式宴会一般都事先安排好席位座次,并且要在入席前通知每一位出席者。

在安排席位时注意以下几点。

① 以主人为中心(见彩插图 29)。若有女主人出席,则以主人和女主人为中心,以靠主人位置远近来体现主次。

② 以右为上。即主人的右手位置是最主要的位置。

③ 把主宾和主宾夫人安排在显要位置。按国际惯例，主宾常安排在女主人右边，女主宾安排在男主人右边。

④ 夫妇一般不相邻而坐。西方国家习惯上把女主人安排在男主人对面，男女穿插安排。女主人通常面向上菜的门，是宴会的中心位置。我国和其他一些国家一般都以男主人为中心，将主宾夫妇分别安排在男主人的右边和左边，女主人则安排在女主宾的左边。

⑤ 在涉外交往中，译员一般安排在主宾的右边，以便于翻译。

⑥ 主宾双方人员应穿插安排，并注意礼宾次序。如遇特殊情况，如某人因故未出席而座次已事先排好，此时应灵活调整。

知识点

商务宴请的书面请柬格式

① 标题。通常请柬标题已按照书信格式印制好，发文者只需填写正文。

② 称谓。一是多在正文前顶格处，与普通书信的称呼相同。二是写在正文之后，在"恭请"与"光临"之间空白处，填上被邀请者称谓。正规请柬比较趋向于这种形式。

称谓一般都用全称。英文请柬中也不用缩写字。

③ 正文。正文的内容主要写清活动内容，写明时间、地点、方式。若有其他要求也需注明，如"请准备发言"等。

④ 结尾。请柬的结尾，已形成套语，显得正式、隆重，必不可少。常常要写上礼节性问候语或恭候语，如"敬请光临"等。

⑤ 落款。写明邀请者（单位或个人）的名称和发请柬的日期。姓名之后通常写上"谨启""谨订"字样，以示礼貌。

2. 宴请的规范流程与礼仪

在宴会的组织和进行过程中，接待人员应注意一些礼节和行为规范。

1）迎接宾客

接待人员或公关人员、主持人应提前到达宴会地点，在一切安排就绪后，到门口准备迎宾。宾客到达时，应在门口热情相迎，问候、握手，寒暄几句以示欢迎。

2）引宾入席

接待人员指引来宾到事先指定的位置坐好。一般是先引主宾，后引一般来宾依次入座。如果有女宾，则按先引女宾、后引男宾顺序入座。如若宴会规模较大，也可先将一般客人引入座位，然后引主宾入座。接待人员应将椅子从桌子下面拉出，扶好后请客人入座。

一般用茶水招待入席的来宾。中国俗语说"饭八茶七"，即倒茶讲究七成满，太满感觉有撵人之意，是不礼貌的。

3）上菜

主宾及大部分客人落座后便可上菜。上菜是从女主宾开始的。如果没有女主宾则从男主宾开始。上菜一般从主宾的左边上，饮料从右边上。新上的菜要先放在主宾面前，并介绍名称。如果上全鸡、全鱼菜时，应将其头部对准主宾或主人。宴会即将开始时，为所有的来宾斟酒。

4）祝酒

主持人宣布宴会正式开始后，东道主的主人致祝酒词，接着是全体干杯，然后由主宾致答谢词（一般宴会也可省略）。当主宾祝酒致辞时，接待人员和服务人员应停止一切活动，找一个适当位置站好，在干杯之后再将酒斟满。

5）活跃会场气氛

主持人、主人、公关人员应抓住时机，提出一些大家共同感兴趣的问题，引出话题，调动大家的积极性，使宴会自始至终处于热烈、亲切、友好的气氛之中。作为主人，应适当向客人敬酒，以示友好和尊重。

6）送客

当主客双方酒足饭饱时，主人与主宾起立，大家随之，这时宴会即告结束。此时接待服务人员应将主宾等的椅子向后移动，方便主宾等客人离座。当主宾及客人休息片刻准备告辞时，主人及东道主的接待人员应送到门口，握手话别。

3. 赴宴的礼仪

赴宴时应遵守时间，既不要过早，给人急于就餐的感觉，又不能迟到，对主人和来客不礼貌。可以比主人约定时间早到一会儿。注意仪表修饰，尽可能整齐、干净、美观地赴宴。另外，还要注意以下事项。

① 到了以后要在接待桌上签名，向主人打招呼，对其他宾客笑脸相向。
② 宴会开始前，可与邻近来宾交谈、自我介绍，不要把自己封闭起来，不与他人交流。
③ 入席要遵守主人的安排，不要随便乱坐。如果邻座是妇女或年长者，应抽开座椅，主动协助其先坐下。
④ 宴会开始或结束都要听主人的招呼，没有宣布"开始"就不要动筷子；没有宣布"结束"，即使吃饱了，也不能擅自离席。散席时，要与主人道别。

4. 用餐礼仪（中餐）

中国食文化源远流长，不仅因其菜肴色香味俱全为人称道，而且其中还包含着深厚的文化底蕴。享用中餐十分重视用餐气氛，无论是朋友相聚，还是亲人团圆，其间传递出的亲情、友情都比醇酒还浓烈。

如果要想通过赴宴来增进情感，多交朋友，就一定要注意用餐礼仪。

1）神情自若，斯文大方

进入宴会厅后，如果桌上已摆好客人的名签，应该对号入座；如果没有，应随引导员的安排入座。千万不要冒冒失失地坐到主宾的座位上。

在入席落座之后，应该神情自若，一面做好就餐的准备，一面可与同桌的人随意交谈，以创造一个和谐融洽的就餐气氛。就餐时，应细嚼慢咽，斯文大方。坐姿端正，注意脚要放在自己的座位下，不要伸到别人面前。不要将双臂肘部支于桌面或用手托腮。餐桌上的礼仪要求有很多细节，需要用餐者多关注。

2）正确使用餐巾

就餐前将餐巾一角压在餐盘下或平铺在双腿上，不要把它扣在衣领里。餐巾一般是用来轻揩嘴部和手的，不少人有用餐巾或纸巾擦拭餐具的习惯，这容易引起主人误会，以为你嫌他们的餐具不干净，因此最好不要这样做。正式宴会中，用餐前服务生还会送上一条湿毛巾给客人擦手，可有的客人却用它来擦脸、擦嘴，甚至用来擦脖子，这是很不得体的。

3）吃相要文雅

俗话说："站有站相，坐有坐相。"那么，吃也应有一个正确的吃相。一个人吃相美与丑反映了其教养、修养程度的高低，因此吃相美是塑造良好形象的重要组成部分。

当一道菜端上来时，不要急着取食，应等主人邀请、主宾动筷后方可取食；也不要老吃自己喜欢的菜，应随着餐桌上转盘的转动就近取食；取食要适量，切不可挑挑拣拣，夹起又放下；不要狼吞虎咽，避免发出响声。

就餐时，动作一定要文雅。以客人身份就餐，只有当主人举杯示意开始时，才可用餐，切不可抢在主人前面。夹菜要讲究礼貌，一次夹菜不要太多。取外处食物时，不要欠身去拿，可请邻座或服务员传递。席间可以替别人取菜，即劝菜、让菜，但切记要用公筷。如果是旋转餐桌，应等菜肴转到自己面前时再动筷，不要抢在邻座之前夹菜。夹菜时要小心，不要碰到邻座，不要把菜掉到桌子上或把汤弄翻。不要发出太大的响声，如喝汤时"咕噜咕噜"作响，吃饭菜"呱唧呱唧"有声，这些都是有失大雅的。

在吃菜或吃带有壳、皮、骨的食物时，应将壳、皮、骨放在自己面前的小碟子里，不要吐在桌上或地上。吃剩的菜，用过的餐具、牙签也应放在这个碟子里。

用餐结束后，可以用餐巾或服务员送来的热毛巾擦嘴和手，但不要擦其他部位。酒足饭饱后，打嗝顺气要有节制。

4）注意用筷子的礼仪

不要拿着筷子敲碗或敲桌子；也不能拿着筷子乱舞或用筷子指人；不要用舌头舔筷子；不要把筷子插在饭菜里或把筷子横搁在碗上，不用时应将筷子支在筷架上。

5）敬酒要文明

宴会上，酒通常是必不可少的，即"无酒不成宴"。的确，在酒宴上彼此敬酒致意，可以融洽感情，营造轻松、友好的气氛。但若全然不顾对方的感受，过分劝酒，强人所难，甚至言语粗俗，则会令人深感不悦，使他人赴宴的好心情荡然无存。在酒宴上，还要讲究敬酒的次序，应根据身份自高而低逐个敬酒，如果对客人的身份不能确定，可自右首开始以逆时针方向依序敬酒。宴席上喝酒还要注意克制，倘若喝得酩酊大醉，既损健康，又损形象。

5.3.4 西餐的礼仪

西餐是西方国家的一种宴请形式。由于受民族习俗的影响，西餐的餐具、摆台、酒水菜点、用餐方式、礼仪等都与中餐有较大差别。目前，由于我国对外交往活动的不断增多，西餐也已成为我国招待宴请活动的一种方式。因此，了解西餐的一般常识和礼仪是十分必要的。

1. 西餐的餐具

常见的西餐餐具有叉、刀、匙、杯、盘等。

2. 西餐摆台

摆台是宴请活动中的一项专门的技艺，也是必不可少的一个礼仪程序。它直接关系到用餐过程、民族习俗和礼仪规范等。西餐的摆台因国家不同而有所不同，常见的有英美式、法国式、国际式西餐摆台。下面介绍国际式西餐摆台方法。

国际上常见的西餐摆台方法是：座位前正中是垫盘，垫盘上放餐巾（口布）。盘左放叉，盘右放刀、匙，刀尖向上、刀口朝盘，主食靠左，饮具靠右上方（见图5-3）。正餐的刀叉数目应与上菜的道数相等，并按上菜顺序由外至里排列，用餐时也从外向里依序取用。饮具的数目和种类也应根据上酒的品种而定，通常的摆放顺序是从右起依次为葡萄酒杯、香槟酒杯、啤酒杯（水杯）。目前，国内用得较多的摆台见彩插图30。

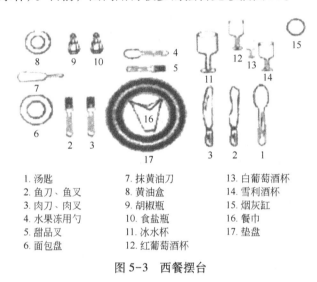

1. 汤匙
2. 鱼刀、鱼叉
3. 肉刀、肉叉
4. 水果冻用勺
5. 甜品叉
6. 面包盘
7. 抹黄油刀
8. 黄油盒
9. 胡椒瓶
10. 食盐瓶
11. 冰水杯
12. 红葡萄酒杯
13. 白葡萄酒杯
14. 雪利酒杯
15. 烟灰缸
16. 餐巾
17. 垫盘

图5-3 西餐摆台

3. 吃西餐的礼仪

吃西餐时，应注意掌握以下几个方面的礼仪。

1）餐巾的摆放与使用

入座后先取下餐巾，打开并铺在双腿上。如果餐巾较大，可折叠一下，放在双腿上，切不可将餐巾别在衣领上或裙腰处。用餐时可用餐巾的一角擦嘴，但不可用餐巾擦脸或擦刀叉等。用餐过程中若想暂时离开座位，可将餐巾放在椅背上，表示你还要回来；若将餐巾放在餐桌上则表示你已用餐完毕，服务员将不再为你上菜。

2）上菜顺序

西餐上菜的一般顺序是：开胃前食；汤；鱼；肉；色拉；甜点；水果；咖啡或茶等。菜肴从左边上，饮料从右边上。

3) 刀叉的使用

吃西餐时，通常用左手持叉、右手持刀。用叉按住食物，用刀子切割，然后用叉子叉起食物送入口中，切不可用刀送食物入口。如果只使用叉子，也可用右手使用叉子。使用刀叉时应避免发出碰撞声。用餐过程中，若想放下刀叉，应将刀叉呈"八"字形放在盘子上。用餐完毕，则应将刀叉并拢放在盘内。

4) 用餐礼仪

当全体客人面前都上了菜，主人示意后开始用餐，切不可自行用餐；喝汤时不要发出声响；面包要用手去取，不可用叉子去取，也不可用刀子去切，面包应用手掰着吃；吃色拉时只能使用叉子；用餐过程中，若需用手取食物，要在西餐桌上事先备好的水盂里洗手（沾湿双手拇指、食指和中指），然后用餐巾擦干，切不可将水盂中的水当成饮用水喝掉；最好避免在用餐时剔牙，若非剔不可，必须用手挡住嘴；当服务员依次为客人上菜时，一定要待服务员走到你左边时，才轮到你取菜；如果在你的右边，不可急着去取。吃水果不要整个咬着吃，应先切成小瓣，用叉取食（见彩插图31）；若不慎将餐具掉在地上，可由服务员更换；若将油水或汤菜溅到邻座身上，应表示歉意，并由服务员协助擦干。

通常西餐涉及喝咖啡礼仪，忌讳不雅动作（见彩插图32）。

5) 餐桌举止五忌

（1）不布菜

让菜不布菜。在餐桌上可以把自己所欣赏的或者餐桌上有特色的菜肴推荐于人，但是不可为客人布菜。

（2）不劝酒

祝酒不劝酒。如果碰上志同道合者可以一醉方休；如果对方不喜饮酒，不要勉强于人，这是有教养者的基本表现。

（3）不出声

吃东西不发出声音，在涉外交往的宴会上特别要注意这一点。在西方客人看来，吃东西发出声音是粗鲁而没有教养的表现。

（4）不乱吐

进了嘴的东西，原则上是不应该当众再吐出来的；万不得已，要用餐巾或者手掌加以遮掩。

（5）不整理服饰

不在餐桌上整理服饰。任何一个有教养的人都不能够当众宽衣解带、脱鞋或卷袖子。

小思考

自助餐的基本礼仪有哪些？

答：① 取餐按照餐厅设定的方向顺向排队，不可逆向行进，更不可插队。

② 根据个人食量取菜，一次不可取太多。

③ 如是宴请或者聚会，应等同桌所有人都取完菜落座后，一起开始用餐。

④ 再次取菜时，不使用已用过的餐具。

⑤ 不将所取的食物带出餐厅。

⑥ 取菜时，不宜说话、咳嗽、打喷嚏，以免唾液溅入餐台菜品中。

5.3.5　中西餐桌次与座次排列

中餐用的餐桌大多是圆桌，如果宴请时有两张餐桌，排列时就要按照一定的次序。主桌应安排在餐厅的重要位置，并以面门、面南为好（图5-4）。

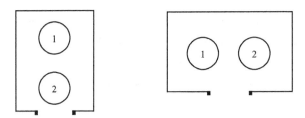

图 5-4　两桌排列

宴请时有两张以上的餐桌，桌子的安排也有所不同。按我国传统习惯，面门安排，以离主桌的近高远低、左高右低的原则来安排；国际惯例，面门安排，遵循近高远低、右高左低的原则。目前社交宴请中多采用国际惯例，具体的运用见下面的内容。

多桌安排如图 5-5 所示，有三桌、四桌、五桌、六桌，甚至十几桌等，排序原则是面门安排好重要的第一桌，以它为中心，以右为尊考虑其他桌次的安排。

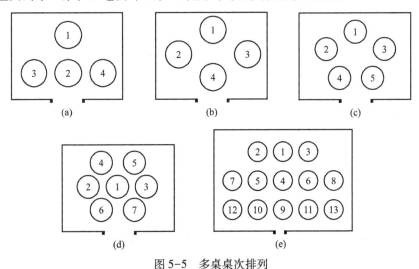

图 5-5　多桌桌次排列

比较正规的中餐宴请使用圆桌比较多，圆桌座位位次的安排，视主人数量而定，如一个主人和两个主人以及有男女主人在场的情况，安排有所不同。排序原则是安排好主人的位置，以主人为中心，以右为尊交叉考虑安排其他人员。注意有男女主人在场时，要优先考虑女主人，如图 5-6 所示。

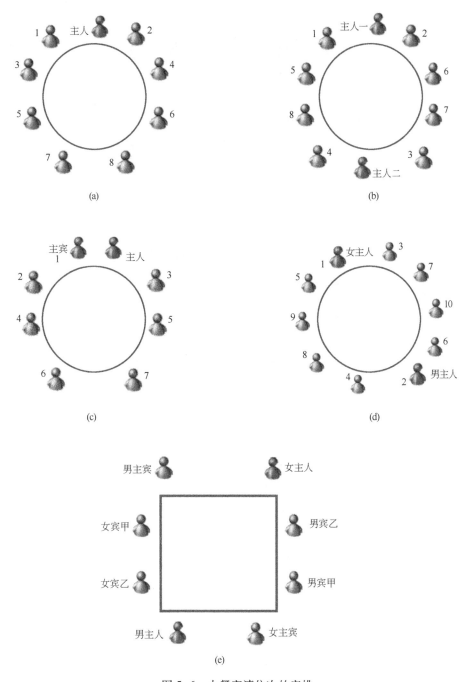

图 5-6 中餐宴请位次的安排

西餐宴请安排比较常见的是横、竖桌。横桌一般是男女主人居中而坐，以主人为中心，以右为尊进行交叉安排来宾（见彩插图 33）；竖桌一般男女主人分居两端坐，以主人为中心，以右为尊进行交叉安排来宾。注意有男女主人在场时，要优先考虑和照顾女主人，如图 5-7 所示。

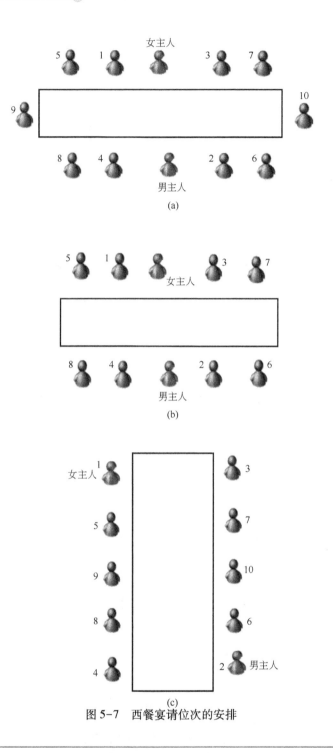

图 5-7　西餐宴请位次的安排

知识点

宴请外宾时要注意的礼仪

① 确定规格。宴请可以采用家宴、小型宴会、大型宴会。时间一般安排在主、客双方均较方便的时候。

② 发出请柬。请柬上应注明时间、地点,以方便宾客。
③ 礼貌迎宾。客人到达时,主人应在门口迎接或安排其他人员迎接。
④ 安排菜单。向宾客介绍本地特色菜供其选择,注意对方的饮食禁忌。
⑤ 座次安排。安排客人坐上座,由主人陪同。
⑥ 致祝酒词。若双方需要在席上讲话或致祝酒词,主宾入座后即可发表讲话。

5.4 馈赠礼仪

聪明的人懂得感恩的情意,胜过感恩礼物本身的价值。

——陶玛士

馈赠,即赠送礼品。它是人际交往中的一种表达祝贺、敬重、感激和怜爱之情的常用形式,也是中国人的一种传统礼仪。

馈赠是商务活动中不可缺少的交往内容。随着交际活动的日益频繁,馈赠礼品因为能起到联络感情、加深友谊、促进交往的作用,越来越受到人们的重视。所以,馈赠活动对礼节的要求,也就一再得到强调。

在社会交往中,适时、适度地给亲友送上一些礼品,可以起到联络感情、增进友谊的作用。但何时送礼、送什么礼、怎么送礼却都大有讲究。因此,必须掌握馈赠的有关礼仪规范。

5.4.1 礼品馈赠时机与礼品选择

1. 馈赠的时机

古今中外人们都注重礼尚往来,馈赠应注意时间,把握好机会。送礼起因很多,归纳起来,大致有以下6个方面。

① 传统节日。如我国传统的春节、端午节、中秋节、重阳节,西方化的圣诞节、情人节、母亲节等,都可以成为馈赠礼品的黄金时间。

② 喜庆嫁娶。晋升、获奖、企业开业庆典、厂庆等日子,应考虑赠送花篮、牌匾或室内装饰品等礼品以示庆贺。如亲友结婚、生小孩、做大寿、嫁女、娶亲及砌房造屋、乔迁新居等。

③ 探视病人。去医院或亲友家中探视病人。

④ 亲友远行。当亲朋好友要远离家乡到外地,甚至到异国他乡求学、工作时。

⑤ 酬谢他人。如自己在别人、亲友的支持帮助下,终于战胜工作或生活上的困难,事后对其表示谢意,可送些礼品以回报感恩。

⑥ 拜访、做客。如到别人家登门拜访或应邀到亲友家中做客时。

遇到以上这些时机，人们都可以给有关的对象送上礼品，以表达庆祝、慰问与酬谢之情。送礼时机要视实际情况灵活掌握，选择好送礼时机。

2. 馈赠目的

馈赠的目的在于增进感情，加深友谊。所以，它不仅是一种物质的赠予，更重要的是表达了其特有的心意。

（1）为了交际

礼品的选择，要使礼品能反映送礼者的寓意和思想感情，并使寓意和思想感情与送礼者的形象有机地结合起来。

（2）为了巩固和维系人际关系，即"人情礼"

人情礼强调礼尚往来，以"来而不往非礼也"为基本准则。因此无论从礼品的种类、价值的大小、档次的高低、包装的式样、蕴涵的情义等方面都呈现多样性和复杂性。

（3）为了酬谢

这类馈赠是为答谢他人的帮助而进行的，因此在礼品的选择上十分强调其物质利益。礼品的贵贱厚薄，取决于他人帮助的性质。

3. 选择礼品

要恰如其分地做到这一点，必须认真选好礼品。要选择那些符合对方身份、富有意义或耐人寻味的物品作为礼品。"黄金有价情无价"。例如，对老年人，可送些有益于他们身心健康的营养品和保健用品；对于小孩，则可送些有利于开发智力的玩具、图书及学习用品。恋人之间的礼品赠予不决定于礼品的贵贱，而在于寄托在礼品上的那份相思与相知。

1）投其所好

选择礼品时一定要考虑周全，有的放矢，考虑具体的情况或场合。可以通过仔细观察或打听了解受礼者的兴趣爱好，然后有针对性地精心挑选合适的礼品。如厂庆可送花篮，逢节可送贺卡等。礼品是用来表情达意的，因此任何礼物都表示送礼人的情意和诚心。选择的礼品既代表送礼者的心意，又使受礼者觉得礼物非同寻常、倍感珍贵。尽量让受礼者感觉到礼轻情义重，体会馈赠者在礼品选择上是真诚的。如喜欢书的就送书；又如对家贫者多选择实用性的礼品，如食品、衣服和现金等；对富裕者则倾向于选择艺术欣赏价值较高并具有思想性的礼品。对朋友以趣味性为优，对外宾以民族特色为佳等，如中国刺绣和丝绸、陶瓷等都是上佳赠品。

2）礼品要轻重适宜

送贵的东西不见得就能达到良好效果，价格与情义兼顾，以对方能够愉快接受赠礼为宜。美国的公司每年花在商务往来上送礼的费用高达40亿美元，钢笔、台历、袖珍计算器、钟表、酒类、玻璃杯、衬衣等是常见的商务赠品。

3）注意包装，处理好有关单据

精美的包装不仅使礼品的外观更具艺术性和高雅的情调，显示出赠礼人的文化艺术品位，而且还可以避免给人俗气的感觉。

礼品上有价格的标签要提前清除干净。但如果礼品是有保修期的"大物件"，如家用电器、计算机等，可以在赠送礼品的时候把发票和保修单一起奉上，以便将来受礼人能够享受三包服务或方便其转手处理。商务交往中，一份礼物送得恰到好处，可以令工作事半功倍。

4）礼品选择要考虑场合

祝贺庆典活动，可选择书画或题词为赠品，既高雅又有欣赏保存价值。祝贺公司开业，可选择花篮并写上祝贺之语作赠礼；祝贺生日，可选择蛋糕、书籍、工艺品等；祝贺婚礼，则要挑选一件特殊的礼物，如果送一对自己亲自绣花并绣上新婚夫妇姓名的枕头套，一定十分受青睐。而探视病人，则应选择实惠的礼品，如营养品、多种水果包装起来的果篮等。

5）礼品选择要规避禁忌

送礼前应了解受礼者，应懂得一些地方风俗、民族禁忌和个人禁忌等，免得送礼送出麻烦来。送礼时要考虑周全，以免节外生枝。如不能送梅花、茉莉给广东和香港地区的人，因其音与"霉""没利"相似；而若送金橘、桃花，因其寓意"吉"和"红火"之意而深受欢迎。注意不能给老人送钟，给新婚夫妻送梨、送伞，对文化素养高的知识分子不能送书画赝品，更不能选择违法犯规的礼品赠人。

如在涉外交往中，要尊重和了解不同国家和民族文化中的特殊禁忌。首先是宗教禁忌。在印度不送牛皮制造的礼品，因为他们认为牛是神圣的。其次是数字禁忌。中国人喜欢好事成双，送礼送偶数。但西方人都推崇奇数"3"，韩国人、日本人忌讳"9"和"4"，送礼不能送4件东西或带"9"的礼品。西方人忌讳"13"这个数字，认为"13"是不吉利的数字。如果13日是星期五，一般不举行宴请活动。最后是颜色禁忌。德国人忌穿茶色、黑色和深蓝色衬衫，法国人忌墨绿色，埃及人视蓝色为邪恶，而日本人忌绿色和粉红色。

小思考

涉外赠送礼品要注意哪些事项？

答：① 选择礼物。

涉外交往在选择礼品时应挑选具有一定纪念意义、民族特色，或具有某些艺术价值，或为受礼人所喜爱的纪念品、食品、花束、书籍、画册等。事先了解受礼人的性格、爱好、修养，以及所在国的习俗等，因人而异。

② 讲究礼品包装。国外非常讲究礼品包装，礼品要用彩色纸包装。

③ 对等平衡。注意送礼双方身份的对等，双方身份和礼品规格要一致。送礼要讲究平衡。

④ 送花时应考虑到花的寓意、颜色及数目。最好送外宾所在国的国花及相应的辅花。

⑤ 在信奉基督教的国家里，礼品包装要避免把彩带结成十字交叉状。

5.4.2 送礼与收礼的礼节

1. 送礼的礼节

1）时机要恰当

中国人很讲究雪中送炭，即十分注意送礼的时效性。因为在最需要时得到的才是最珍贵的。一般来说，时间贵在及时或超前，如一张小小的贺年卡一定是提前赠送，否则全无意义。生日、婚礼宴请、探病、圣诞节以及其他节日都要及时或提前赠礼。

一般赠礼都在相见、道别或相应的仪式上进行赠予。如果向多人赠送礼品最好先长辈后晚辈、先女士后男士、先上司后下级，按照次序有条不紊地进行。

2）包装要精美

赠送他人礼品尤其是正式场合赠送的礼品，一般都应认真包装。精美的包装不仅使礼品的外观更具艺术性和高雅的情调，显示出赠礼人的艺术品位，而且还可以避免给人俗气的感觉。

3）方式要得当

赠礼方式大致有当面赠送、邮寄赠送和托人赠送三种。托人赠送是由于本人无法或不宜当面赠送，所以委托第三者代替自己当面赠送受礼者，并转达赠礼者的问候。礼物中不要放名片，可在纸上亲笔书写问候、祝贺或纪念的语句。邮寄礼品一般要附上一份礼笺，写明赠礼缘由和一些祝福的话语等。

当面赠送是最常见也是最有效的赠礼方式。礼品代表的是一份浓浓的情意，因此赠送时可当面说些祝词或问候的话语。也可畅叙情意、介绍礼品的寓意等，达到赠礼的最佳目的。

4）举止要大方

赠送礼物时，最重要的是要神态自然、举止大方。赠礼者要郑重其事地走向受礼者，双手将礼品递给对方，尽量要放在对方的手里。如果礼物过大，可请他人帮助，但赠送者本人最好积极参与进来，并向对方说明一下。

2. 受礼的礼节

接受礼物时，不管礼品是否符合自己的心意，都应双手捧接，表示感谢。同时可赞美礼品的精致优雅或实用，夸奖赠礼者的周到和细致，并致感谢词。接受礼品后可视具体情况拆看或只看外包装，还可请赠礼人介绍礼品功能、特性和使用方法，以示对礼品的喜爱和接受。有的不仅在口头上表达感谢，事后还要写感谢信。

接受他人的馈赠在适当的时机和场合应当有回礼，礼尚往来的商务馈赠活动有利于双方的情感交流、信息沟通，并带来更多的合作机会。回礼可以在赠礼者临走时回赠，也可以在接受礼物之后隔一段时间登门回拜，顺便赠送适宜的礼物以表谢意。

一般情况下，只要不是贿赂性礼品最好不要拒收，否则会让赠礼人有失面子。但如果礼物价格超过公司规定或按照纪律不宜收受礼品，则应婉言谢绝。

5.4.3 慰问的礼仪

在社会交往中,当亲朋好友遭遇不幸时,慰问有雪中送炭的功效,所以慰问的礼仪也是重要的。

1. 探视

去医院探望病人时,要注意言行,方法得当。探视时,要注意以下几个问题。

1)遵守医院规则

每个医院都有探视病人的时间规定,这样做,既是为了保证医院的正常秩序,也有利于病人的休息。因此,不要在医院不允许探视的时间内探访病人。如果吃了"闭门羹",也不要与门卫发生口角。你要做的就是耐心等待或另找时间。

2)事先了解病情

探视病人之前,对病人的所患疾病和病情应有所了解。这样做的目的有三:一是可尽能避免探视时言语不慎而使效果适得其反;二是以便探视时携带合适的礼物;三是以便在探病时注意自身防病,因为若病人患的是传染病,而事先不知,就有被传染的可能。

3)言行举止得当

探望病人是一种特殊的社交活动,言谈举止应谨慎得当。

(1)神态平和

探病时穿着要日常化,不可过于华丽。进病房时,脚步要轻,表情要从容,切忌慌里慌张、大惊小怪,以免给病人增加心理压力。

(2)诚意看望

到病床前,可主动与病人握手,这是无声胜有声的安慰;若有空椅子,可尽快落座,尽量与病人保持平视状态而避免居高临下的俯视,不要离病人远远地站着,眼睛东张西望,让人怀疑你的诚意。

(3)少问为佳

探视时要多安慰和鼓励,不要过多询问,不要说令人敏感的不吉利语言。

(4)把握时间

探视时间不宜太长,一般不要超过半小时。如果病人需要照顾,你能留下陪伴,那就更好。

4)携带合适的礼物

探望病人带什么礼物,取决于要看望的对象。老人、家境贫寒的农村病人以及病因与过敏有关的病人,如哮喘病人等,就不宜送鲜花;需要住院较长时间的病人,可以送些书及杂志其供消遣之用;也有许多人,喜欢送水果、营养品给病人,只要适于病人食用,确实不失为好礼物。

2. 凭吊

现代追悼逝者的仪式一般采用追悼会或遗体告别的形式。当接到讣告后,应亲自前往参加,以表示对死者的怀念,并向死者亲属表示慰问。因有特殊情况不能前往,应给死者亲属致唁电或唁函。前往吊唁或参加追悼会、遗体告别仪式时,应"素面",即不化妆,不能穿颜色艳丽的服装,一般宜穿深色衣服,佩戴黑纱或白花,同时表情要严肃。

5.4.4 赠花的礼仪

花卉因其鲜艳的色彩、婀娜多姿的形态和鲜活生动的神采而深受人们的喜爱,并已成现代人美好而浪漫的交际生活的重要部分。自古以来,花就被认为是爱的语言。恋爱、新婚等最喜欢选择送花。人们离别重逢、生日、校庆、厂庆等,往往也以花为礼,表明心意。

赠花是一门很微妙的艺术,什么时候送什么花,什么场合选什么花,什么人喜欢什么花,都需要根据具体情况而精心设计。

1. 花能解人语

自古以来,人们根据花卉的性格和艺术形象,创造了花的语言,赋予了其特别的寓意。一般而言,花的寓意是指人们根据花卉的品种、色彩、数目和搭配,而赋予其某种含义。花语一旦形成,便约定俗成。如粉色康乃馨送母亲;但如果送未婚女同事作为生日礼物,便会使受礼者哭笑不得。送花表情意,千万不能表错意。

1) 花语

花语举数例如表5-2所示。

表5-2 花语举例

花	花语	花	花语
牡丹	雍容华贵	一品红	普天同庆
蜡梅	坚贞不屈	银芽柳	希望光明
郁金香	爱的表白	剑兰	步步高
银杏	古老文明	天堂鸟	自由吉祥
水仙	清纯自尊	勿忘我	永世不忘
万年青	友谊长存	荷花	纯洁
百合	百年好合	金橘	招财进宝
常春藤	友情,忠诚的爱	杨柳	依依不舍
非洲菊	有毅力,不怕困难	紫罗兰	青春永驻
菊花	高洁,长寿	秋海棠	诚挚的友谊
红掌	红运当头	满天星	真心欢喜
马蹄莲	永结同心	文心兰	隐藏的爱
兰花	友谊,喜悦	桂花	吉祥美好
富贵竹	吉祥富贵	大丽花	大吉大利

2) 花朵的数量含义

花朵数量的多少代表不同的含义,如表5-3所示。

表5-3 花朵的数量含义

花朵数量	含义	花朵数量	含义	花朵数量	含义
1朵	你是我的唯一	16朵	成长的喜悦	66朵	细水长流
2朵	你侬我侬	17朵	钟情	77朵	相逢自是有缘
3朵	我爱你	19朵	一生守候	88朵	用心弥补一切的错
4朵	山盟海誓	20朵	两情相悦	99朵	天长地久
5朵	无怨无悔	22朵	双双对对，生生世世	100朵	白头偕老
6朵	顺利	24朵	思念	101朵	无尽的爱
7朵	喜相逢	25朵	没有猜忌	108朵	求婚
8朵	弥补	26朵	旧爱新欢	111朵	无尽的爱
9朵	长相守，坚定	30朵	不需言语的爱	123朵	爱情自由
10朵	完美的你	33朵	深情呼唤，我爱你	144朵	爱情生生世世
11朵	最爱，一心一意	36朵	浪漫心情全因为有你	365朵	天天爱你
12朵	圆满	44朵	亘古不变的誓言	999朵	长长久久，亘古不变
13朵	暗恋	50朵	这是无悔的爱	1001朵	直到永远
15朵	守住你的人	56朵	吾爱		

2. 不同颜色的鲜花蕴涵不同的意义

如红玫瑰象征真实热烈的爱，粉玫瑰表示初恋和温馨的爱，黄玫瑰表示道歉，白玫瑰象征纯洁无瑕或尊敬之意，而黑玫瑰表示独特专一。按照我国传统文化心理，凡花色为红、橙、黄、紫的暖色花和花名中含有喜庆吉祥意义的花，可用于喜庆事宜，而白、黑、蓝等颜色偏冷的花，大多用于伤感事宜。因此在通常情况下，喜庆节日送花要注意选择艳丽多彩、热情奔放的，致哀悼念时应选淡雅肃穆的，而探视病人要注意挑选悦目恬静的。如母亲节送红色康乃馨，祝母亲健康长寿；送黄色康乃馨，表达对母亲的感激之情；送粉色康乃馨，祝母亲永远年轻。几种颜色组成的康乃馨表达对母亲的热烈的爱。如果是表示对亡母的怀念，则送白色康乃馨。

在当今的社会交往中，越来越多的人将鲜花作为馈赠的礼品，显得高雅而富有情趣。但要使送出的花既表达了自己的一番情意，又能为对方所理解和接受，就需要了解花的品种、颜色和数目的含义，掌握赠花的礼仪。例如，玫瑰花只能送给自己所钟情的异性，以表示爱慕之情，切不可乱送。

送花要注意包装，用彩色带有简单图案的礼品纸包装，然后再用彩色的丝带系上梅花结或蝴蝶结。有时不妨附上一张卡片，并写上简短的祝福话语。这不仅可以增添赠礼者的诚意，也便于受礼者辨认。

3. 花卉的忌讳

花，虽然是受人喜欢的，但不同的国家和民族对花却存在不同的忌讳。

荷花在日本被认为是不吉祥之物，意味着祭奠，而在印度最受珍爱的却是荷花。百合花在印度是忌讳送人的；在巴西白色百合花绝不可作礼物相送，因为该花主要用于悼念死者；在英国最忌讳百合花，视其为死亡象征。

菊花在欧美大多数国家都被当作"丧葬之花"，在拉丁美洲一些国家还被看成是"妖花"，他们以菊花祭灵，室内不摆菊花，更不作为礼花送人；但在日本菊花则是皇室的标志，瑞典人则深喜白菊鲜花。玫瑰花在英国、美国、伊朗等国都广为被人喜爱，奉若国花；但在法国玫瑰花却不宜随意送人；意大利、德国等也认为玫瑰为示爱之花，不宜送人。

郁金香花在荷兰、匈牙利、土耳其等国被认为是最美的鲜花，而在德国喜郁金香者极少。蔷薇花在德国专用于悼亡之用，而在伊朗却被广为喜爱。黄色的花在法国被视为不忠诚，在墨西哥意味着死亡，日本对淡黄色的花也极不欢迎。绛紫色的花在巴西是用于葬礼的；红色的花在墨西哥意味会给他人带来晦气，是遭禁送的花。

在国际交际场合，忌用菊花、杜鹃花、山竹花、纸绢花、塑料花等献给客人已成为惯例；但尼泊尔却将杜鹃花视为国花，称为"高山玫瑰"，对其十分钟爱。

4. 我国十大名花

我国十大名花见表 5-4。

表 5-4　我国十大名花

美　称	花　名	美　称	花　名
万花之王	牡　丹	花中西施	杜　鹃
花中皇后	月　季	水中芙蓉	荷　花
群花之魁	梅　花	金秋娇子	桂　花
寒秋之魂	菊　花	花中君子	兰　花
花中极品	山茶花	黄金花卉	君子兰

知识点

我国部分城市的市花见表 5-5。

表 5-5　我国部分城市的市花

城市	市花	城市	市花	城市	市花	城市	市花
北京	月季、菊花	洛阳	牡丹	西安	石榴花	兰州	玫瑰
天津	月季	西宁	丁香	成都	木芙蓉	贵阳	珙桐
上海	白玉兰	银川	夹竹桃	昆明	山茶花	拉萨	玫瑰
哈尔滨	丁香、玫瑰	乌鲁木齐	玫瑰	济南	荷花	福州	水仙花
长春	君子兰	石家庄	太平花	合肥	石榴花、桂花	南昌	瑞香
沈阳	玫瑰	太原	菊花	南京	梅花	武汉	梅花
包头	小丽花	郑州	月季	杭州	桂花	香港	紫荆花
长沙	荷花	广州	木棉花	桂林	桂花	澳门	荷花

商务礼仪实务七——接待情景实训指导

1. 电话接待

结合图 5-8，分析电话接待中，电话礼仪如何进行操作？安排两个组的学生进行模拟训练，安排一个组的学生进行分析。时间 15 分钟。

图 5-8　电话接待

2. 现场接待

结合图 5-9，指出商务人员在接待客户中有什么问题？结合理论进行分析并请学生模拟和点评。时间 15～20 分钟。

3. 会议接待

结合图 5-10，客户来访安排在会议室洽谈，分析如何安排座位，应该注意哪些方面的接待细节。结合理论进行分析并请学生模拟和点评。时间 15～20 分钟。

图 5-9　现场接待　　　　　　　　　　图 5-10　会议接待

4. 接待中令人不悦的表现

结合表 5-6 中的 10 种令访客不悦的服务态度，安排学生分组，5～8 人一组，安排两组作为接待人员,进行好的接待展示,安排另两组进行不好的接待展示,安排一组学生进行对比点评。时间20～30分钟。

表5-6 令人不悦的服务态度

	令人不悦的服务态度
1	当客户进来时,假装没看见继续忙于自己的工作
2	一副爱理不理甚至厌烦的应对态度
3	以貌取人,依客户外表而改变态度
4	言谈措辞语调过快,缺乏耐心
5	身体背对着客户,只有脸向着客户
6	未停止与同事聊天或嬉闹的动作
7	看报纸、杂志,无精打采地打哈欠
8	继续电话聊天
9	双手抱胸迎宾
10	长时间打量客户

本 章 小 结

本章所讲授的是商务交往礼仪。主要是指商务人员在商务场合与人交往中,常见的拜访、接待、宴请、馈赠等行为。商务人员应该掌握这些重要的交往礼仪,有助于维护单位形象。

● 5.1节讲授的是拜访礼仪。具体拜访的主要要点。

● 5.2节讲授的是接待礼仪。陈述了接待的流程、形式,进行商务接待的礼节要点,分析了会议接待、家庭接待和参观接待的内容与要求。

● 5.3节讲授的是宴请礼仪。具体有宴请的形式、5M原则、宴请的礼仪要求与禁忌事项,分析了中西餐的宴请桌次排列与座次顺序等。

● 5.4节讲授的是馈赠礼仪。有馈赠的时机与目的、送礼与收礼的礼节要求、慰问的礼仪与赠花的礼仪等内容。

复习思考题

1. 接待时应注意哪些问题?
2. 拜访前要做好哪些准备?
3. 探望病人有哪些讲究?
4. 宴请、馈赠时,应该注意哪些方面?
5. 什么是宴请的5M原则?

实训题

1. 运用理论内容,安排学生10人左右,进行馈赠和慰问的礼节,进行拜访和迎访的角色扮演。

2. 运用理论内容，安排学生5~8人一组，进行会议接待的模拟练习，互相观摩、评点，每组5~10分钟；另外一组进行点评，3~6分钟。

案例分析题

1. 为何发出请柬来的人却不多

某单位为销售额突破百万元举行庆功联谊会，给一些单位发了请柬，邀请大家参加；并准备了精美的礼品，用来感谢其平时对本单位的支持与帮助。

结果，有些单位收到请柬却没有接受邀请前来，活动进行得也不太成功。该单位主要领导很困惑，经与有关人士接触，方知所送请柬有问题。

一是落款时间用阿拉伯数字书写，中间用顿号来代替年、月、日的汉字，给人以活动不正式、主人本身不够重视的感觉。

二是请柬中的事由没有表达清楚，使人误以为是该单位的内部活动，其他单位人员可有可无，也就不肯应邀前来。

分析：为何发出请柬来的人却不多？请柬的写作应注意什么？

2. 接待冷淡，断送生意

泰国某政府机构为一项庞大的建筑工程向美国工程公司招标。经过筛选，最后剩下4家候选公司。泰国方面派遣代表团到美国亲自去各家公司商谈。

泰国代表团到达美国芝加哥时，芝加哥的工程公司在忙乱中出了错，没有仔细复核飞机到达的时间，未派人去机场迎接泰国客人。泰国代表团尽管初来乍到，还是找到了芝加哥商业中心的一家旅馆。他们打电话通知给那位局促不安的美国经理，听了他的道歉后，泰国人同意在第二天11时在经理办公室会面。

第二天，美国经理按时到达办公室等候，直到下午1点多钟才接到客人的电话，说："我们一直在旅馆等候，始终没人来接我们。我们对这样的接待实在不习惯，就订了下午的机票飞赴下一个目的地了。"

分析：美国工程公司的不足之处表现在几个方面？

3. 馈赠的帽子

一位学者，在一次讲座中，提到他曾应邀到西北讲学，获得好评。当地一位少数民族同志很热情和豪爽，与学者临别时，要送个礼物留念。

该少数民族同志喜欢戴小帽子，所以第二天他便给学者送了一顶小帽子。结果在场的其他同事都用幸灾乐祸的眼神看着，为什么呢？因为他送的是一顶绿帽子。

分析：为什么会出现这种反应？

第 6 章

商务会议礼仪

好的会议对人生是一种享受，对社会是一笔财富。

——佚名

内容简要

会议通常是指人们在特定的时间、地点会聚在一起议论、研究、决定某一问题，或者举行特定活动的集会，有工作性会议、报告会、研讨会等。在商务活动中所举行的会议被称为商务会议。广义的商务会议还应包括谈判会议、涉外会谈等内容。本章详细介绍一般的会议礼仪、商务谈判礼仪、涉外商务会见与会谈礼仪。

学习目标

1. 掌握一般会议礼仪，熟悉召开前、会议中、会议后及参会人应该注意的事项；
2. 掌握商务谈判中的基本礼仪操作要点；
3. 掌握涉外商务会见与会谈礼仪的规则和要点。

日常会议，通常是指将特定范围的人员召集在一起，对某些专门问题进行研究、讨论，有时还需做出决定的一种社会活动的形式。在处理日常性行政事务时，各级政府部门往往召开各种会议。不论是召集、组织会议，还是参加会议及为会议服务，都有一些基本守则、规矩必须遵守。这就涉及会议的基本礼仪，懂得会议礼仪对会议精神的执行有很大的促进作用。

会议的目的是实现彼此面对面的沟通和交流，提高工作效率。良好的会议风范，既是尊重自己，也是尊重他人的表现。

商务会议的礼仪主要包括会议的准备礼仪、组织礼仪和会者礼仪等。

6.1 一般会议礼仪

每一份私下的劳动，都会有倍增的回收，并在公众场合被表现出来。

——陈安之

商务会议按参会人员来分类，可以简单地分为公司外部会议和公司内部会议。公司内部会议包括定期的工作周例会、月例会、年终的总结会、表彰会、计划会等；公司外部会议，有产品发布会、研讨会、座谈会等。

6.1.1 安排会务工作

但凡正规的会议，均须进行缜密而细致的组织工作。具体而言，会议的组织工作，在其进行前、进行时与进行后又各有不同的要求。凡此种种，均可称为会务工作。负责会务工作的人员，在其具体工作之中一定要遵守常规，讲究礼仪，细致严谨，做好准备。

1. 会议之前

在会议的种种组织工作中，以会前的组织工作最为关键。它包括以下4方面。

1）会议的筹备

举行任何会议，皆须先行确定其主题（包括会议名称）。这是会前有关领导集体已经确定了的。负责筹备会议的工作人员，则应围绕会议主题，将领导议定的会议的规模、时间、议程等组织落实。通常要组成专门班子，明确分工，责任到人。

作为工作人员，在会议前的准备工作中，要特别注意以下这几方面。

（1）when——会议开始时间、持续时间

要告诉所有的参会人员，会议开始的时间和要进行多长时间。这样能够让参加会议的人员很好地安排自己的工作。

（2）where——会议地点的确认

是指会议在什么地点进行，要注意会议室的布局是不是适合这个会议的进行。

（3）who——人物

会议出席人，以外部客户参加的公司外部会议为例，会议有哪些人物来参加，公司这边谁来出席，是不是已经请到了适合的外部嘉宾来出席此会议。

2）通知的拟发

按常规，举行正式会议均应提前向与会者发出会议通知。它是指由会议的主办单位发给所有与会单位或全体与会者的书面文件，同时还包括向有关单位或嘉宾发出的邀请函件。在这方面主要应做好以下两件事。

（1）拟好通知

会议通知一般应由标题、主题、会期、出席对象、报到时间、报到地点及与会要求等7

项要点组成。拟写通知时，应保证其完整、规范。会议通知一般分为口头通知和书面通知。口头通知比较简单，由会议秘书打电话或者当面告知被邀请者本人即可。口头通知一般用在公司内部日常举行的小型会议上。

（2）及时送达

发出会议通知，应设法保证其及时送达，不得耽搁延误。

会议书面通知比较正规，可以采用书面文件、传真、会议邀请函等形式，一般要求被邀请者反馈是否出席会议的意见。

3）文件的起草

会议上所用的各种文件材料，一般应在会前准备妥当。需要认真准备的会议文件，主要有会议的议程、开幕词、闭幕词、主题报告、大会决议、典型材料、背景介绍等。有的文件应在与会者报到时发放。

4）常规性准备

负责会务工作时，往往有必要对一些会议所涉及的具体细节问题，做好充分的准备工作。

（1）做好会场的布置

对于会议举行的场地要有所选择，对于会场的桌椅要根据需要做好安排，对于开会时所需的各种音响、照明、投影、摄像、摄影、录音、空调、通风设备和多媒体设备等，应提前进行调试检查。

（2）根据会议的规定，与外界搞好沟通

比如向有关新闻部门、公安保卫部门进行通报。

（3）会议用品的采办

及早做好会议用品，如纸张、本册、笔具、文件夹、姓名卡、座位签及饮料、声像用具等的补充、采购。

一般会议用品主要包括会议资料、办公文具、座椅、台布、茶具及音响、照明、空调等设备。特殊的会议用品包括投票箱、选票、投影仪、激光笔、迎送客人的车等。

需要注意的是，作为会议秘书，在准备会议用品之前，应该制定一个详细的用品准备清单，哪些是自有的，哪些需要领用，哪些需要租借或外购，都应该分得清清楚楚。在外购时要考虑到既满足会议需要，又经济不浪费，切不可因为会议规格高、重要就大手大脚。会场内设备的安装，如投影仪等要早做准备，会议用品要及时送到会场，避免会议召开前的突发事件造成措手不及。如果会议工作量较大，设备使用和发放会议用品应该另由专人负责。

2. 会议期间

接待人员负责会议具体工作，要一丝不苟地做好下列工作。

1）例行服务

会议举行期间，一般应安排专人在会场内外负责迎送、引导、陪同与会人员。对与会的贵宾，老、弱、病、残、孕者，少数民族人士，宗教界人士，港澳台同胞，海外华人和外国人，往往还须进行重点照顾。对于与会者的正当要求，应有求必应。

2）会议签到

为掌握到会人数，严肃会议纪律，凡大型会议或重要会议，通常要求与会者在入场时签名报到。会议签到的通行方式有三种：一是签名报到，二是交券报到，三是刷卡报到。负责此项工作的人员，应及时向会议的负责人进行通报。

小型日常会议由本人在签到单上签到。大、中型会议一般采用出示证件或出示会议书面通知的方式，由本人签到。规格较高的会议，有条件的可以采用名片签到方式。

3）餐饮安排

举行较长时间的会议，一般会为与会者安排会间的工作餐。与此同时，还应为与会者提供卫生可口的饮料。会上所提供的饮料，最好便于与会者自助饮用，不提倡为其频频斟茶续水。那样做往往既不卫生、安全，又有可能妨碍对方。如果必要，还应为外来的与会者在住宿、交通方面提供力所能及、符合规定的方便条件。

4）现场记录

凡重要的会议，均应进行现场记录，其具体方式有笔记、打印、录入、录音、录像等。可单用某一种，也可交叉使用。如负责手写笔记会议记录时，对会议名称、出席人数、时间、地点、发言内容、讨论事项、临时决议、表决选举等基本内容，要力求做到完整、准确、清晰。

特别注意，会议纪要与会议记录有所不同。

（1）性质不同

会议纪要是规定性行政公文；而会议记录是记录会议情况和议定事项的事务性文书。

（2）内容的繁简程度不同

会议纪要的内容是对会议记录进行整理提炼而形成的会议内容的要点，重点体现会议的宗旨；而会议记录是对会议情况的原始、详尽的记录，重点体现会议的过程性和具体性。

（3）形式有所不同

会议纪要具有一段公文的规范格式；而会议记录的形式则比较灵活、自由。会议纪要通常采用总分式结构，而会议记录则采用顺时结构。

（4）处置方式和作用不同

会议纪要一般以文件的形式发布或在报刊上公开发表，用来"传达会议情况和议定事项"；而会议记录只作为内部资料，以备检查。

5）编写简报

有些重要会议，往往在会议期间要编写会议简报。编写会议简报的基本要求是快、准、简。快，是要求其讲究时效；准，是要求其准确无误；简，则是要求文字精练。

3. 会议之后

会议结束，如果必要，合影留念。还应该由专人负责相关事务的跟进，如赠送公司的纪念品、参观公司或厂房等。同时，要做好必要的后续性工作，以便使之有始有终。后续性工作大致包括以下三项。

1）形成文件

会议要形成文件，哪怕没有文件，也要形成阶段性的决议，落实到纸面上。这些文件包括会议决议、会议纪要、会议报道、照片等。一般要求尽快形成，会议一结束就要下发或公布。

2）处理材料

根据工作需要与有关保密制度的规定，在会议结束后应对与其有关的一切图文、声像材料进行细致的收集、整理。收集、整理会议的材料时，应遵守规定与惯例：应该汇总的材料，一定要认真汇总；应该存档的材料，要一律归档；应该回收的材料，一定要如数收回；应该销毁的材料，一定要仔细销毁。

3）协助返程

大型会议结束后，主办单位一般应为外来的与会者提供一切返程的便利。若有必要，应主动为对方联络、提供交通工具，或是替对方订购返程的机票、船票、车票。当团队与会者或与会的特殊人士离开本地时，还可安排专人为其送行，并帮助其托运行李。

6.1.2 会议的排座礼仪

举行正式会议时，通常应事先排定与会者，尤其是其中重要身份者的具体座次。越是重要的会议，它的座次排定往往就越受到社会各界的关注。对有关会议排座的礼仪规范，工作者不但需要有所了解，而且必须认真遵守。在实际操办会议时，由于会议的具体规模多有不同，因此其具体的座次排定便存在一定的差异。

1. 小型会议

小型会议，一般指参加者较少、规模不大的会议。它的主要特征是，全体与会者均应排座，不设立专用的主席台。小型会议的排座，目前主要有以下三种具体形式。

1）自由择座

它的基本做法是，不安排固定的具体座次，而由全体与会者完全自由地选择座位就座。

2）面门为尊设座

它一般以面对会议室正门之位为会议主席之座，体现尊重，表现出基本的礼仪修养。其他的与会者可在其两侧依次就座。如图 6-1 至图 6-3 所示。图 6-1 和图 6-2 中，A 为上座，其次依次为 B、C、D。

图 6-1　面门为尊设座 1

图 6-2　面门为尊设座 2

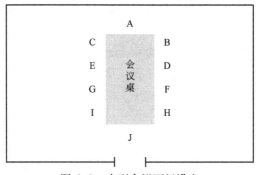

图 6-3 小型会议面门设座

3）依景设座

所谓依景设座，是指会议主席的具体位置，不必面对会议室正门，而是依托会议室之内的主要景致所在（如字画、讲台等）设座。其他与会者的排座，则略同于前者。

2. 大型会议

大型会议，一般是指与会者众多、规模较大的会议。它的最大特点是会场上应分设主席台与群众席。前者必须认真排座，后者的座次则可排可不排。

1）主席台排座

大型会场的主席台，一般应面对会场主入口。在主席台上的就座之人，通常应当与在群众席上的就座之人呈面对面之势。在主席台每位成员的桌上，均应放置双向的标有其姓名的桌牌。

主席台排座，具体又可分主席团排座、主持人座席、发言者席位。

（1）主席团排座

主席团，在此是指在主席台上正式就座的全体人员。国内目前排定主席团位次的基本规则有三：一是前排高于后排，二是中央高于两侧，三是左侧高于右侧。如图 6-4 和图 6-5 所示。

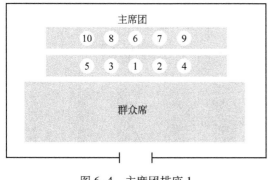

图 6-4 主席团排座 1

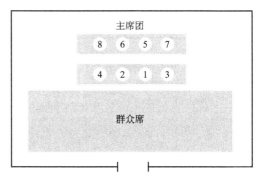

图 6-5 主席团排座 2

（2）主持人座席

会议主持人，又称大会主席。其具体位置之所在有三种方式可供选择：一是居于前排正中央；二是居于前排的两侧；三是按其具体身份排座，但不宜安排其座席在后面。

(3) 发言者席位

发言者席位，又称作发言席。在正式会议上，发言者发言时不宜坐在原处发言。发言席的常规位置有二：一是主席团的正前方，二是主席台的右前方。如图6-6和图6-7所示。

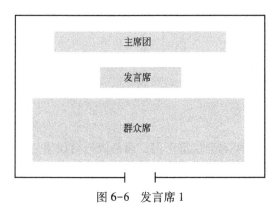

图6-6　发言席1　　　　　　　　　　　　　图6-7　发言席2

2) 群众席排座

在大型会议上，主席台之下的一切座席均称为群众席。群众席的具体排座方式有两种。

(1) 自由式择座

即不进行统一安排，而由大家各自择位而坐。

(2) 按单位就座

即与会者在群众席上按单位、部门或者地位、行业就座。它的具体依据，既可以是与会单位、部门的汉字笔画的多少、汉语拼音字母的前后，也可以是其平时约定俗成的序列。按单位就座时，若分为前排、后排，一般以前排为高，后排为低；若分为不同楼层，则楼层越高，排序便越低。

在同一楼层排座时，又有两种普遍通行的方式：

① 以面对主席台为基准，自前往后进行横排（见图6-8）；

② 以面对主席台为基准，自左而右进行竖排（见图6-9）。

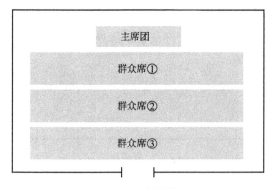 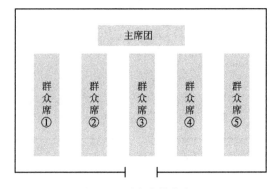

图6-8　群众席排位之一　　　　　　　　　　图6-9　群众席排位之二

6.1.3 参加会议礼仪

参加大、中型会议应着装整洁，提前到达会场，服从会议组织人员的安排，讲究礼节。

坐在主席台上的人应按要求就座，姿态端正，不要交头接耳，不要擅自离席。当听众鼓掌时也要微笑、鼓掌。

会议上有发言任务时，仪态要落落大方，掌握好语速、音量。注意观众反应，当会场中人声渐大时，则标志着发言人该压缩内容，尽快结束了。发言完毕应向全体与会者表示感谢。

与会者即使对发言人的意见不满，也不可吹口哨、鼓倒掌、喧哗起哄，因为这些行为极其失礼。其具体要求如下。

1. 严守会纪

出席会议时，每一位参加会议人员均应严守会议纪律，以"从我做起"来切实端正会风。

1）遵守时间

参加会议时，一定要严格地、自觉地遵守有关会议时间的具体规定。

① 准时到会。不得无故迟到、缺席。
② 正点开会。规定的开会时间一到，即应准点开会。
③ 限时发言。不仅要限定发言人数，还应规定其所用时间的长短。
④ 到点散会。规定的会议结束时间一到，如没有特殊原因，即应宣布散会。

2）维持秩序

在会议举行期间，应自觉地维护会场的正常秩序，确保其顺利进行。

（1）各就各位

出席正式会议时，应在指定之处就座。未获许可时，不要自由择座，争座抢座；不得东游西逛，中途退场。

（2）保持安静

会场的安静，是会议顺利进行的基本条件。除正常的鼓掌发言外，严禁出现任何噪声。最好在开会前，主动关掉手机或使其置于振动、静音状态；如接到来电，应到不妨碍他人的地方接听。

不要在别人发言时说话、随意走动、打哈欠等，这是失礼的行为。

会中尽量不离开会场；如果必须离开，要轻手轻脚，尽量不影响发言者和其他与会者。如果长时间离开或提前退场，应与会议组织者打招呼，说明理由，征得同意后再离开。

（3）遵守规定

对有关禁止录音、录像、拍照、吸烟及使用移动电话等会议的具体规定，应认真予以遵守。

3）专心听讲

参加会议时，应认真而专注地听取发言。

① 一心一意。当他人发言时，不允许心不在焉，更不得公开忙于其他事情。

② 支持他人。与会者听取他人发言时，除适当地进行笔记外，应注视对方，并在必要时以点头、微笑或掌声表达对发言者的支持之意。

2. 主持人礼仪

各种会议的主持人，一般由具有一定职位的人来担任，其礼仪表现对会议能否圆满成功有着重要的影响。

① 主持人应衣着整洁，大方庄重，精神饱满，切忌不修边幅，邋里邋遢。会议开始前，或会议休息时间可点头、微笑致意。

② 在会议开始时，首先要介绍主要参会人员。

③ 入席后，如果是站立主持，应双腿并拢，腰背挺直。持稿时，右手持稿的底中部，左手五指并拢自然下垂；双手持稿时，应与胸齐高。坐姿主持时，应身体挺直，双臂前伸，两手轻按于桌沿。主持过程中，切忌出现挠头、揉眼等不雅动作。

④ 主持人言谈应口齿清楚，思维敏捷，简明扼要。可以说一些承上启下的话，但不要太长，以免显得喧宾夺主。如果需要，每个人发言结束，主持人可以进行简短总结。同时，主持人要时刻把握会议时间，必要时提醒发言人注意时间与发言内容。

⑤ 主持人应根据会议性质调节会议气氛，或庄重，或幽默，或沉稳，或活泼。如果遇到参会者不满意某位发言者的报告或观点，或会议进行一半时，发言者因意见不同而造成尴尬的气氛，主持人应想方法化解以打破僵局，继续进行会议。此外，主持人也可以先避开这个争议的话题，选择有趣的议题或争议性较低的议题来讨论。

⑥ 在会议进行中，主持人对会场上的熟人不能打招呼，更不能寒暄闲谈。

3. 发言人礼仪

会议发言有正式发言和自由发言两种，前者一般是领导报告，后者一般是讨论发言。正式发言者，应衣冠整齐，走上主席台应步态自然，刚劲有力，体现一种成竹在胸、自信自强的风度与气质。发言时应口齿清晰，讲究逻辑，简明扼要。

自由发言则较随意，但应讲究顺序和秩序，不能争抢发言。发言应简短，观点应明确；与他人有分歧，应以理服人，态度平和，听从主持人的指挥，不能只顾自己。

1）内容：开门见山，无须太啰唆

要让高层主管和全体同仁在有限的时间中专心倾听你的发言，引起思索，留下深刻印象，首先报告内容必须简短有力，条理井然。啰唆而无头绪的发言不仅让听众失去耐心，甚至会让他们怀疑你的专业水准。直接有力的开场白、清晰的观点陈述、必要情况下的加以强调，这样的发言会使你骄人的业绩、优秀的职业素质给听众留下深刻印象。

2）体语：多用自信的手势会使发言效果显著

如果你希望自己的讲话内容被接受，那么你必须树立坚强的信念，不妄自菲薄，这样，你的身体语言就像你的讲话内容一样让人信服。最基本的礼仪要求是：如果需要走上主席台，应步伐稳健有力、挺胸收腹、眼观前方，切忌东张西望，显得不自信。行走的速度因会议的性质而定。一般来说，对快节奏、热烈的会议步伐应较快。

发言者如果是站立，应双腿并拢，腰背挺直；坐姿发言时，应身体挺直，双臂前伸，两手轻按于桌沿；如果是书面发言，要时常抬头扫视一下会场，不能低头读稿，旁若无人。发言完毕，应该对听众的倾听表示谢意。

发言时加上身体语言的辅助，能收到事半功倍的效果。例如，你在向人们解释某个问题时，要让你的一只手自然地放在一边，或采用手心向上的动作，这样显得坦白而真诚。发言中说教式的动作并不能获得信任，只会引起别人的反感，如那些指指点点表示强调的动作以及坐在台前交叉、握双手撑出一个高塔形状的动作等。再比如，无论你讲的主题多么严肃，偶尔的微笑，而不是咧嘴大笑，总能帮助你赢得更多的支持。用眼睛不时有意地环视会场上的每个人，就好像你在对每个人发表演说一样，即使这种环视只不过是飞瞥一两次。不要回避或鄙视那些诋毁者的眼光，让他们也抬着头看你，可以显示你的自信和坦然，甚至可化干戈为玉帛。千万不要摆出双手紧握或双臂交叉胸前的防卫姿势，这些动作只能说明你比较保守。

3）语调：尽量压低，给人以稳重感

语音语调同样不能忽视。女性一般声线较细，声频偏高，这样的声调显得纤细、敏感、不够持重，所以在整个发言过程中，尽量采用低沉而有节奏的语调，这样的声音才有说服力。这样的声音训练秘诀很简单，正如靳羽西女士所说过的："让语调尽量放低，低到不能再低的程度。"

4）礼貌回答

如果有会议参加者对发言人提问，应礼貌作答。

对不能回答的问题，应机智而礼貌地说明理由。对提问人的批评和意见应认真听取，即使提问者的批评是错误的，也不应失态。

4. 参与讨论礼仪

在开会过程中，如果有讨论，最好不要保持沉默。如果从头到尾沉默到底，会让人觉得你对工作或对单位漠不关心。

想要发言时应先心理上有个准备，用手或目光向主持人示意或直接提出要求。发言应简明、清楚、有条理，实事求是；不可不懂装懂，胡言乱语；不要尽谈些期待性的预测。发言时不可长篇大论，滔滔不绝（原则上以3分钟为限）。

打断别人发言是很不礼貌的，在讨论中想反驳别人时也不要急于打断对方，应等待对方讲完再阐述自己的见解。如果对别人讲的事有特别的补充或紧急的事非要打断时，也要说"对不起，我想打断一下"，以便取得别人的谅解；当别人反驳自己时，要虚心听取，不要急于争辩。

不可对发言者吹毛求疵，不可做人身攻击。

不要中途离席。发言人发言结束时，应鼓掌致意。

知识点

外出开会乘坐轿车的礼节

我国的轿车是靠马路右侧行驶的，车上座次一般是后排为上，前排为下；右侧为上，左侧为下。如果是双排座的轿车，司机斜对角的后排最右座位为上座，后排另一边靠窗的为第二座，后排中间的是第三座，司机旁的是第四座。第四座一般由秘书、向导、警卫人员等陪同人员坐。

乘坐轿车时，先请尊长和女士上车，下车顺序则相反，最低位者先下车，开门等待其他人下车。如乘坐朋友驾驶的小车，客人应坐在司机旁的位置上以示对主人的尊重。与女性一同坐车时，不论其职位高低，应让女士先上车，男性坐其左边。坐吉普车的顺序和座位与轿车不同，身份低的人先上车，坐在座位最里边，而身份高的则坐在司机座旁边（见彩插图34）。

5. 聆听礼仪

1）座位：应勇于坐前排

入场时应该进出有序，根据会议安排落座。平时部门开会时，许多人通常会选择后排座位，或紧紧地和同时入公司的同事坐在一起。也许你还没有意识到，在潜意识中你感到这样才会有安全感；相反，自信的人会自然主动地坐到前排。座位的远近在心理学上反映了自信心的大小和地位权力的微妙差距。不论你的专业知识多过硬，坐在后面就显示出自己没有强烈的进取心，在公司中作用也不重要。所以，要养成坐在会场前排的习惯。

2）体语：小动作不宜太多

开会时坐姿端庄，身体挺直，表现出精神饱满的状态，切忌挠头、抖腿等不雅举止。聆听时要专心致志，与发言人保持目光接触，仔细听清对方所说的话。不要私下小声说话或交头接耳，不要三心二意、东张西望，这些都会影响听讲的效果，也会影响发言人的心情。聆听的过程更是一个积极思考的过程，要边听边想，敏锐把握发言人话语里的深层含义。而只有准确地把握了他人的真实想法后，才能使自己做出正确的判断。发言人发言结束时，应鼓掌致意；中途退场应轻手轻脚，不影响他人。

小思考

外出开会乘飞机基本注意几点？

答：① 提前到达机场，耐心办手续，接受检查。
② 不大声叫喊，配合并尊重乘务员。
③ 把行李放在指定的地方，并顾及他人。
④ 不要乱动各种开关、设备，保持舱内整洁卫生。
⑤ 主动关闭手机等无线电设备。
⑥ 下飞机前，将垃圾放进座位前的杂物袋内，有序下机，取好行李。

6.2　商务谈判礼仪

君子赠人以言，庶人赠人以财。

——荀子

所谓谈判，又叫作会谈，是指有关各方为了各自的利益，进行有组织、有准备的正式协商及讨论，以便互让互谅，求同存异，以求最终达成某种协议的整个过程。

从实践上看,谈判并非人与人之间的一般性交谈,而是有备而至,方针既定,目标明确,志在必得,技巧性与策略性极强。虽然谈判讲究的是理智、利益、技巧和策略,但这并不意味着它绝对排斥人的思想、情感从中所起的作用。在任何谈判中,礼仪实际上都颇受重视。其根本原因在于,在谈判中以礼待人,不仅体现着自身的教养与素质,而且还会对谈判对手的思想、情感产生一定程度的影响。

商务人士因为工作的需要,经常需要代表自己所在的单位、部门,与其他部门、单位、行业的人士进行接洽商谈,以便维护各自一方的利益,并就某些问题达成一致。比较正规的工作性洽谈,即可称之为商务谈判。

商务谈判是商务活动中不可缺少的一项重要的活动。为了在谈判中取得成功,必须遵循谈判过程中各个阶段的礼仪规范。

6.2.1 谈判分类与操作

在正式谈判中,具体谈判地点的确定很有讲究。它不仅直接关系到谈判的最终结果,而且还直接涉及礼仪的应用问题。具体而言,它又与谈判分类、操作细则两个问题有关。

1. 谈判分类

按照谈判地点的不同进行划分,谈判可分为以下四类。

1)主座谈判

所谓主座谈判,指的是在东道主单位所在地所举行的谈判。通常认为,此种谈判往往使东道主一方拥有较大的主动性。

2)客座谈判

所谓客座谈判,指的是在谈判对象单位所在地所举行的谈判。一般来说,这种谈判显然会使谈判对象占尽地主之利。

3)主客座谈判

所谓主客座谈判,指的是在谈判双方单位所在地轮流举行的谈判。这种谈判,对谈判双方都比较公正。

4)第三地谈判

所谓第三地谈判,指的是在不属于谈判双方所在单位所在地之外的第三地点进行的谈判。这种谈判,较主客座谈判更为公平,更少干扰。

显而易见,上述4类谈判对谈判双方的利与弊往往不尽相同,因此,各方均会主动争取有利于己方的选择。

2. 操作细则

对参加谈判的每一方来说,确定谈判的具体地点均事关重大。从礼仪上来讲,具体确定谈判地点时,有两个方面的问题必须为有关各方所重视。

1)商定谈判地点

在谈论、选择谈判地点时,既不应该对对手听之任之,也不应当固执己见。正确的做法，是应由各方各抒己见，最后再由大家协商确定。

2）做好现场布置

在谈判之中，身为东道主时，应按照分工，自觉地做好谈判现场的布置工作，以尽地主之责。

6.2.2 谈判的座次安排礼仪

举行正式谈判时，有关各方在谈判现场具体就座的位次，要求是非常严格的，礼仪性是很强的。

会见与会谈，通常有圆形会谈桌和方形会谈桌，如图6-10所示。

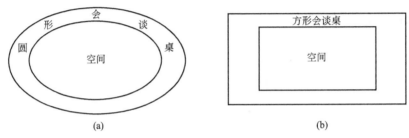

图 6-10 圆形会谈桌和方形会谈桌

从总体上讲，排列正式谈判的座次，可分为两种基本情况。

1. 双边谈判

双边谈判，指的是由主方、客方两方人士所举行的谈判。在一般性的谈判中，双边谈判最为多见。双边谈判的座次排列，主要有两种形式可供酌情选择。

1）横桌式

横桌式座次排列，是指谈判桌在谈判室内横放，客方人员面门而坐，主方人员背门而坐。如图6-11所示。除双方主谈者居中就座外，各方的其他人士则应依其具体身份的高低，各自先右后左、自高而低地分别在己方一侧就座。双方主谈者的右侧之位，在国内谈判中可坐副手，而在涉外谈判中则应由译员就座。

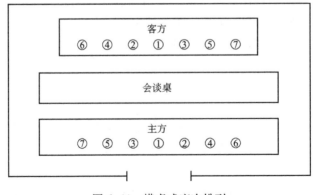

图 6-11 横桌式座次排列

2)竖桌式

竖桌式座次排列,是指谈判桌在谈判室内竖放。具体排位时以进门时的方向为准,右侧由客方人士就座,左侧则由主方人士就座。在其他方面,则与横桌式排座相仿。如图 6-12 所示。

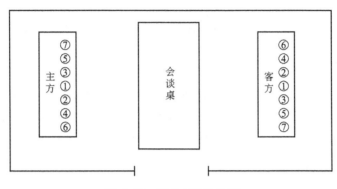

图 6-12　竖桌式座次排列

2. 多边谈判

多边谈判是指由三方或三方以上人士所举行的谈判。多边谈判的座次排列,也可分为两种形式。

1)自由式

自由式座次排列,即各方人士在谈判时自由就座,而无须事先正式安排座次。

2)主席式

主席式座次排列,是指在谈判室内面向正门设置一个主席之位,由各方代表发言时使用。其他各方人士,则一律背对正门、面对主席之位分别就座。各方代表发言后,也应下台就座。

6.2.3　参加谈判的礼仪

举行正式谈判时,谈判者尤其是主谈者的临场表现,往往直接影响到谈判的现场气氛。谈判者的临场表现中,有多种礼仪需要注意,其中最为关键的是讲究打扮、保持风度、礼待对手三个问题。

1. 讲究打扮

参加谈判人员一定要讲究自身的穿着打扮。此举并非是为了招摇过市,而是为了表示对于谈判的高度重视。

1)修饰仪表

参加谈判前,应认真修饰个人仪表,尤其是要选择端庄、雅致的发型。一般不宜染成彩色头发。男士通常还应当剃须。

2) 精心化妆

出席正式谈判时，女士通常应当认真进行化妆。但是，谈判时的妆容应当淡雅清新，自然大方；不可以浓妆艳抹。

3) 规范着装

在参加正式谈判时的着装，一定要简约、庄重，切不可"摩登前卫"、标新立异。一般而言，选择深色套装、套裙，白色衬衫，并配以黑色皮鞋，才是最正规的。

2. 提前约定时间，并按时赴约

从事商务活动的人都拥有较强的时间观念。因此，在商务谈判之前双方应提前约定时间，做好谈判准备。一旦约定，双方都必须按时赴约；若迫不得已需要更改时间，应提前通知对方。言而无信的商务伙伴，失去的不仅仅是信用，而是双方真诚的合作机会。

3. 及时到场，礼貌入座

谈判者应神态自然、步态轻松、稳健地步入会场，从椅子的左侧入座，坐下后身体要保持端正。不转动座椅、不跷起"二郎腿"，不要将脚向前伸或置于座椅的下面。女性入座时要注意理裙，两腿并拢。

各方的主谈人员应在自己一方居中而坐，其他人员则应遵循右高左低的原则入座。举行多边谈判时，为了避免失礼，淡化尊卑界限，按照国际惯例，一般均以圆桌为佳，按职务的高低自近而远地分别在主谈人的两侧就座；如需要译员，则应安排其就座于仅次主谈人员的位置，即主谈人的右侧。

无论何种谈判，有关各方与会人员都应尽量同时入场，同时就座，主方人员应待客方人员入座后再入座。

4. 自我介绍要得体

谈判双方接触的第一印象十分重要，言谈举止要尽可能地表现友好。作自我介绍时要自然大方，不卑不亢，不要表现得过于傲慢。被介绍时应起立微笑示意，在做完自我介绍后，可双手递上名片以加深对方对自己的印象，同时也便于日后联络。

5. 创造和谐的谈判气氛

介绍完毕要进行简短的问候致意，说话要得体、自在，不要结结巴巴或词不达意。首次交谈时，可选择双方共同感兴趣的话题进行，以便引起共鸣、沟通感情，创造和谐的谈判气氛，为正式谈判奠定良好的基础。

6. 保持风度

在整个谈判进行期间，谈判者都应当自觉地保持风度。具体来说，在谈判桌上保持风度，主要应当兼顾以下几个方面。

1) 认真听对方谈话

谈判之初的重要任务是摸清对方的底细。因此，要认真听对方谈话，细心观察对方的举止表情，并适当给予回应。这样既可表现出尊重与礼貌，同时还能从中了解到对方的目的和意图。

2）举止优雅适度

谈判过程中注意坐、站、行的姿态，并且谈判时应注视对方且目光停留在对方双眼至前额的三角区范围内。这样会使对方感到被关注、被尊重。手势自然，不宜做大幅度的手势，以免给对方造成轻浮之感。切忌双臂在胸前交叉，那样会显得十分傲慢无礼。

3）态度诚恳

要互相尊重，以礼相待，双方都应表现得诚恳，对不同的意见应持欢迎和尊重的态度。这种态度能使我们更加平心静气地倾听对方的意见，从而体现谈判者的宽广胸怀。在把握目标的坚定性和策略的前提下，本着互谅、互让、互惠的原则，体现尊重平等，加深相互了解，从而有利于谈判的成功。

4）心平气和，语言适度委婉

首先，商务谈判的结果最终影响着利益的分配。因此，双方人员的据理力争免不了会有一番唇枪舌剑。只有运用恰当得体的语言、委婉的语气才会给对方好感，变不利因素为有利因素。

其次，在谈判桌上，成功的谈判者均应做到心平气和，处变不惊，不急不躁，冷静处事。既不成心惹谈判对手生气，也不自己找气来生。在谈判中始终保持心平气和，是任何高明的谈判者本应保持的风度。

最后，要讲究一定的语言技巧和礼仪。提问时提问方式要委婉。内容上不要问与谈判内容无关的问题。如果提出的问题对方一时答不上来或不愿回答，就不要再追问下去，要随机应变，适时转换话题。言辞不可过激或追问不休，以免引起对方反感甚至恼怒，但对原则性问题应当力争不让。对方回答问题时不宜随意打断，答完时要向解答者表示谢意。

5）回答要实事求是，恪守商业信用

回答对方的问题要实事求是，不可敷衍了事或答非所问。如果对方对某个问题不太了解，要耐心地向对方做出解释，切不可表现得不耐烦或敷衍了事，甚至不屑一顾。

遵守谈判中的承诺，取信于人，不能言而无信。在谈判中不要欺蒙对方，报价要明确无误，不得变幻不定。对方一旦接受价格，不得再更改或出尔反尔。在商务谈判中，许诺必须谨慎，不管是答应谈判对手提出的要求，还是自己主动提出的要求，都要深思熟虑、量力而行。

6）保持耐心冷静

如果在谈判中对方情绪较激动，最好的办法就是静静地耐心倾听对方，千万不要还击。成功来自关键时刻的耐心与冷静，解决矛盾时要就事论事，求大同存小异，不可因发生矛盾而有过激的语言和行动，甚至进行人身攻击或侮辱对方。

7. 礼待对手

在谈判中，必须明白对手之间的关系是"两国交兵，各为其主"。指望谈判对手对自己手下留情，甚至"里通外国"，不是自欺欺人，便是白日做梦。因此，要正确地处理己方人员与谈判对手之间的关系，就要做到人与事分别而论。也就是说，朋友归朋友，谈判归谈判。在谈判之外，对手可以成为朋友。在谈判之中，朋友也会成为对手。二者不容混为一谈。在谈判期间，要礼待自己的谈判对手。

8. 心态平和大度，争取双赢

即使双方没有达成一致，也要对对方彬彬有礼、宽容大度，为以后的合作打下良好的基础。不能翻脸不认人，因情急而失礼，更不要争吵。争吵无助于矛盾的解决，只能激化矛盾。因此，更要注意保持风度，应心平气和地解决问题。

谈判往往是一种利益之争，因此谈判各方无不希望在谈判中最大限度地维护或者争取自身的利益。然而从本质上来讲，真正成功的谈判，应当以妥协即有关各方的相互让步为其结局。这也就是说，谈判不应当以"你死我活"为目标，而是应当使有关各方互利互惠，互有所得，实现双赢。在谈判中，只注意争利而不懂得适当地让利于人；只顾己方目标的实现，而指望对方一无所得，是既有失风度，也不会真正赢得谈判的。

6.2.4 签字的仪式

签字仪式，通常是指订立合同、协议的各方在合同、协议正式签署时所正式举行的仪式。举行签字仪式，不仅是对谈判成果的一种公开化、固定化，而且也是有关各方对自己履行合同、协议所做出的一种正式承诺。

1. 位次排列

从礼仪上来讲，举行签字仪式时，在力所能及的条件下，一定要郑重其事，认认真真。其中最为引人注目的，当属举行签字仪式时座次的排列方式问题。

一般而言，举行签字仪式时，座次排列的具体方式共有三种基本形式，它们分别适用于不同的具体情况。

1）并列式

并列式排座，是举行双边签字仪式时最常见的形式。它的基本做法是：签字桌在室内面门横放。双方出席仪式的全体人员在签字桌之后并排排列，双方签字人员居中面门而坐，客方居右，主方居左。

2）相对式

相对式签字仪式的排座，与并列式签字仪式的排座基本相同。二者之间的主要差别，只是相对式排座将双边参加签字仪式的随员席移至签字人的对面。

3）主席式

主席式排座，主要适用于多边签字仪式。其操作特点是：签字桌仍在室内横放，签字席仍须设在桌后面对正门，但只设一个，并且不固定其就座者。举行仪式时，所有各方人员，包括签字人在内，皆应背对正门、面向签字席就座。签字时，各方签字人应以规定的先后顺序依次走上签字席就座签字，然后即应退回原处就座。

2. 基本程序

谈判人员在具体操作签字仪式时,可以依据下述基本程序进行运作。

1) 宣布开始

此时,有关各方人员应先后步入签字厅,在各自既定的位置上正式就位。

2) 签署文件

通常的做法,首先签署应由己方所保存的文本,然后再签署应由他方所保存的文本。此种做法,通常称为"轮换制"。它的含义是:在文本签名的具体排列顺序上,应轮流使有关各方均有机会居于首位一次,以示各方完全平等。

依照礼仪规范,每一位签字人在己方所保留的文本上签字时,应当名列首位。

3) 交换文本

各方签字人此时应热烈握手,互致祝贺,并互换使用过的签字笔,以示纪念。全场人员应热烈鼓掌,以表示祝贺之意。

4) 饮酒庆贺

有关各方人员一般应在交换文本后当场饮上一杯香槟酒,并与其他人士一一干杯。这是国际上所通行的增加签字仪式喜庆色彩的一种常规性做法。

6.3 涉外商务会见与会谈礼仪

发自内心的小小的一句话,力量足以温暖地拥抱对方。

——原一平

由于经济的全球化,国际贸易越来越频繁,涉外商务会见与会谈也日趋增加。在国际上,会见通常被称为接见或拜会。凡身份高的人士会见身份低的,或者主人会见客人,这种会见可称为接见或召见;凡身份低的人士去会见身份高的,或者客人会见主人,这种会见就称为拜会或拜见。

6.3.1 涉外商务会见与会谈的仪表要求

在涉外商务会见与会谈中,应当特别注重仪表,在仪表上有严格的要求。应该穿着正统、简约、高雅、规范的最正式的礼仪服装。

男士不准留胡子或留大鬓角。应穿深色三件套西装和白衬衫,打素色或条纹式领带,配深色袜子和黑色系带皮鞋。

女士应选择端庄、素雅的发型,化淡妆。要穿深色西装套裙和白衬衫,配肉色长筒袜或连裤式丝袜和黑色高跟、半高跟皮鞋。摩登或超前的发型、染彩色头发、化艳妆或使用香气浓烈的化妆品,都不可以。

6.3.2 涉外会见礼宾次序及座席的安排

涉外会见与会谈，要分清礼宾次序，正常为：
① 按身份与职位的高低排列是礼宾次序排列的主要根据；
② 按字母顺序排列；
③ 按通知代表团组成的日期先后排列。

1. 礼宾次序

涉外会见通常安排在会客室、会客厅或办公室。常见的方式如图6-13和图6-14所示。

2. 座次安排

各国的会见礼仪程序不尽相同，有时宾主各坐一边，有时穿插坐在一起。有些国家元首会见还有独特的礼仪程序，如双方简短的致辞、赠礼、合影等。我国习惯在会客厅安排会见，座位安排是来宾坐在主人的右边一侧，主宾席靠近主人席，记录员、译员安排坐在主人和主宾的后面。主方陪见人在主人左侧，按身份高低依次就座。

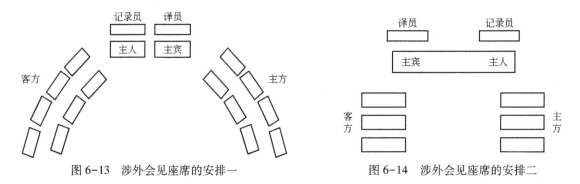

图6-13 涉外会见座席的安排一　　图6-14 涉外会见座席的安排二

双边会谈一般采用长方形、椭圆形或圆形桌子。座位安排是：宾主相对而坐，以正门为标准，主人居于背门一侧，来宾面对正门，双方主谈人居中。如图6-15所示。

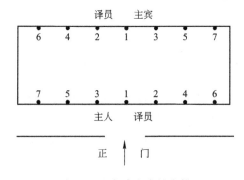

图6-15 会谈座次的安排

6.3.3 会见或会谈中的礼仪

1. 一般要求

① 会见或会谈应事先提出,将要求会见人的姓名、职务以及会见的目的告知对方。接见方应尽早给予明确答复,主动将会见或会谈的时间、地点、主方出席人、具体安排事项及时通知对方。如因故不能会见或会谈,应及时婉言予以解释。

② 准确掌握会见或会谈的时间、地点和双方参加人员的名单,及早通知有关部门做好相应的准备。

③ 客人到达时,主人在门口迎接,位置可在大楼正门,也可在会客厅门口。

④ 会见或会谈时备用的饮料,国际上没有统一的规定。

⑤ 一般官员、民间人士的会见,安排大体相同。

2. 国旗的挂法

国旗的悬挂按国际关系准则,一国元首、政府首脑在他国领土上访问,在其住所及交通工具上悬挂国旗(有的是元首旗)是一种外交特权。东道国接待来访的外国元首、政府首脑时,在隆重的场合,在贵宾下榻的宾馆、乘坐的汽车上悬挂对方(或双方)的国旗(或元首旗),这是一种礼遇。

在国际会议上,除会场悬挂与会国国旗外,各国政府代表团团长也按会议组织者有关规定,在一些场所或车辆上悬挂本国国旗。

有些展览会、体育比赛等国际性活动,也往往悬挂有关国家的国旗。在建筑物上或在室外悬挂国旗。

① 会谈中两国国旗并挂如图 6-16 所示。

② 会谈中三国以上国旗并挂如图 6-17 所示。

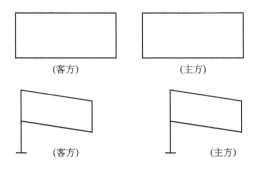

图 6-16 会谈中两国国旗并挂

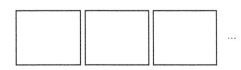

图 6-17 会谈中三国以上国旗并挂

③ 会谈中国旗交叉悬挂如图 6-18 所示。

④ 会谈中国旗竖挂如图 6-19 所示。

图 6-18　会谈中国旗交叉悬挂　　　　图 6-19　会谈中国旗竖挂

总之,在商务场合出席任何会议,包括进行谈判和参加涉外性的会谈,都应珍惜这一与客户建立良好业务关系的时机。

商务人员应该以积极的心态去出席会议,从会议上能直接得到一些新资讯、新见解,用于日后工作,为事业成功奠定基础。

本 章 小 结

本章所讲授的是日常会议礼仪。主要是指商务人员在各种商务会议中,需要了解和掌握的基本礼仪。商务人员掌握必备的会议礼仪知识,有助于更好地开展工作。

- 6.1 节讲授的是一般会议礼仪。涉及会议的安排与准备、会议的进行和会议结束后的礼仪的规范与要求,也介绍了一般会议的基本内容。
- 6.2 节讲授的是商务谈判礼仪。陈述了谈判分类与操作、谈判的座次安排、参加谈判的礼仪要点,介绍了与谈判相关的内容与要求。
- 6.3 节讲授的是涉外商务会见与会谈礼仪。讲解了会见与会谈的座次安排、国旗的挂法等内容。

复习思考题

1. 对于会议礼仪,首先要做好哪几件事?
2. 什么是会见和会谈?二者有什么区别?
3. 小型会议的排座,目前主要有哪几种具体形式?
4. 谈判的座位安排上有哪几种形式?
5. 签字仪式的具体操作是怎样进行的?
6. 国际交往中,悬挂国旗时的注意事项是什么?
7. 运用理论内容,安排学生 5~8 人一组,一组学生进行商务谈判礼节的角色扮演,另外一组进行点评,3~6 分钟。互相观摩、评点。

案例分析题

1. 国旗的悬挂

刘亦和于丹在同一所旅游学院读书。在他们共同参与筹划举办的"首届旅游文化节"的系列活动中，有一项是邀请阿拉伯埃及共和国驻中华人民共和国大使馆文化参赞到学校来作关于"埃及旅游与文化"的讲座。由于参加活动的人员级别比较高，所以在布置会场时，要求悬挂中国与埃及两国国旗。这下可难坏了同学们，刘亦认为面向国旗时，中国国旗应该在左侧，埃及国旗在右侧；而于丹却认为面向国旗时，应该是中国国旗在右侧，埃及国旗在左侧。"外事无小事"，于是他们请教了礼仪老师，最终证明于丹的说法是正确的。原来在正式场合悬挂国旗也有讲究，要遵守"面向国旗左为上"的原则，埃及为客方，为了表示尊重，应把埃及国旗悬挂在左侧。这次交流活动最终顺利举行，同学们的组织与管理工作得到了阿拉伯埃及共和国驻中华人民共和国大使馆文化参赞的赞扬。

分析：一个会谈如何悬挂国旗？详细说明1～2种情况。

2. 新来的秘书

某公司的办公室秘书换人了。这种更换的一个突出变化就是在开会的时候，大家常常感觉到有些"捉襟见肘"。以前那位秘书心细认真，做事严谨，如开会前的会议通知，开会时的会议记录，会议结束后的材料整理、文件下发等，很多烦琐性的协调工作都能安排得有条不紊。

这位新来的秘书却让公司的很多员工感到头疼：开会时，人员通知不到位，在会议开始后才发现会议材料准备得"缺斤短两"，会议安排凌乱等。对于这样的一位"助手"，办公室的同事都感觉有些郁闷。你知道为什么吗？

分析：一个秘书安排一个小会议要准备哪些内容？

第 3 篇

其他商务场合中的礼仪

第 7 章　商业仪式与专题活动礼仪
第 8 章　商务酒会与舞会礼仪
第 9 章　商务人员出国礼仪

第 7 章
商业仪式与专题活动礼仪

人无礼则不生,事无礼则不成,国无礼则不宁。

——荀子

> **内容简要**
>
> 仪式活动,是现代社会的重要社交方式,也是组织方对内营造和谐氛围、增加凝聚力,对外协调关系、扩大宣传、塑造形象的有效手段。本章讲授的内容包括开业典礼仪式、剪彩与签字仪式及新闻发布会与展览会礼仪等。
>
> **学习目标**
>
> 1. 掌握开业典礼的筹备事宜及各种开业典礼的运行;
> 2. 掌握剪彩与签字仪式的程序及礼仪规范;
> 3. 了解新闻发布会与展览会的筹备事宜及礼仪规范。

礼仪包括礼节和仪式,可见仪式在礼仪之中的重要位置。商务仪式又称为典礼,仪式礼仪指典礼的正规做法与标准要求,如庆祝或纪念某个重要的日子、重大事件或者举行重大活动,公司常常举行热烈隆重的商务仪式来渲染气氛。一般而言,仪式礼仪必须恪守基本原则,即典礼要适度、隆重而又节俭。一个组织不宜轻易办典礼,要办则要办得隆重而体面,同时要与本组织的实际情况相符合,精打细算,不可贪大求洋,盲目攀比。

商务人士参加的商务仪式活动,主要有开业仪式、剪彩仪式、签字仪式、新闻发布会与展览会仪式等。商务活动中恰到好处地应用仪式,既能表明公司认真严肃的态度、树立良好的公司形象,又能借此宣传公司的产品和服务,扩大公司的影响力和知名度。商业仪式是商务礼仪的一个重要组成部分,是商务礼节的具体体现。

7.1 开业典礼

言语是灵魂的透镜：言如其人。

——普布利乌斯·西鲁斯

俗话说得好："良好的开端是成功的一半。"商界非常重视隆重、热烈而成功的开业典礼。开业典礼也称为开业仪式，是指在单位创建、开业，项目完工、落成，某一建筑物正式启用，或是某项工程正式开始之际，为了表示庆贺或纪念，而按照一定的程序所隆重举行的专门的仪式。

开业典礼有助于塑造单位的良好形象，扩大社会影响，提高单位的知名度和美誉度，增强员工的自豪感和责任感。开业典礼主要包括开业典礼的筹备和开业典礼的运作两部分内容。

7.1.1 开业典礼的筹备

成功的开业典礼一般时间短暂，现场气氛热烈。由于开业典礼牵涉面广，影响巨大，因此筹备工作是否充分，是开业典礼能否成功的关键。

1. 开业典礼筹备原则

筹备开业典礼要遵循"热烈轰动""丰俭有度""缜密周到"三原则。

"热烈轰动"是指开业典礼要营造出一种欢快、喜庆、隆重的气氛，引起轰动效应；而不应令其沉闷、乏味。所以有人说："开业典礼理应删繁就简，但却不可以缺少热烈、隆重。与其平平淡淡，草草了事，走走过场，不如索性略去不搞。"

"丰俭有度"是指在举办开业典礼以及为其进行筹备工作的整个过程中，经费支出要量力而行，节制俭省，反对铺张浪费，暴殄天物，该花则花，不该花则绝不浪费。

"缜密周到"要求筹备开业典礼时，既要遵守礼仪惯例，又要具体情况具体分析，周密细致、认真策划、分工负责、注重细节，做到百无一失，严防临场出错。

2. 开业仪式筹备事项

1）注重媒体公关

举办开业典礼的主旨在于塑造企业的良好形象，因此舆论宣传必不可少。为此，要做的常规工作，一是选择有效的大众传播媒介，进行集中性的广告宣传。宣传内容可以是开业仪式举行的日期、地点或开业之际对顾客的优惠等；二是邀请有关媒体到现场采访、报道，以便对企业作进一步的正面宣传，提高企业的知名度和美誉度。

2）提前约请来宾

开业典礼影响的大小，实际上往往取决于来宾身份的高低与其数量的多少。尽可能多邀请地方领导、上级主管部门与地方职能管理部门的领导、合作单位与同行单位的领导、社会团体的负责人、社会贤达和媒体人员。

用以邀请来宾的请柬文字要求简洁，应认真书写，并应装入精美的信封。请柬应在开业前的半个月之前由专人送到对方手中，以便对方早做安排。如有必要，可以注明"请复函为盼"等文字。

3）精心布置场地

开业典礼多在开业现场举行，其场地可以是正门之外的广场，也可以是正门之内的大厅。按惯例，举行开业典礼时宾主一律站立，一般不布置主席台或座椅。为显示隆重，贵宾站立之处铺设红色地毯，并在场地四周悬挂横幅、标语、气球、彩带、宫灯等装饰物。来宾赠送的花篮、牌匾等应当摆放在醒目之处。

来宾的签到簿、本单位的宣传材料、待客的饮料等，亦须提前备好。对于音响、照明设备，以及开业仪式举行之时所需的用具、设备，必须事先认真进行检查、调试，以防其在使用时出现差错。

4）做好接待工作

在举行开业典礼的现场，一定要有专人负责来宾的接待服务工作。开业单位的全体员工在来宾面前，人人都要以主人的身份热情待客，有求必应，主动相助；同时要明确分工，各尽其职。接待贵宾，应由单位主要负责人亲自接待；礼仪人员接待一般来宾。要为来宾准备好专用的停车场、休息室，并应为其安排一些饮料和点心等。

一般开业典礼还要安排答谢酒会招待所有来宾。答谢酒会是在开业典礼结束之后进行的。如需安排来宾合影留念，则应在开业仪式结束后、答谢酒会开始前进行。

5）选择馈赠礼品

给来宾赠送一份礼品或纪念品，也是开业典礼所必需的。

根据常规，向来宾赠送的礼品，应具有宣传性。礼品可选用本单位的产品，也可在礼品以及外包装上印上本单位的企业标志、广告用语、产品图案、开业日期等，也可选择具有一定纪念意义的或独特的礼品。好礼品与众不同，又具有本单位的鲜明特色，使人爱不释手，令人难忘。

6）拟定工作程序

为使开业典礼顺利进行，在筹备之时，必须认真草拟仪式的程序，并选定好称职的仪式主持人。开业典礼一般由开场、过程、结局三大基本程序构成。

开场，包括奏乐、邀请来宾就位、宣布仪式正式开始和介绍主要来宾等。

过程，通常包括本单位负责人讲话，来宾代表致辞，启动某项开业标志，等等。它是开业典礼的核心内容。

结局，包括开业典礼结束后的现场参观、联欢、座谈等。它是开业典礼必不可少的尾声。

小思考

如果你筹备开业典礼，要做哪些基本准备工作？

答：① 要做好舆论宣传工作；

② 确定出席人员；
③ 发放请柬；
④ 安排接待工作；
⑤ 布置好环境。

7.1.2 开业典礼的运作

开业典礼其实是一个统称。在不同的适用场合，往往会采用其他名称。如开幕仪式、开工仪式、奠基仪式、破土仪式、竣工仪式、通车仪式等。其共性都是要以热烈而隆重的仪式，为本单位的发展创造一个良好的开端，但在具体运作上存在不少的差异。下面主要介绍常用的开业典礼。

1. 开幕仪式

开幕仪式是商务人士平日接触最多的一种仪式。在不少人的眼里，开业典礼就是开幕仪式。其实开幕仪式仅仅是开业典礼的具体形式之一。公司、企业、宾馆、商店、银行等正式营业前，有关商品的展示会、博览会、订货会正式接待顾客前，皆要正式举行相关仪式，称为开幕仪式。

开幕仪式的地点一般选择在门前广场、展厅门前、室内大厅等较为宽敞的活动空间。其程序主要有六项。第一项，宣布仪式开始，全体肃立，介绍来宾；第二项，邀请专人揭幕或剪彩；第三项，在主人的亲自引导下，全体到场者依次进入揭幕门内；第四项，主人致辞答谢；第五项，来宾代表发言祝贺；第六项，主人陪同来宾参观，开始正式接待顾客或观众，正式对外营业或展览。

2. 开工仪式

开工仪式是指工厂准备正式开始生产产品前专门举行的庆祝性、纪念性活动。开工仪式大都讲究在生产现场举行。

除司仪按惯例应着礼仪性服装之外，东道主一方的全体职工均应穿着干净而整洁的工作服出席仪式。

开工仪式的常规程序主要有5项。第一项，仪式宣布开始，全体起立，介绍各位来宾，奏乐。第二项，在司仪的引导下，本单位的主要负责人陪同来宾行至开工现场肃立。第三项，正式开工。届时应请本单位职工代表或来宾代表来到机器开关或电闸旁，首先对其躬身施礼，然后再动手启动机器或合上电闸。全体人员此刻应鼓掌致贺，并奏乐。第四项，全体职工各就各位，上岗进行操作。第五项，在主人的带领下，全体来宾参观生产现场。

3. 奠基仪式

奠基仪式是指楼阁、园林、纪念碑、大厦、场馆等重要的建筑物在动工修建之初，正式举行的庆贺性活动。

奠基仪式现场的选择与布置非常讲究。奠基仪式举行的地点，一般应选择在动工修筑建筑物的施工现场，奠基的具体地点应选择在建筑物正门的右侧。用以奠基的奠基石应为一块完整无损、外观精美的长方形石料。在奠基石上的文字应当竖写，在其右上款，应刻上建筑物的正式名称；在其正中央，刻有"奠基"两个大字；在其左下款应刻上奠基单位的全称及奠基仪式的具体年月日。奠基石上的字体，以楷体字为宜，并且最好是白底金字或黑字。

在奠基石的下方或一侧，摆放一只密闭完好的铁盒，内装与该建筑物有关的各项资料以及奠基人的姓名。届时，它将同奠基石一道被奠基人等培土掩埋于地下，以资纪念。

奠基仪式共分5项内容。第一项，仪式正式开始，介绍来宾，全体起立；第二项，奏国歌；第三项，主人对该建筑物的功能以及规划设计进行简介；第四项，来宾致辞道喜；第五项，正式进行奠基。此时锣鼓演奏器乐或播放喜庆乐曲。同时由奠基人双手持握系有红绸的新锹为奠基石培土，随后再由主人与其他嘉宾依次为之培土，直至将其埋没为止。

4. 竣工仪式

竣工仪式又称落成仪式，指本单位所属的某一建筑物或某项设施建设、安装工作完成之后，或者是某一纪念性、标志性建筑物建成之后，以及某种意义特别重大的产品生产成功之后，所专门举行的庆贺性活动。

竣工仪式包括7项基本程序。第一项，仪式宣布开始，介绍来宾，全体起立；第二项，奏国歌，并演奏本单位标志性歌曲；第三项，本单位负责人发言，以介绍、回顾、感谢为主要内容；第四项，进行揭幕或剪彩；第五项，全体人员向竣工仪式的"主角"——刚刚竣工或落成的建筑物，郑重其事地恭行注目礼；第六项，来宾致辞；第七项，进行参观。

竣工仪式举行时，全体出席者的情绪应与仪式的具体内容相适应。如庆贺大厦落成或新产品生产成功时，神情应欢快喜悦；而在庆祝纪念碑、纪念塔、纪念堂、纪念像、纪念雕塑建成时，则应表现得庄严肃穆。

7.2 剪彩与签字仪式

减少了对别人的忠诚，就增加了对自己的损失。

——佚名

7.2.1 剪彩仪式

剪彩仪式是指为了庆贺公司的设立、企业的开工、宾馆的落成、商店的开张、银行的开业、大型建筑物的启用、道路或航线的开通、展销会或展览会的开幕等，而隆重举行的一项礼仪性程序。因其主要活动内容，是约请专人使用剪刀剪断被称为"彩"的红色缎带，故此被称为剪彩。在各式各样的开业仪式中，剪彩都是一项极其重要的、不可或缺的程序。尽管它往往也可以被单独地分离出来，独立成项，但是在更多的时候，它是附属于开业典礼的。这是剪彩仪式的重要特征之一。

剪彩活动气氛热闹、轰动，既能给主人带来喜悦，又能令人产生吉祥如意之感；同时借剪彩良机向社会各界通报自己的"问世"，以吸引各界人士对本组织的关注。目前通行的剪彩仪式主要包括剪彩准备、剪彩人员、剪彩程序等方面。

1. 剪彩准备

剪彩的准备必须一丝不苟，精益求精。剪彩仪式需要做好大量的准备工作，包括布置场地、准备灯光与音响、邀请媒体等。除此之外，还须对剪彩仪式上所需使用的特殊用具，诸如红色缎带、新剪刀、白色薄纱手套、托盘以及红色地毯等，仔细地进行选择与准备。

1) 仪式场地

剪彩仪式的场地，一般应在行将启用的建筑、工程或者展览会、博览会现场举行。正门外的广场、正门内的大厅，都是可予以优先考虑的。在活动现场，可以略作装饰。剪彩现场必须悬挂写有剪彩仪式的具体名称的大型横幅。

2) 红色缎带

红色缎带就是剪彩仪式之中的"彩"。按照传统做法，它应当由一整匹未曾使用过的红色绸缎，在中间结成数朵花团而成。目前，有些单位为了厉行节约，而代之以长约两米的红色缎带、红布条或红纸条。一般来说，红色缎带上所结的花团，不仅要生动、硕大、醒目，而且其具体数目往往还同现场剪彩者的人数直接相关。红色缎带上所结的花团的具体数目有两个模式可依：其一，花团的数目较现场剪彩者的人数多一个；其二，花团的数目较现场剪彩者的人数少一个。前者可使每位剪彩者总是处于两朵花团之间，尤显正式；后者则不同常规，亦有新意。

3) 新剪刀

剪彩剪刀是专供剪彩者在剪彩仪式上正式剪彩时所使用的，要求是新的金色的剪刀。它必须是现场剪彩者人手一把，而且必须崭新、锋利而顺手，务必要确保剪彩者正式剪彩时，可以"手起刀落"，一举成功。在剪彩仪式结束后，主办方可将每位剪彩者所使用的剪刀经过包装之后，送给对方以资纪念。

4) 白色薄纱手套

手套是专为剪彩者准备的。在正式的剪彩仪式上，剪彩者剪彩时最好每人戴上一副白色薄纱手套，以示郑重其事。在准备白色薄纱手套时，除了要确保其数量充足之外，还须使之大小适度、崭新平整、洁白无瑕。

5) 托盘

托盘在剪彩仪式上是被托在礼仪小姐手中，用作盛放红色缎带、剪刀、白色薄纱手套的。在剪彩仪式上所使用的托盘，最好是崭新、洁净的。它通常首选银色的不锈钢制品。为了显示正规，可在使用时上铺红色绒布或绸布。

剪彩时，礼仪小姐可以用一只托盘依次向剪彩者提供剪刀和手套，也可以为每一位剪彩者配备一个专为其服务的托盘，同时还应专门配置一个盛放绸缎花团的托盘。

6) 红色地毯

主要用于铺设在剪彩者正式剪彩时的站立之处。其长度可视剪彩者人数的多寡而定，其宽度则不应在一米以下。在剪彩现场铺设红色地毯，主要是为了提升其档次，并营造一种喜庆的气氛。很多时候也可不铺设地毯。

2. 剪彩人员

剪彩人员主要由剪彩者和助剪者构成。

1）剪彩者

剪彩仪式上，剪彩者是主角，其言行举止直接关系到剪彩仪式的效果和组织形象。剪彩仪式档次的高低，往往也同剪彩者的身份密切相关。因此，在选定剪彩人员时，最重要的是要把剪彩者选好。

（1）选定剪彩者

剪彩者，即在剪彩仪式上持剪刀剪彩之人。根据惯例，剪彩者可以是一个人，也可以是几个人，但是一般不应多于5人。通常，剪彩者多由上级领导、合作伙伴、社会名流、员工代表或客户代表所担任。确定剪彩者名单，必须是在剪彩仪式正式举行之前。名单一经确定，即应尽早告知对方，使其有所准备。需要由多人同时担任剪彩者时，应分别告知其剪彩同伴。

（2）剪彩者礼仪

剪彩仪式是非常正式的场合，所以剪彩者应穿着整洁、庄重。男士一般着西装、中山装；女士穿西装套裙，精神饱满，给人以稳健、干练的印象。不允许戴帽子或戴墨镜，也不允许着便装。

剪彩者仅为一人时，则其剪彩时居中而立即可；若剪彩者不止一人时，同时上场剪彩时位次的尊卑就必须予以重视。一般的规矩是：中间高于两侧，右侧高于左侧，距离中间站立者越远位次便越低，即主剪者应居于中央的位置。

剪彩者走向剪彩的缎带时，应面带微笑，落落大方。当工作人员用托盘呈上剪彩用的剪刀时，剪彩者应向工作人员点头致意，并向左右两边手持彩带的工作人员微笑致意，然后全神贯注，将彩带一刀剪断。剪彩完毕，放下剪刀，应转身向四周的人鼓掌致意。

2）助剪者

助剪者，是指在剪彩过程中为剪彩者提供帮助的人，通常即为礼仪小姐。

具体而言，在剪彩仪式上服务的礼仪小姐，又可以分为迎宾员、引导员、服务者、拉彩者、捧花者、托盘者。迎宾员的任务是在活动现场负责迎来送往；引导员的任务是在进行剪彩时负责带领剪彩者登台或退场；服务者的任务是为来宾提供茶水饮料，安排休息；拉彩者的任务是在剪彩时展开、拉直红色缎带；捧花者的任务是在剪彩时手托花团；托盘者的任务是为每位剪彩者提供剪刀、手套等剪彩用品。可根据具体情况，确定礼仪小姐人数及分工。

知识点

剪彩者的礼仪规范

① 注意仪言仪表；
② 举止大方文雅；
③ 谈笑要有节制。

3. 剪彩程序

剪彩仪式宜紧凑，忌拖沓。短则15分钟即可，最长不宜超过1小时。

独立的剪彩仪式，通常应包含6项基本程序。

1）来宾就座

剪彩仪式上，通常只为剪彩者、来宾和本单位的负责人安排座席。剪彩仪式开始时，应敬请大家在事先安排好的座位上就座。在一般情况下，剪彩者应就座于前排。

2）宣布开始

主持人宣布剪彩仪式开始，全场起立、奏乐，现场可放飞彩色气球、燃放烟花，全体到场者应热烈鼓掌。此后，主持人介绍到场重要嘉宾，并表示谢意。

3）奏国歌

此刻全体起立，奏国歌。必要时可随后演奏本单位标志性歌曲。

4）致辞

致辞者发言顺序依次为：东道主单位的代表、上级主管部门的代表、地方政府的代表、合作单位的代表等。致辞内容要言简意赅，并富有感染力。

5）剪彩

主持人宣布剪彩，礼仪小姐上台，有的拉直红缎带，有的举好托盘。而后剪彩者上台剪彩，全体人员热烈鼓掌，或奏乐或燃放鞭炮。

6）参观

剪彩后主人应陪同来宾参观，还可向来宾赠送纪念性礼品，或设宴款待来宾。

7.2.2 签字仪式

签字仪式是指双方经过会谈协商，达成某项书面协议并签字，再互换正式文本的仪式。它是一件严肃而庄重的大事，礼仪规范较严格，气氛庄重而热烈。

通常情况下，政府、部门、企业之间通过谈判，就政治、军事、经济、科技等某一领域相互关系协议、缔结条约、协定或公约时，一般都举行签字仪式。签字仪式虽不算是一种纯礼仪活动方式，但目前世界各国所举行的签字仪式，都有比较严格的程序及礼节规范。这不仅显示出签字仪式的正式、庄重、严肃，同时也表明双方对缔结条约的重视及对对方的尊重。

1. 签字仪式的准备

在商务交往中，人们在签署合同之前，通常会竭力做好以下几个步骤的准备工作。

1）布置签字场所

由于签字的种类不同，各国的风俗习惯不同，因而签字场地的布置也不尽相同。

签字场地可选择专用的，也可用会议厅、会客室来替代。布置的总原则要求庄重、整洁、安静。标准的签字厅应铺满地毯。正规的签字桌应为长桌，且应当横放，最好铺设深绿色的台布。在签字桌后面，可摆放适量的座椅。签署双边性的合同放置两张座椅，供签字人就座；签署多边性合同，各方签字人可共享一个座位，也可一人一座位。签字人就座时，一般应当面对正门。

在签字桌上，应事先安放好待签的合同文本以及签字笔、吸墨器等签字时用的文具。签署涉外合同时，各方签字人正前方的签字桌上插放其国旗。主方国与客方国旗帜悬挂的方位是面对正门客右主左，即各方的国旗须插放在该方签字人座椅的正前方。

2）安排座次

签字仪式中，各方代表对于礼遇均非常在意，因而商务人员对于在签字仪式上最能体现礼遇高低的座次问题，应当认真对待。

签字时各方代表的座次，是由主方代为先期排定的。合乎礼遇的做法是：在签署双边性合同时，应请客方签字人在签字桌右侧就座，主方签字人则应同时就座于签字桌左侧。双方各自的助签人，分别站立于各自一方签字人的外侧，以便随时为签字人提供帮助。双方其他的随员，依照职位高低，依次列成一行站立于己方签字人的身后。当一行站不完时，可以按照以上顺序并遵照"前高后低"的惯例，排成两行、三行或四行。原则上，双方随员人数，应大体上相近。

在签署多边性合同时，各方签字人签字时需依照事先约定的先后顺序，依次上前签字。各方的助签人应随之一同行动，站立于签字人的左侧。各方随员，则按一定的次序面对签字桌就座或站立。

3）预备待签文本

会谈结束后，双方应指定专人负责合同的定稿、翻译、校对、印刷与装订等工作。文本一旦签订就具有法律效力，因此对待文本态度应严肃郑重。而且此文本是正式的、不再更改的。

一般来说，各方要保留两份签字文本。除预备正本外，如有必要，还应为各方提供一份副本。与外商签订合同，按照惯例，待签文本应同时使用宾主双方的母语。

待签文本由精美的白纸印制而成，按大八开的规格装订成册，并以仿皮、软木或其他高档质料作为其封面。

2. 签字仪式的程序

1）签字仪式开始

有关人员在既定的位置上各就各位。以我国为例，双方参加签字的人员进入签字厅，当签字人入座时，其他人员分主方、客方，按身份顺序排列于各方的签字人员座位之后。随后，仪式正式开始。

2）签字人签署文本

签字人采用轮换制正式签署文本。即先签署己方保存的合同文本，再交换签署他方保存的合同文本，其含义是在位次排列上，轮流使有关各方有机会居于首位一次，以显示机会均等，各方平等。

3）交换合同文本

双方签字人交换已正式签署的文本。各方签字人相互握手，全场人员热烈鼓掌。双方还可交换各自方才使用过的签字笔，以示纪念。

4）共同举杯庆贺

交换已签的文本后，有关人员尤其是签字人当场干一杯香槟酒，这是国际上通用的旨在增添喜庆色彩的做法。然后，双方最高职务者及客方先退场，东道主再退场。整个签字仪式以半小时为宜。

5）对外发布新闻

如果是重大的、有影响的或具有新闻价值的签字仪式，还应在签字仪式结束后举行新闻发布会，对外发布新闻。

> **小思考**
>
> **主签人都是最高领导人吗？**
>
> 答：不一定。主签人的确定要结合签订文件的性质考虑。可以安排最高负责人进行签字，也可以由具体部门负责人签字。基本原则是双方签字人的身份对等。

7.3 新闻发布会与展览会礼仪

四份有敌意的报纸比一千把刺刀更可怕。

——拿破仑

7.3.1 新闻发布会礼仪

新闻发布会，或称为记者招待会，是一个社会组织为了直接向新闻界发布有关组织信息、解释组织重大事件而举办的活动。举办新闻发布会，是主动联络、协调与新闻媒介之间相互关系的一种重要手段。

新闻发布会礼仪，指的就是有关举行发布会的礼仪规范。一般而言，新闻发布会礼仪主要体现在会议的筹备、现场的应对与善后事宜三部分礼仪。

1. 会议的筹备

新闻发布会的会前筹备，主要从以下6个方面进行。

1）确定主题

决定召开新闻发布会之后，应首先确定中心论题，即主题。主题得当与否，往往直接关系到发布会的预期目标能否实现。主题应集中、单一，不能同时发布几个不相关的信息。

新闻发布会的主题一般有三类：一是发布某一消息；二是说明某一活动；三是解释某一事件。

2）选择时空

新闻发布的时间通常也是决定新闻何时播出或刊出的时间。多数平面媒体刊出新闻的时间是在获得信息的第二天，因此要把发布会的时间尽可能安排在周一、二、三的下午为宜，会议时间保证在 1 小时左右，这样可以相对保证发布会的现场效果和会后见报效果。

发布会应尽量避开节假日，并且不选择在上午 8 点前或晚上 19 点以后的时间。部分主办者出于礼貌的考虑，希望可以与记者在发布会后共进午餐或晚餐，这并不可取。如果不是历时较长的邀请记者进行体验式的新闻发布会，一般不需要做类似的安排。

在时间选择上还要避开重要的政治事件和社会事件，否则媒体对这些事件的大篇幅报道，会冲淡企业新闻发布会的传播效果。

新闻发布会的地点安排，可以选择户外（事件发生的现场，便于摄影记者拍照），也可以选择在室内。根据发布会规模的大小，室内发布会可以直接安排在企业的办公场所或者选择酒店。必要时，还可在不同的地方召开内容相似的新闻发布会。举行新闻发布会的现场应交通便利、易于寻找、面积适中、条件舒适。

发布会现场应设主席台，桌上需摆放席卡，标明"主持人""发言人"及其他在主席台就座的人员名单。主席台前面可以摆设一些鲜花装饰，主席台背景上应有本次发布会的名称：××××××新闻发布会。

新闻发布会现场的背景布置和外围布置需要提前安排。一般在大堂、电梯口、转弯处有导引指示欢迎牌，也可事先请好礼仪小姐迎宾。如果是在企业内部安排发布会，也要酌情安排人员做记者引导工作。

小思考

新闻发布会的时间要注意什么？

答：① 避开节日与假日；
② 避免与重大社会活动相冲突；
③ 防止与新闻界宣传报道重点撞车。

3）安排人员

安排有关人员时，首先要选好主持人与发言人。

主持人的基本条件是：仪表堂堂，见多识广，反应灵活，语言流畅，善于把握大局和引导提问，并且具有丰富的经验。主持人一般由组织方的宣传负责人担任，如公关部部长、办公室主任或秘书长等。

代表公司形象的新闻发言人对公众认知会产生重大影响，其往往是会议的主角。发言人应修养良好，学识渊博，思维敏捷，能言善辩，具有清晰明确的语言表达能力、倾听能力、反应力及现场调控能力，可以充分控制和调动发布会现场的气氛。发言人一般由组织方的主要负责人担任，其应该在公司身居要职，有权代表公司讲话，具有一定的权威性。

除了慎选主持人和发言人外，还需精选一些发布会现场的礼仪接待人员。依照惯例，礼仪人员最好由相貌端正、责任心强、善于交际的年轻女性担任。礼仪接待人员也可临时从专业的礼仪服务公司聘请。

4）准备材料

在筹备新闻发布会时，组织方通常事先需要准备好的材料如下。

(1) 发言提纲

这是发言人在发布会上正式发言时的提要。发言提纲应紧扣主题，全面、真实、准确。

(2) 问答提纲

对有可能被问到的问题进行预测，预备好问答提纲，供发言人必要时参考。

(3) 宣传提纲

为方便媒体进行宣传报道时抓住重点、资讯翔实，组织方可事先准备一份以有关数据、图片、资料为主的宣传提纲，打印后分发给每一位外来与会者。在宣传提纲上，通常应列出单位名称、联络电话、传真号码或电子邮箱等，以供媒体核实。

(4) 辅助材料

如有必要，可在发布会现场预备一些可强化会议效果的形象化视听资料，如照片、图片、实物、模型、录像、光碟等，以供与会者利用。

5）邀请媒体

在决定召开新闻发布会之后，选择哪些媒体与会就显得很重要。

目前，新闻媒体大体分为电视、广播、报纸、杂志、网络5类。它们各有所长，各有所短。在分析各类媒体的优缺点后，应有针对性地选择邀请。在媒体邀请的密度上，既不能过多，也不能过少。总之，主办方应优先邀请那些影响较大、报道公正、口碑良好的新闻单位。

6）拟定流程

新闻发布会的流程主要有6步。第一步，主持人宣布开会；第二步，介绍应邀参加会议的政府官员和主要发言人；第三步，说明记者提问时间、提问规则等；第四步，宣布提问开始，指定提问记者；第五步，宣布提问时间到，提问结束；第六步，组织参观或宴请。

2. 现场的应对

在新闻发布会正式举行的过程中，往往会出现一些难以预料的情况，要应付这些变故，确保发布会的顺利进行，除了要求组织方的全体人员齐心协力、密切合作之外，最重要的是需要主持人、发言人能沉着应变，掌控全局。因此，要求主持人、发言人注意以下几点：

1）注意外表的修饰

在广大社会公众眼里，主持人、发言人通常是本单位整体形象的化身，有时甚至决定了社会公众对组织方的态度和评价。因此，主持人、发言人应注重自身的外表，尤其是仪容、服饰、举止等方面。按照惯例，主持人、发言人要进行必要的化妆，以淡妆为主；发型应当庄重而大方；男士着深色西装、白色衬衫、黑袜黑鞋，并且打领带；女士则宜穿单色套裙、肉色丝袜、高跟皮鞋。服装必须干净、挺括。

面对媒体时，主持人、发言人举止要得体大方，面带微笑，目光炯炯，表情自然，坐姿端正，并应避免某些有损个人形象的不良举止。

2）注意相互配合

主持人、发言人相互配合，在新闻发布会上是极其重要的。要做到默契配合，一要明确分工，二要彼此支持。

在发布会上，主持人与发言人分工不同，必须各尽其职。主持人主要是主持会议、引导提问；发言人主要是主旨发言、答复提问。

主持人与发言人在发布会上必须保持口径一致，不允许公开顶牛、相互拆台。当媒体提出的问题过于尖锐或难以回答时，主持人应巧妙地转移话题，不使发言人难堪。

3）注意语言艺术

发布会上，主持人、发言人的言行，都代表着主办单位。因此，必须注意语言艺术，把握分寸。

（1）简明扼要

发言或是问答，都要条理清晰、重点突出，让人既一听就懂，又难以忘怀。

（2）提供新闻

新闻发布会，自然就要有新闻发布。因此，在不违法、不泄密的前提下，要善于满足对方在这方面的要求，并善于表达自己独到的见解。

（3）生动灵活

适时采用适当的风趣语言、巧妙典故，可活跃现场气氛，甚至能缓和冲突场面，化干戈为玉帛。

（4）温文尔雅

发言人面对尖锐而棘手的提问时，能答则答，不能答则应巧妙地避实就虚。千万不能恶语相向，甚至粗鲁打断对方提问；也不应吞吞吐吐，张口结舌。

3. 善后事宜

新闻发布会举行完毕之后，组织方应在一定时间内进行一次认真的善后评估工作。

1）了解新闻界反应

发布会之后，应评测新闻发布会效果，监控媒体发布情况，了解有多少媒体代表发表了新闻稿，收集反馈信息，总结经验。

2）整理保存资料

整理保存发布会的有关资料，收集会议剪报，制作发布会成果资料集（包括来宾名单、联系方式整理，发布会各媒体报道资料集，发布会总结报告等），既可在此基础上制作相应的宣传资料，又可为此后举行同一类型的会议提供借鉴。

3）采取补救措施

对本次新闻发布会进行测评研究后，对于失误等要主动采取一些必要的补救措施。

针对出现的不利报道，具体分析后应采取相应措施。如对批评性报道，应闻过即改，虚心接受；对失实性报道，应通过适当途径加以解释，消除误解；对敌视性报道，在讲究策略、方式的前提下有力还击,立场坚定。

7.3.2 展览会礼仪

展览会是指通过实物并辅以文字、图像或示范性的表演来展现社会组织成果,以提高组织形象、促进产品销售的专题活动。展览会有大量的公共关系内容,是各社会组织力求塑造最佳组织形象的好机会。

展览会礼仪,通常是指商界单位在组织、参加展览会时,所应当遵循的礼仪规范与惯例。

1. 展览会的组织

一般的展览会,既可由参展单位自行组织,也可由专门机构进行策划。根据惯例,展览会的组织者需要重点进行的具体工作有:参展单位的确定、展示内容的宣传、展览现场的布置及展示位置的分配、安全保卫事项、辅助性服务项目等。

1) 参展单位的确定

按照商务礼仪的要求,主办单位事先应以适当的方式,向拟参展单位发出正式的邀请或召集。

邀请或召集的主要方式有刊登广告、寄发邀请函、召开新闻发布会等。同时应告知参展单位以下事项:展览会的宗旨、展出主题、参展单位范围与条件、展览会举办时间与地点、报名参展的具体时间及地点、所应负担的基本参展费用、咨询有关问题的联络方式等。

确定参展单位正式名单之后,主办单位应及时以专函进行通知,以便被批准参展单位尽早准备。

2) 展示内容的宣传

为了引起社会各界对展览会的重视,并且尽量扩大其影响,主办单位有必要对其进行大力宣传。宣传的重点,应当是展览的内容,即展览会的展示陈列之物。

对展览会,尤其是对展览内容所进行的宣传,主要采用以下方式:一是举办新闻发布会;二是邀请新闻界人士到场进行参观采访;三是发表有关展览会的新闻稿;四是公开刊发广告;五是张贴有关展览会的宣传画;六是在展览会现场散发宣传性材料和纪念品;七是在举办地悬挂彩旗、彩带或横幅;八是利用升空的彩色气球和飞艇进行宣传。以上 8 种方式,可以只择其一,亦可多种方式同时并用。在具体进行选择时,一定要量力行事,并且要严守法纪,注意安全。

为了搞好宣传工作,在举办大型展览会时,主办单位应专门成立对外宣传的组织机构。其正式名称,可以称为新闻组,也可以称为宣传办公室。

3) 展览现场的布置及展示位置的分配

展览现场的规划与布置是展会组织者的重要职责之一。布置展览现场的基本要求是:展示陈列的各种展品要围绕既定的主题,进行互为衬托的合理组合与搭配。要在整体上显得井然有序、浑然一体。

展品在展览会上进行展示陈列的具体位置,称为展位。所有参展单位都希望自己能够在展览会上拥有理想的位置。在一般情况下，展览会的组织者要想尽一切办法充分满足参展单位关于展位的合理要求，并使展位符合收费合理、面积适当、设施齐备、客流较多等要求。

4）安全保卫事项

组织者对于有关的安全保卫事项应认真对待，最好以书面形式明确各方责任。

在举办展览会前，必须依法履行常规的报批手续。此外，组织者还须主动将展览会的举办详情向当地公安部门进行通报，以求得其理解、支持与配合。

举办规模较大的展览会时，最好从合法的保卫公司聘请一定数量的保安人员，将展览会的保安工作全权交给对方负责。

为了预防天灾人祸等不测事件的发生，应向声誉良好的保险公司进行数额合理的投保，以便利用社会力量为自己分忧。

在展览会入口处或展览会的门券上，应将参观的具体注意事项正式成文列出，使观众心中有数，以减少纠葛。展览会组织单位的工作人员，均应自觉树立良好的防损、防盗、防火、防水等安全意识，为展览会的平安尽一己之力。

5）辅助性服务项目

主办单位作为展览会的组织者，有义务为参展单位提供一切必要的辅助性服务项目。具体而言，主要包括下述各项：一是展品的运输与安装；二是车票、船票、机票的订购；三是与海关、商检、防疫部门的协调；四是跨国参展时有关证件、证明的办理；五是电话、传真、计算机、复印机等现代化通信联络设备；六是举行洽谈会、发布会等商务会议或休息之时所使用的适当场所；七是餐饮及有关展览时使用的零配件的提供；八是供参展单位选用的礼仪、讲解、推销人员等。对上述各项辅助性服务项目，应事先对有关费用的支付情况做详尽说明。

2. 展览会的参加

参展单位在正式参加展览会时，必须要求自己的全部派出人员齐心协力、同心同德，为大获全胜而努力奋斗。在整体形象、礼貌待人、解说技巧三个主要方面上，参展单位尤其要予以高度重视。

1）要努力维护整体形象

参展单位的整体形象，主要由展示之物的形象与工作人员的形象构成。

展示之物的形象，主要由展品的外观、展品的质量、展品的陈列、展位的布置、发放的资料等构成。用以进行展览的展品，外观上要力求完美无缺，质量上要优中选秀，陈列上要既整齐美观又讲究主次，布置上要兼顾主题的突出与观众的注意力；用以在展览会上向观众直接散发的有关资料，则要印刷精美、图文并茂、资讯丰富，并且标有参展单位的主要联络方法。

工作人员的形象，则主要是指在展览会上直接代表参展单位露面的人员的穿着打扮。在一般情况下，要求在展位上的工作人员应当统一着装。最佳的选择，是身穿本单位的制服，或者是穿深色的西装、套裙。在大型的展览会上，参展单位若安排专人迎送宾客时，则最好迎宾人员最好身穿色彩鲜艳的单色旗袍，并身披写有参展单位或其主打展品名称的大红色绶带。为了说明各自的身份，全体工作人员皆应在左胸佩戴标明本人单位、职务、姓名的胸卡或挂有工作证，礼仪小姐可以例外。按照惯例，工作人员不应佩戴首饰，男士应当剃须，女士则最好化淡妆。

2）要时时注意礼貌待人

不管宣传型展览会还是销售型展览会，参展单位的工作人员都必须真正地意识到观众是自己的上帝，为其热情而竭诚地服务是自己的天职。为此，全体工作人员都要将礼貌待人放在心坎上，落实在行动中。

展览一旦正式开始，全体参展单位的工作人员即应各就各位，站立迎宾。不允许迟到、早退、无故脱岗、东游西逛，更不允许在观众到来之时坐、卧不起，怠慢对方。

当观众走近自己的展位时，不管对方是否向自己打招呼，工作人员都要面带微笑，主动地向对方说："您好！欢迎光临！"随后，还应面向对方，稍许欠身，伸出右手，掌心向上，指尖直指展台，并告知对方："请您参观。"

当观众在本单位的展位上进行参观时，工作人员可随行于其后，以备对方向自己进行咨询；也可以请其自便，不加干扰。假如观众较多，尤其是在接待组团而来的观众时，工作人员也可在左前方引导对方进行参观。对于观众提出的问题，工作人员要认真做出回答；不允许置之不理，或以不礼貌的言行对待对方。

当观众离去时，工作人员应当真诚地向对方欠身施礼，并道以"谢谢光临"，或是"再见"等告别语。

在任何情况下，工作人员均不得对观众恶语相加，或讥讽嘲弄。对于极个别不守展览会规则而乱摸乱动、乱拿展品的观众，仍须以礼相劝，必要时可请保安人员协助，但不许对其擅自动粗，进行打骂、扣留或者非法搜身。

3）要善于运用解说技巧

解说技巧，此处主要是指参展单位的工作人员在向观众介绍或说明展品时，所应当掌握的基本方法和技能。

解说要善于因人而异，使解说具有针对性。与此同时，要突出自己展品的特色。在实事求是的前提下，要注意扬长避短，强调"人无我有"之处。必要时，还可邀请观众亲自动手操作，或由工作人员对其进行现场示范。此外，还可安排观众观看与展品相关的影视片，并向其提供说明材料与单位名片。通常，说明材料与单位名片应常备于展台之上，由观众自取。

小思考

企业参加展览会主要展示什么内容？

答：企业参加展览会展示的是企业的产品、技术、成果和业绩。整体展示的是企业的实力，企业的良好社会形象。

本章小结

本章所讲授的是商业仪式等专题活动礼仪。主要包括开业典礼、剪彩与签字仪式、新闻发布会与展览会等商务活动的程序、礼仪规范及遵循的惯例。

- 7.1 节讲授的是开业典礼。具体涉及开业典礼的筹备原则、准备事宜以及各类开业典礼的规范运作。
- 7.2 节讲授的是剪彩与签字仪式。具体涉及剪彩与签字仪式的准备、人员的选择程序等。
- 7.3 节讲授的是新闻发布会与展览会礼仪。具体涉及发布会与展览会的组织筹备、媒体公关以及相关人员服饰、仪表等礼仪规范。

复习思考题

1. 筹备开业典礼应遵循哪些原则？
2. 简要概述开业典礼筹备的具体工作。
3. 剪彩仪式上要必备哪些物品？
4. 简要概述剪彩仪式的程序。
5. 举例说明签字仪式主席台座位的位次排列。
6. 新闻发布会的主持人、发言人应注意哪些事项？

案例分析题

参观展览礼节非小事

王君是某县贸易公司经理。2016 年 5 月的一天，王君乘火车到省城想与某公司洽谈一笔出口生意。听说附近在进行大规模的丝绸展，王君想顺便看看，以便给爱人带点礼物。

第二天，王君谢绝了陪同，一个人来到了丝绸展览会。展览会所展示的产品很丰富，他挑花了眼。王君抬头看到前面模特身上的衣服，感觉很合适，于是便快步走过去。摸摸手感不错，刚想开口问，就听到老板冲他说："你这人怎么这样啊，这件出口真丝衣服很贵，没看到纸上写着禁止手摸吗？"王君仔细一看，是有张纸上这样写着。王君被数落了一顿，没了心情，很快就出去了。

外面很热，他脱了西装，买了瓶水喝，顺便买了一双凉鞋换上，另外还买了一顶帽子和一副墨镜。想到下午坐车回去还早，于是他就到附近的现代雕塑展会看看。

王君进去后感觉很安静，手里拿着矿泉水瓶觉得别扭，看到左右没人就顺手放在地上了。突然，意识到自己与周围人不同，他赶快摘了帽子，也不再自言自语赞叹欣赏的作品了。到了另一展区,看到有人在打量他,王君看看自己没问题啊,闻闻好像是新的凉鞋有异味,他觉得不好意思了,于是就掏出墨镜戴上,继续看展览。

出去的时候,王君看到了参观展览指导说明,他一下子脸红了,知道了自己今天看展览时有很多失误,后悔进去前,没仔细看清楚参观展览指导说明。

分析:你能指出王君今天的失误之处吗?

第8章
商务酒会与舞会礼仪

> 自己想要得到什么，就必须首先想好能让别人得到什么。
> ——比尔·盖茨

内容简要

商务酒会与舞会活动，是现代企业进行商务活动常见的社交性活动，旨在加强联系与沟通，协调关系。本章讲授的内容包括商务酒会与舞会、商务联欢会与晚会的基本礼仪内容。

学习目标

1. 掌握商务酒会与舞会礼仪的内容与运用；
2. 掌握商务团拜和晚会的程序要求与礼仪规范；
3. 了解舞会礼仪的基本内容。

商务性的酒会和舞会是广交朋友、联络感情的重要场所，现今已经成为一种被广泛采用的社交活动形式。商务人员通过举办酒会和舞会，可以加强交流、增进友谊、建立协助关系，从而推进业务的顺利开展。

8.1 商务酒会与舞会

> 酒肴即使稀少，只要主人好客，也一样可以尽欢。
> ——莎士比亚

8.1.1 商务酒会的礼仪

1. 酒会的准备

"无酒不成宴",酒在宴请活动中扮演着重要的角色,它既表示对客人的尊重,又能增添席间的活跃气氛。中国人讲究"酒逢知己千杯少",可见饮酒是社会重要的交际手段。

酒会是一种高档的社交活动,在我国举办官方性酒会和商务性酒会居多。欧美人对饮酒很有讲究,饮酒一般分为"餐前酒""餐间酒""餐后酒"三种。"餐前酒"指正式进餐之前饮的各种混合酒,即开胃酒;"餐间酒"指正式进餐时饮用的各种葡萄酒;"餐后酒"指用餐后喝的各种助消化的酒,如威士忌或白兰地等。

举办招待酒会应注意选择一个宽敞明亮的环境,并加以精心布置,给人以亲切、融洽、和谐之感。主人或者主持人应将客人作一一介绍,以免冷场;备足酒水、食品,并由专门的服务人员负责添酒水;主人应照应好每位客人,以免冷落某些客人;参加商务酒会的人员注意不可贪杯,以免出现尴尬局面。

2. 酒会礼仪

在社交活动中,了解酒会的交际和用餐礼仪,对每个人而言都有其必要性。

1)交际礼仪

从某种意义上说,酒会的交际意义远远大于其饮食意义。展示个人魅力、促进社交成功是酒会的主要目的之一。因此,在酒会上交际也要讲究适当的礼仪原则。

(1)主动攀谈

酒会是交流信息的重要场合,因此参加酒会时不可矜持不谈、"故作深沉",只关心工作而缺少人情味;而要抓住时机,积极主动选择自己感兴趣的对象进行交谈,这样才能起到获得信息、联络感情、结交新知的目的。对于旧友,首先主动打一声招呼往往使自己显得亲切、友善,有利于双方关系的深化;对于想要结识的新朋友,则要具备自我介绍的信心,踊跃自荐,以使交际局面迅速打开。

参加商务酒会要主动与来宾进行交流,避免冷场,这是商务人员锻炼沟通能力的好机会;同时要避免几个熟人形成小团体或封闭自己,只顾自身吃喝。参加酒会的人可以自选对象进行交际。不与任何人相交,是非常失礼的表现。

(2)善待他人

在商务酒会上同他人攀谈,若话不投机,千万不要显出不耐烦的神色,或急于脱身而造成他人的不愉快。谈话时,也不要心不在焉,那样很容易让人理解为敷衍了事,是对对方不重视的一种明显表现,是十分失礼的。最好的办法是,交谈时给对方留出随意离开的机会,或提议两人一起去见同一位都熟识的人,或是参与到附近的人群中。

(3)照顾女性

酒会上,商务男士照顾女性是非常必要的,这也是男士体现自身修养的重要方式。如果女性酒杯空了,男士应主动上前添满;如果女性形单影只,没有人与之攀谈,男士则应主动上前,与其谈话,免其尴尬,或邀请其加入别的人群。

(4) 饮酒有度

酒会上虽然备有各种美味酒水，但切记参加酒会要饮酒有度，不要开怀畅饮，也不应猜拳行令、大呼小叫，或对别人劝酒，因为那样会给人以缺乏教养之感。同时，参加酒会一定要熟悉自己的酒量，适度取酒，切不可贪恋杯盏，引起醉酒，导致行为失态、语言失禁，以致事后追悔莫及。

2）用餐礼仪

商务人员参加酒会前，应认真了解参加酒会所必备的礼仪，了解酒会的餐序、取食规则和各种禁忌，这样才能体现出自身的良好素质，达到社交成功的目的。

(1) 排队取食

商务酒会在用餐时，不论是去餐台取菜，还是从侍者手里的托盘选择酒水，均应遵守秩序，认真排队，依次而行。商务酒会中忌讳不排队、哄抢等坏习惯。

(2) 多次少取

商务人员选取菜肴时，不论是爱吃的，还是尚未尝过的，都应一次只取一点，若不够可以再接着去取。这就是所谓的"多次少取"。若是取菜时装得太满，是十分失礼的行为。

(3) 力戒浪费

在酒会上，商务人员取酒水、点心、菜肴时，切记不要超标过量。取来的东西，必须全部吃完；扔掉或浪费是不允许的。在商务酒会上，水果皮、瓜子壳和塑料袋等千万不能随地乱扔，要放在指定的收垃圾处。

(4) 禁止外带

在商务酒会上，吃多少喝多少都行，但是绝对不能"顺手牵羊"，把酒会上的东西外带出去。

(5) 优雅用餐

在商务酒会上，注意拿酒杯的时候千万不要整个握在手里，尽量不要在酒杯上留下口红印，吃东西时要小口地吃。

3）酒会个人礼仪

商务酒会上，个人礼仪所涉及的是个人穿着打扮、举手投足之类的小节小事，但小节之处显精神，举止言谈见文化。

(1) 个人仪表

男士应该修面剃须，发型要整洁、大方，摩丝的喷洒不宜过多，以稍稍起到定型作用为标准。女士化妆的浓淡要考虑时间场合。在白天，女士略施粉黛即可，以淡雅、清新、自然为宜；晚间参加娱乐活动时可浓妆装扮。

(2) 个人服饰

商务酒会无论规模大小，如果不是特别标明可穿便服前往的，一定要穿上晚礼服以示重视。当然，如果事先得知酒会的主题并不隆重，只是一个"聚谈派对"，要体现个人的坦率与年轻，不穿正规的长至膝部的礼服裙，也许更合适些。

男士的穿着不求华丽、鲜艳，衣着不宜有过多的色彩变化，大致以不超过三种颜色为原则。参加正式、隆重的场合，则应穿礼服或西装。男士所着衣服除了黑色外，还有藏青色等，参加商务酒会西装单品是佳选，正装着黑色皮鞋。

对于女士参加商务酒会的着装，能留一点工作状态是最好的，所以可以保持一半职场的风情。女士西装的颜色，白天可以选择米灰色、云灰色、柔灰色。如果你是一个重要角色，那么缎白小西装和小黑裙搭配会让你从人群里脱颖而出。此外，女士可多用华丽和高品质配饰，如选择质量和品牌上乘的丝巾搭配。职业女性的鞋最好选色泽纯正的黑色，船形，材质考究，款式经典，可以在鞋面带有金属点缀，同时要考虑到鞋子和衣裙在色彩、款式上的协调。

小思考

商务女性参加酒会可以穿戴得如同电影明星般时髦和前卫吗？

答：最好不要穿戴得如同电影明星般时髦和前卫。因为多数的商务酒会场合，是有一点工作性质的，所以商务女士参加酒会的着装一定不能穿吊带衫、露脐装之类太暴露和比较炫的衣服，应穿典雅大方的服装。

（3）个人举止礼仪

参加商务酒会站立的时间比较多。男子站立时，双脚可分开与肩同宽，双手亦可在后腰处交叉搭放；女子站立时脚呈丁字步，这样的站姿可使女性看上去体态修长、苗条，同时也可显示女性阴柔之美。另外，无论男女，不可双手叉在腰间或怀抱在胸前与人交谈，貌似盛气凌人，给人印象不好。坐着谈话时，上身与两腿应同时转向对方，双目正视说话者。

在商务酒会上，要注意个人举止行为的禁忌。如应力求避免从身体内发出各种异常的声音（咳嗽、打喷嚏、打哈欠，均应侧身掩面再为之）；不当众挖耳朵、揉眼睛，也不要随意地剔牙齿、修剪指甲、梳理头发等；不宜吃带有强烈刺激性气味的食物来参加酒会；避免高声谈笑、大呼小叫。

3. 家庭酒会的安排

作为家庭酒会，对准时出席的要求不如正宴或午宴那么严格，但若许多客人姗姗来迟，以致酒会推迟开始，则会使女主人非常难堪。聪明的女主人一定会让少数好友提前到达，并协理酒会事宜。

如果是一个大型酒会，最好请少数朋友协助引见介绍。若有侍应人员，那么迎客进门时，就应接过客人的外套；若没有侍应人员，男女主人则应指示挂外套的地方。待客人处理完毕，即迎其加入酒会并使其得到饮料和谈话的同伴。

1）酒会地点安排是首先要考虑的问题

过于嘈杂和通风不足是酒会成功的最大克星。要考虑好家庭寓所能容纳多少客人，避免局促拥挤。只要有可能，应该把与举行酒会的主厅相毗邻的所有房间都利用起来。这样，人群密度就可以自行调节，喜欢热闹的人可以继续凑在一大群人中间，而其他人则可另觅雅座或出去透透空气。这样的安排还有利于形成酒会的气氛。

2）女主人的职责

在酒会上，女主人的职责是照顾好客人。女主人应该同所有客人都交谈几句，注意关照那些因年龄、职业或个性之故而踟蹰于局外的客人，保证不让任何一位来宾孤独地待在某个角落里。

客人要能应酬自如，至少在聚会开始之初，攀谈应酬是客人的主要职责。

3）应关注的细节

通常，邀请可用印制的"家庭招待会"请帖或电话发出。专门印制请帖邀请聚会是较为正式的。

举办一个小型的酒会，如有 15 位客人出席的酒会，用电话发出邀请即可。但要注意，"鸡尾酒会"一词在口头邀请时不能使用。应该说："本星期五若干朋友将共聚小酌，您能否……"

除了规模非常小的聚会之外，邀请应在事前发出。当然，被邀的客人应即行答复。

衣帽间应该男女分别安排：男子之物可放入大厅或楼下房间，女性的物品则可放到卧室里。

香烟应随手可取，或置于烟盒之内，或竖立放在合适的容器里。

烟灰缸应该既大又深，随处皆设。在较深的烟灰缸里，要有一层沙子铺底，以防烟头火星四溅，并及时消除难闻的气味。

目前还有一种瓶酒会，它是一种大部分饮料由客人自带的招待会形式。这种形式在学生和年轻人中特别流行。参加瓶酒会，男宾必须携酒，这种酒会上最常见的是葡萄酒。

大型的酒会，跳舞也是一项重要的活动，可以考虑租个唱片柜进行安排。

8.1.2 舞会礼仪

舞会又称交际舞会，其形式自由活泼，内容丰富多彩，是一种既热情又文雅庄重的活动。在商务活动中，经常采用舞会的形式，用以广交朋友、联络感情，加深友谊。要使舞会顺利圆满，商务人员必须懂得与此相关的舞会礼仪。

要使舞会成功，一是要确定舞会的组织筹备者；二是要确定舞会的规模和参加的人员，注意男女比例的均衡；三是要确定举办舞会的时间，包括何时举办和舞会持续时间；四是要确定舞会的场地，注意舞场的条件和舞池的大小；五是要准备好舞曲，各种风格、节奏的最好都要准备，有条件的舞会最好请乐队现场演奏；六是要做好接待工作，选好舞会的主持人和招待服务人员，准备好招待的食品、饮料。

从礼仪规范来讲，舞会的成败取决于舞会的组织、邀舞和跳舞等方面的礼节。

1. 舞会的组织礼仪

在组织筹办舞会时，要抓好以下工作。

1）确定时间、地点与人员

举办大型舞会，要进行认真的准备，首先要定好时间、地点与参加的人员。舞会要选择好时机，如款待贵宾、欢度佳节、庆祝生日及公司周年大庆等。在一般情况下，周末和节假日也非常适合举办舞会。舞会最适合在傍晚开始举行，最好不超过午夜。举办舞会的最佳长度一般是 2～4 小时。邀请的客人在男女人数上应大体相等，对已婚者应同时邀请其配偶一同参加。若是组织内部的舞会，而本单位男性较多时，可以有计划地邀请女性较多的单位参加。正式的舞会要发请柬，请柬上应注明舞会开始和结束的时间，客人在舞会进行中的任何时刻到场或离场，应有所暗示或说明。

2）布置舞场

舞会的场地要宽敞一些，以便于人们翩翩起舞；但也不能过大，人数少而场地过大会使人感到冷清，影响气氛。舞场的布置要典雅、大方，灯光要柔和，不能过强，也不宜太弱。舞池地板要上蜡以保持光滑。场内应备有座椅，以供人们休息。如为重要的酬宾舞会，还应备有茶水、咖啡等饮料和干果、糕点等小食品，以供客人随时取用。

3）选好舞曲

跳舞必须有舞曲伴奏。目前的舞会一般使用音响设备播放舞曲，倘有条件请乐队伴奏，效果会更好。不论是请乐队伴奏还是用音响设备播放舞曲，事前都要选定舞曲。优美的舞曲可以激发人们跳舞的兴致，创造出欢快的舞场气氛。交谊舞的形式很多，有华尔兹、布鲁斯、狐步舞、快步舞、探戈等。就华尔兹而言，还有慢华尔兹与快华尔兹之分。

在举行舞会前，要根据参加舞会人员的需要选好舞曲。舞曲要丰富多彩，既要有世界名曲，又要有最受欢迎的流行歌曲；既要有慢曲，又要有快曲。音量要适中。如舞客中青年人居多，可多选一些节奏稍快、音量较强的舞曲；如以老年人为主，则可多选择一些温文尔雅的世界名曲作为伴奏曲。总之，在选择舞曲时，必须根据舞客的需要，且要将各种不同舞步的舞曲穿插播放。

小思考

一般舞会什么时候结束？

答：按照约定俗成的惯例，一般舞会均以《友谊地久天长》作为最后一支舞曲。此曲一播放，等于宣布舞会到此结束。

4）舞姿优美

舞姿主要是指跳舞时的姿态和表情，要求端正、大方、活泼；身体保持平、正、稳，不能摇晃；神情愉悦，动作轻盈舒展，与舞曲协调一致。

起舞时男女双方相向而立，相距 20 cm 左右，男士右手中指、食指轻挽女士腰部，其他手指自然外张，或者以右手掌心向下向外，用大拇指的背面轻轻将女士腰部挽住；左手与肩形成水平线，掌心向上，拇指平展，将女士的右掌轻轻托住。女士的左手手指部分只需要轻轻落在男士的右肩即可，以示举止文雅得体。

在跳舞过程中，由男士领舞，女士配合。款款起舞时双方的身体应保持一定的距离，距离大小由舞步决定。无论哪种舞步，动作尽可能舒展协调。注意约束各自的目光，女士的眼光最好平射男士肩头，男士的目光宜停留在女士的秀发或额头，显示其神情专一，从而体现舞者的儒雅和文明。一曲舞毕，跳舞者应面向乐队立正鼓掌，以示感谢。男士将女士送回其座位并致谢。

2. 参加舞会的仪表规范要求

被邀参加舞会，是主人对你的尊重。不论男女，应邀参加舞会时都要注意自己的身份，做到文明高雅，彬彬有礼。其具体要求如下。

1）容貌整洁，注意卫生

不管参加什么舞会，都应该使自己的容貌干净、整洁。头发最好能洗（烫）一下，最少也要梳理得整整齐齐，不能乱七八糟；脸上的灰尘或污垢洗干净。女性要进行适当的化妆，有胡须的男性则要刮净胡须。

夏天参加舞会，要讲究皮肤的清洁，应该先洗好澡，换上干净衣服，甚至洒点香水（男性要用男士香水）后，再去参加舞会。

香水是女性的化妆品之一，参加舞会可用植物类的、香型较浓的香水。

参加舞会使用香水是有讲究的，最好将香水洒在手腕、颈部、耳后、太阳穴、臂弯里、喉咙两旁、膝头等不完全暴露的部位，这样香味会随着脉搏跳动、肢体转动而飘溢散发。为避免香水对皮肤的刺激，也可洒在衣领、手帕处。香水不宜洒得太多、太集中，最好在离身体20 cm处喷射。不要在衣服上洒香水，因为参加舞会时，衣服上的香水味容易混合汗味而变味，给人留下污浊、不清新的感觉。多脂多汗处忌洒香水，以免怪味刺鼻。也不可将香水喷在首饰上；应该先搽香水，等完全干后，再戴项链之类的饰物，否则会影响饰物的颜色及光泽。

2）服饰亮丽、大方

参加舞会要有美观得体的服饰。舞会是展示女性风采的最佳场所。因此，女性参加舞会时要精心打扮一番，使自己的服饰尽可能与舞场的环境和舞会的气氛相协调，色彩不能过于灰暗。一般来说，女性的舞会服饰应以红、橙、黄等暖色调为主，辅以浅蓝、淡绿等色彩。女性的舞会服装既要美观醒目，以吸引别人来邀请跳舞，又要结合自身条件，显得和谐自然，落落大方。在这方面，最能突出女性形体美的是针纺服装，其不同的色泽、图案和编织结构，会产生良好的视觉效果。

男性参加舞会一般应着西装。夏秋季可选薄爽的面料，冬春季适宜用保暖感强的厚面料。如果西装是格子、条纹或花点面料，领带就要用单色的；反之，如果西装面料是单色，领带就应选用条纹、格子、花点图案的，这也是参加舞会时在衣饰上的要求。不论男女，参加舞会都应穿皮鞋。

3）精神饱满

参加舞会应有良好的精神状态，面带倦意或愁容都是对他人的失礼。如果身体稍有不适，应谢绝参加。生病特别是有传染性疾病时，更不可进舞场，否则既会影响自己的休息，又容易传染给别人，这是很不道德、很不礼貌的行为。

4）举止优雅

参加舞会要注意自己的言谈举止，自尊自爱，做到讲文明、有礼貌，举止要大方、得体。跳舞时注意举止风度，不能贴和搂得过紧。另外，参加舞会必须遵循一定的文明规范，如参加舞会前不吃大蒜等带刺激性气味的食物，舞会前不喝大量酒，不在舞场高声谈笑和怪叫，不乱扔果皮、纸屑等。

> **小思考**
>
> **作为一位舞会的参加者，你认为应该注意哪些基本礼仪规范？**
> 答：① 着装要整齐、大方；
> ② 作为男士应礼貌邀请女士；女士若不同意，应婉言谢绝，也不能马上接受下一位男士的邀请；
> ③ 在舞会场所应时刻注意自己的一言一行。

3. 邀请舞伴的礼仪

交谊舞广泛流行于世界各国，它既体现着人们的活力和朝气，又是一种很好的社交方式。作为一个注意社交的现代人，应该学会交谊舞。在舞会上邀请舞伴时，必须注意以下礼仪。

1）男士主动

男女即使彼此互不相识，但只要参加了舞会，都可以互相邀请。但在正常情况下，应由男士主动去邀请女士共舞。舞会上男士主动邀请女士跳舞是礼貌和风度的表现。音乐结束后，男伴应将女伴送到其原来的座位，待其落座后，说一声："谢谢，再会！"然后方可离去。忌讳在跳完舞后，男士对女士不理不睬。

正式的舞会，第一支舞曲是主人夫妇、主宾夫妇共舞；第二支舞曲是男主人与女主宾、女主人与男主宾共舞。

2）礼貌邀请

男士邀请女士跳舞时，应彬彬有礼地走到女士面前，面带微笑并点头，以右手或左手掌心向上向舞池中央自然前伸，同时说"请"或"想请您跳个舞，可以吗？"等类似的话。如女士有父母或男伴作陪，应先向他们致意，然后再向女士邀舞。

男士邀请女士，女士可委婉谢绝；如果是女士邀请男士，男士一般不得拒绝。

3）适时邀舞

当你有意邀请一位素不相识的女士跳舞时，必须先认真观察对方是否已有男友伴舞。如有，一般不宜前往邀请，以免发生误解。特别是在女士较少的舞会里，不能和他人争抢舞伴。

在正常情况下，两个女性可以同舞，但两个男性却不能同舞。在欧美，两个女性同舞，是宣告她们在现场没有男伴；而两个男性同舞，则意味着他们不愿向在场的女士邀舞，这是不尊重女性的失礼行为。通常的做法是，只有当两个女性已在舞池内旋转起舞时，两个男性才采取同舞的方式追随到她们身边，然后共同向她们邀舞，继而分别组合成两对。

4. 被邀请者的礼仪

舞会上，男士通常是邀舞者，而女士则是被邀者。邀舞的男士固然要礼貌周到，而作为被邀者的女士也应做到态度文雅，落落大方，即彼此都应表现出良好的道德修养和高雅的文化素质。

舞会上被人邀请跳舞是受到尊重的表示，无故谢绝男士的邀请是失礼的。一般没有特殊原因，女士不应贸然拒绝男士的邀请，更不可傲慢无礼。如确有原因，则应说明理由，婉言谢绝。

一般来说，女士应尽可能接受男士的邀请。如决定谢绝，应当说："对不起，我累了，想休息一下"，或"我不大会跳，真对不起"，以求得对方的谅解。当拒绝了某位男士的邀舞后，在此曲终了前切记不应与其他男士共舞；否则，会被认为是对前一位邀请者的蔑视，这是很不礼貌的。

如果女士已经答应和别人跳这场舞，应当向后来的邀请者表示歉意，说："对不起，已经有人邀我跳了，等下一次吧。"当女士拒绝了一位男士的邀请后，如果这位男士后来再次前来邀舞，无特殊情况，女士应当接受邀请。

男士偕夫人参加舞会时，跳过一曲后，如有人前来向其夫人邀舞，男士应按礼节请夫人接受，而不能代夫人回绝对方的邀请，这也是失礼的表现。

青年男女成双成对参加舞会时，和自己一道来的舞伴多跳几场舞本属正常，但态度应开朗大方，不要过于狭隘。如别的男士来邀舞，女士一般不应拒绝，更不能讲出类似"我不认识你，不跟你跳"这样失礼的话。

知识点

商务人员在舞会中的四尊重

① 尊重歌舞厅的演职人员；
② 尊重一起娱乐的异性；
③ 尊重同场的其他人士；
④ 尊重自身人格。

8.2 商务联欢会与晚会

君子敬而无失，与人恭而有礼，四海之内，皆兄弟也。

——孔子

岁末年终，许多单位都通过举办各种形式的联欢晚会来总结过去、展望未来、交流感情、沟通信息。联欢会大体上可以分为两种类型：一是综艺娱乐性联欢会，二是专题性联欢会。通常所说的联欢会多指综艺娱乐性的联欢会。商务团拜会也是一种常见的形式。联欢会重在娱乐，但不可忽视礼仪，否则可能达不到预期效果。

8.2.1 商务联欢会

1. 联欢会的前期准备工作

（1）确定形式、主题

联欢会的形式不拘一格，采用何种形式对联欢会的成功与否意义重大。形式确定的同时，还要确定主题，明确指导思想、预期目标等。

（2）确定时间、场地

联欢会的时间一般应选择在晚上，有时也可根据情况选择在白天。联欢会的持续时间一般在两小时左右为宜。联欢会的场地选择非常重要，最好选择宽敞、明亮，有舞台、灯光、音响的场地。

（3）选定节目和主持人

选定节目时一定要考虑主题，尤其是开场和结尾的节目一定要精彩，有吸引力。节目应多种多样，多种形式穿插安排，不可头重尾轻，更不可千篇一律。主持人是联欢会的关键人物，联欢会应选择仪表端庄、表达能力强，有一定的组织能力、应变能力，熟悉业务的人担当主持人。

（4）彩排

正式的联欢会一定要事先进行彩排。这样有助于组织管理、堵塞漏洞、控制时间、增强演职人员自信心等。

此外，还应及时发出通知和邀请。

2. 商务联欢会安排注意事项

① 联欢会的场地应加以布置，给人以温馨、和谐、喜庆、热烈之感。

② 一场联欢会的主持人最好不少于两人（通常为1男1女）。主持人也不可过多，以免给人以凌乱无序之感。

③ 非正式的联欢会也要逐一落实具体事宜，一旦出现意外，能够及时补救。

3. 主持人的礼仪

主持人是联欢会的中心，其仪表、着装、举止言行等都对整个联欢会有着直接的影响，其作用举足轻重。主持人的礼仪、素养如何，直接关系到联欢会的成败。

1）主持人应具备的基本素质

① 良好的政治素养和职业道德。

② 具备一定的组织能力、语言表达能力和现场应变能力。

③ 精通业务知识，具有广泛的知识面。

④ 具有一定的幽默感，善于同各种公众打交道，并在短时间内缩小与观众的心理距离。

⑤ 重仪表，懂礼仪。

2）主持人的气质和人格魅力

主持人是联欢会中最引人注目的人物。主持人的气质、风度以及人格魅力对联欢会的成败起着决定性作用。主持人的气质、风度来自主持人端庄的仪表、得体的服饰、平静的心态和坚定的自信心。

作为主持人一定要注意整洁，注意发型，化妆要淡雅，着装不可太露，也不可猎奇。主持人的着装应结合联欢会的主题，给人以庄重、文雅、和谐之感。

3）主持人的语言表达技巧

作为主持人，首先要说普通话，口齿清晰，发音准确，语速适当，语音动听，这是主持人的必备条件和努力方向；其次，词汇丰富，用词准确，词句通顺，逻辑性强，这是主持人的基本功；最后，知识渊博，上至天文，下至地理，中及人事，引经据典，左右逢源，用通俗的话语将各种中外典故、逸闻趣事有机地串联起来，让人心悦诚服，受益匪浅。

4）感情投入，富有激情

主持人必须全身心地投入到联欢会的情境之中，犹如"导演"，将观众的情绪和热情激发出来。主持人的激情是观众的兴奋剂。主持人要有一定的煽动性，控制观众的情绪，控制现场的气氛和节奏。作为主持人一定要灵活，在运用口头语言的同时，适当运用一些动作语言。例如，主持人与观众通过目光交流，达到心灵的沟通，彼此理解和信任。

5）主持人要有协调与合作能力

作为主持人必须事先对联欢会的目的、指导思想、预期效果和主题等做深入细致的研究，并查阅大量的研究资料，了解相关知识。只有这样，才能在主持过程中随机应变。主持人应该有全局观念，与各方面竭诚合作，协调矛盾和冲突。

联欢会是一项集体活动，只有通过大家的共同努力，才能确保联欢会圆满成功。

4. 一般联欢会要点

（1）安排座次

联欢会的座次一般根据观众的身份事先做出安排。通常应将领导、主要来宾安排在醒目位置，其他观众最好穿插安排座位，以便于交流和沟通。

（2）适时鼓掌

当主要领导、嘉宾入场或退场时，全场应有礼貌地鼓掌。演出至精彩处可即兴鼓掌，但时间不宜太长；演出结束时应鼓掌以示感谢。

（3）献花

联欢会上对表演精彩者或主要客人可献花；演出结束时，可向演员献花篮或花束。

（4）印制节目单和观众须知

正式的联欢会应印制节目单和观众须知，为观众提供方便。

观众须知一般要点如下：参加联欢会一定要准时，对号入座；不得随意走动；不得大声讲话，起哄；不得提前离开，即使有急事，也要等正在进行的节目完毕后方可离开；场内严禁吸烟，严禁随意吃东西；观众应自觉维护全场的秩序，保持安静，保证联欢会顺利进行。

知识点

沙龙的类型

沙龙是法文 salon 的音译，即"客厅"或"会客室"之意。从 17 世纪起，西欧贵族和资产阶级中的一部分人经常聚集在某些私人的客厅里，谈论哲学、文学、艺术或政治问题。这种社交聚会逐渐成为一种时尚，后来传到世界各地，相沿成习。人们把这种主要在室内进行的专门的社交性聚会称为沙龙。

沙龙形式自由，品位高雅，内容丰富，交际面广，通常最多的是交际型沙龙和休闲型沙龙。

① 交际型沙龙。交际型沙龙的主要目的是使参加者之间保持接触，进行交流。如同学会、聚餐会、座谈会、生日派对等也都属于交际型沙龙。

② 休闲型沙龙。常见的休闲型沙龙主要有远足郊游会、家庭音乐会、俱乐部聚会、游园联欢会等。

8.2.2 晚会

1. 专场晚会演出的组织

① 选定节目，首先要选好演出的形式，是戏剧、舞蹈、音乐，还是曲艺、杂技、体育表演或是综合性演出。
② 演出的节目确定后，要正式向来宾发出邀请。
③ 为保证来宾欣赏好节目，要为来宾安排好观看演出的座位。
④ 专场演出可安排普通观众先入座。

2. 晚会演出的礼仪要求

作为观众，出席文艺或者其他晚会，要遵守下列礼仪要求。
① 注意仪容和服饰，体现整齐、大方、美观。
② 提前入场，对号入座。不随意走动和大声喧哗。
③ 遵守公共秩序，不乱丢弃东西，手机设置为关机或振动状态。
④ 尊重演员：每个节目结束或一幕终了时，应热烈鼓掌，对节目表示肯定，向演员表示支持和感谢。

商务礼仪实务八——交际舞会实训指导

舞种介绍：华尔兹（慢三）

节拍：3/4
节奏：每小节有 1、2、3 拍。第一拍为重音，第二、三拍为弱音。
速度：每分钟 28~30 小节。
风格：动作如流水般顺畅，像云霞般光辉。潇洒自如、典雅大方，波浪起伏，接连不断地潇洒旋转，享有"舞中皇后"的美称。
作用：华尔兹具有一切舞蹈所具备的作用。人们一致认同华尔兹是交际舞之王，高贵典雅。"让人神魂颠倒，唯有漂亮流畅的华尔兹！"

华尔兹用 W 表示，也称"慢三步"，是摩登舞项目之一，是一种 3 拍子的舞蹈。它原是欧洲的一种土风舞，其中一部分在英国经整理规范成了英国华尔兹，即华尔兹，也就是我们惯称的慢三；另一部分在欧洲中部仍然保持着土风舞热烈、淳朴的风格，经整理规范成我们常说的维也纳华尔兹。

步法图解：

1. 踌躇步（见图 8-1）

踌躇步（hesitation）又称为逗留步或平衡步。在自娱跳法中，它可以用来作为交谈、变换动作或方位的过渡性转换，以及在人多拥挤时一边踌躇一边观望寻找合适位置的特殊舞步。这种舞步的变化形式较多，有一步踌躇、两步踌躇和三步踌躇之分。现在以三步踌躇为例进行讲解。

如图 8-1（a）所示，第一拍，男进左，女退右。图 8-1（b）为第二拍和第三拍，双方都在到达的位置上，原地踮脚两次。男先右后左，女先左后右。图 8-1（c）为下一个小节的第一拍，男退右，女进左。图 8-1（d）为第二拍和第三拍，双方回到原来的位置，原地踮脚，这里是进左退右的踌躇。

图 8-1 踌躇步分解（连续左转 90°）

请练习一下退左进右的踌躇，并想一下不同的体位会有些什么变化。

2. 踌躇步全方位的体位变化练习

首先由男伴确定一个固定的方向，假如从斜墙位起，顺着逆时针方向，每隔 45°作为一个方位点，到面墙位止共有 8 个点，现将这 8 个点分别确定为一种体位关系上的前进或后退的坐标。从起步点开始，每次变化都用踌躇步在两点之间来回运动，这样就构成了一个"米"字形的运动轨迹，依次进行体位变化的进退（或退进）踌躇。注意体位的变化应在返回起步点的后两个弱拍上进行。每次踌躇（不论进退）都依男左女右的起步习惯循环。

① 左外侧位的进退（图 8-2（a））；
② 关位的进退；
③ 右外侧位的进退（图 8-2（b））；
④ 开位的进退（图 8-2（c））；

图 8-2　跨踏步全方位的体位变化

⑤ 左外侧位的进退（图 8-2（a））；
⑥ 关位的进退；
⑦ 右外侧位的进退（图 8-2（b））；
⑧ 开位的进退（图 8-2（c））。

当以上练习趋向熟练时，你的体位变化适应性能力就自然地提升到一个新的层次。

这个练习本身也可以当成一种花样来使用。为了增强其趣味性，可以将第 8 次跨踏稍加变形，成为非标准握持的单拉手式转身前进。

如图 8-2（d）所示，男放开右手，用左手引导女伴向反开位的方向转身前进。男进左、女进右，在后两个弱拍的踏步中男左转，女右转。

如图 8-2（e）所示，男放开左手，换成右手单拉，引导女伴在上一小节后面的男左转、女右转动律中，转身前进；男进右，女进左。后两个弱拍在踏步中改变体位，形成左外侧位。从头连接反复。

3. 第一、二、三锁链步的变化

全方位练习，容易进入一个新的层次，锁链步的变化和发展，便是这种进步的必然结果。锁链步，顾名思义，就是舞步的结构形式犹如锁链一样，每后一个环节都是前一个环节的串联性复制，环环相扣，连续发展。一般锁链都是原理相同而形态各异，锁链步形态的变化也是这样。这里介绍的只是三种常见的简单变化。但只要有了这三种基础性变化的能力，进一步发展是很容易的事。

第一锁链步是左、右外侧位的结合，又名交叉舞步（cross step），俗称"穿花"，是锁链性变化舞步的鼻祖。只要掌握了这种变化的规律，其他的变化就迎刃而解了。这种变化舞步的内核是跨踏步，第一步要大，后两步要轻盈而飘逸。体位的转换必须在后两步中呈滑翔状盘旋到位。常见的失误是忽略这种盘旋式的滑翔感，形成机械性的"为换位而换位"的横向运动，在练习中应特别注意避免或克服。

如图 8-3（a）所示，第一小节男进左，女退右，在左外侧位上运步。图中是后两拍的盘旋式滑翔动作。音乐结束时，应基本完成换位。

如图 8-3（b）所示，第二小节男进右，女退左，在右外侧位上运步。图中是后两拍的盘旋式滑翔。音乐结束时，应基本完成换位。依此方法循环前进。

图 8-3　锁链步的变化

第一锁链步也可采用男退女进的向后发展的形态运行。但必须注意，男退左、女进右的第一步，应当从右外侧位上开始，而不能在左外侧位上做男退左、女进右的运步，这违背了人体运动的规律，给人以不协调和不优美之感。请记住这一点，并自行练习。

4. 第二锁链步的变化

第二锁链步是由外侧位和开位构成的。向前运动是左外侧和开位的结合；向后运动则是右外侧位和开位的结合。这是不能违背的法则，是不能变通的。

向前运动的第二锁链步，很容易形成一种原地进退的男伴单独忙乱的失误。这是因为男伴"领舞"意识不强或能力不足造成的，在练习中应加以防止。正确的舞步发展形态，应当是沿舞程线方向做环形的曲线运动。

在左外侧位上男进左，女退右，如图 8-3（c）所示，后两拍在盘旋中将体位向开位发展变化。

向环形运动的中心点做开位的男进右，女进左，如图 8-3（d）所示。后两拍转换成左外侧位循环练习。

5. 第三锁链步的变化

第三锁链步就体位关系而言，与第一锁链步完全相同，只是因为每一小节都经历了一次自身方向的 180°转体而增加了难度。运动程序是第一小节男进女退，第二小节男退女进，但总的前进运动方向却都丝毫不受影响。

图 8-3（e）为在左外侧位上，男进左，女退右。后两拍各自侧转（自左 180°）向右外侧位转换。图中是第一拍的形态。

图 8-3（f）为在右外侧位上，男退右，女进左。后两拍各自侧转（自右 180°）向左外侧位转换。图中是第二拍的形态。

6. 左、右轴转步

轴转属于旋转性舞步，其审美趣味在于大幅度的旋转。旋转度可根据共舞双方的能力自行决定，但最好不要少于 180°。因为旋转不足将造成"摔跤式"俯仰，不仅失去这种规定旋回的审美趣味，而且形态十分不雅。初学者可以先从 180°开始；实力较强的舞者，则应练习超量旋转，若能超过 360°者更佳。

轴转的基本形态特点是向后运动，退左则向右转，退右则向左转。右转比左转容易掌握,所以初学者最好先从右转学起。这种旋转在华尔兹里不能连续使用,必须在两次轴转中,加上一个后退基本步,才能换过脚来。

图8-4（a）为男退左,女进右。双方右腿内侧相靠,形成旋转轴心。注意男伴的左脚在方向上稍偏左侧,并且暂不要急于转移重心,以防造成阻拦女伴前进的格局;后半拍转移重心时,男伴右脚在脚跟不离地的状态下,脚尖向右侧摆动,这种动作既可以是原地的,也可以是移动状态的,此时旋转已经开始。

在完成135°右旋转的情况下,男落右脚,女落左脚,如图8-4（b）所示。注意女伴切不可存在"跨越"男伴右腿的想法,而是在一种前后张开的开放式形态下,自然地转身落脚。

双方在继续旋转中并脚,并继续保持重心的上升（男左脚向右脚并拢,女右脚向左脚并拢）,如图8-4（c）所示。

图8-4 左、右轴转步

左轴转是右轴转的对称性反复,方法要领不变。只是按照男左女右的起步习惯,必须先做一个基本步,然后才能进行。

7. 开位同步引导女伴单独右旋转

在开位同步前进的状态下,每当遇到男进左、女进右的时机,都可以引导女伴跳出此种变化。图8-5为男出左脚,同时抬高左手并推动右手,形成引导的动力。女伴在其引导下自然地向右后方旋转360°。注意脚步要合上节拍,旋转要轻盈流畅。男伴的左手一定要向上领,不可像推磨似的绕颈而转。女伴旋转结束后,回到男进右、女进左的开位同步状态。

图8-5 开位同步引导女伴单独右旋转

上述变化舞步的衔接方式,完全可以随心所欲。只要弄清了每一种变化的结构方式及其规律,即使是进行创新动作,也不会觉得困难,不过有两个原则是不能违背的:一是脚步交替的规律不能破坏;二是必须考虑衔接的流畅和通顺。只要能按照这些要求去做,一定会以佼佼者的姿态出现在舞厅之中。

本章小结

本章所讲授的是商务酒会舞会的礼仪。主要是要求商务人员在参加这类活动时应该遵守的礼仪规范与基本要求。

● 8.1 节讲授的是商务酒会与舞会礼仪。具体涉及商务酒会中的交际礼仪、用餐礼仪与个人礼仪；讲解了舞会礼仪的安排与准备事项、邀舞与跳舞的礼仪规范内容等。

● 8.2 节讲授的是商务联欢会和晚会礼仪。讲解了商务联欢会和晚会的准备内容，具体涉及联欢会主持人礼仪要点和参加晚会的观众基本礼仪知识。

复习思考题

1. 在商务酒会中，对交际与个人礼仪有什么要求？
2. 联欢会的礼仪要求有哪些？
3. 参加舞会时，被邀请者应注意哪些礼仪？
4. 晚会的礼仪要求包括哪些内容？

实训题

1. 在课堂上，安排一场送别转专业同学的茶话会或欢送会，安排3~5人互扮角色，进行模拟演练10~15分钟，再安排2~3人进行分析与点评。
2. 请组织一次舞会，邀请男女共30~50人参加舞会，并从中体验舞会应遵守的礼节。

案例分析题

1. 郁闷的舞会

杭州某科技有限公司，年轻人很多，也很活跃。办公室小周联合人事部门计划在今年5月20日的公司三周年庆典后，安排2小时的专场舞会，并请了专业演奏乐队。考虑到单位男同事多，特地请了合作单位的部分女同事来捧场。

小周发现很多同事兴致很高、情绪很好地来到了舞会现场。来参加舞会的女士大部分都化了妆；但他发现有部分男同事喜欢晚到半小时，还喝了点酒。问其原因说是不会跳舞，晚到了不尴尬。还有部分男同事穿牛仔裤和旅游鞋入场，显得有点邋里邋遢的。主任一看就不悦。

舞会安排的曲子大部分都是世界名曲，很优美，也很流畅动听。但是小周发现没几个人在跳，有的就在现场现学。一问才知道他们三步和四步都不会，很多年轻的同事就会迪斯科类曲子。有几个女同事向他抱怨单位的男同事跳舞没风度，一点也不像绅士。没等《友谊地久天长》这支终曲响起，很多同事就提前走了。

小周为这次的安排考虑欠周很后悔。

分析：

1. 小周后悔什么呢？如果你是小周，你会如何安排？
2. 如果你是该单位的男士，也喜欢跳舞，想在舞会上做一个受欢迎的人，你将如何行动？

2. 演奏家为什么失望

某单位别出心裁地为年底的团拜举办了一场高雅音乐欣赏会，心想结果会很好。

团拜开始前，办公室主任对员工说了几点要求。但是没过一会儿，他就发现单位员工头脑中没有丝毫的"观剧礼仪"意识。单位有的员工把音乐会场当成了休闲娱乐场所，时而乱走，时而摇座椅；有的员工则带了零食和饮料进场；演出进行中还不时听到各种器物碰撞摩擦的声响，时而还有喧哗声和随意走动接听电话声。

一些演奏家说，因为秩序混乱，他们在台上常常很难进入角色，演出水准不免打了折扣，很是郁闷和失望。

分析： 演奏家为什么郁闷和失望？这场音乐会有哪些失礼之处？

第 9 章
商务人员出国礼仪

生活里最重要的是有礼貌,它比最高的智慧、比一切学识都重要。

——赫尔岑

内容简要

学习并掌握国际礼仪知识是每一位商务人员的必修课题。商务人员出国前要做好各项准备工作,熟悉商务活动出国的礼节。本章主要阐述出国的准备工作、几个国家的基本生活习俗常识和礼仪规范,讲解在国外的生活礼仪和谈生意的礼仪要求。

学习目标

1. 学习出国前的准备工作;
2. 掌握商务人员在国外的基本礼仪。

在国际交往中,礼仪问题是一个非常实际而又敏感的问题。对礼仪知识的了解与运用恰当与否,不仅影响商务人员社交的质量,而且决定其社交的成败。因此,商务人员在出国活动中,不仅要遵守国际交往惯例,而且要了解各国不同的礼节、礼俗,尊重各国的礼仪规则,做到不卑不亢、落落大方,在国际友人面前展现中华民族的良好风范。

9.1 出国前的准备工作

只要你具备了精神气质的美,只要你有这样的自信,你就拥有风度的自然之美。

——金马

为了使在国外的商务活动顺利进行，促进双方交往，达到合作成功，商务人员应事先对行程以及所到国家的文化背景、礼俗等进行详细的了解、掌握和周密的准备，做到心中有数，避免因准备不充分而带来不必要的麻烦。

9.1.1 了解有关规定和基本情况

1. 我国对出国人员的有关规定和要求

商务人员出国关系到民族尊严、国家利益，政策性强。商务人员出国前必须了解我国的外事纪律，不能做出任何有损祖国形象的事情。我国对出国人员的要求，从政治角度讲，主要在于维护国家主权和民族尊严，坚持原则，立场稳定，保守国家机密，自觉遵守法律法规。其他方面的要求有以下5个方面。

① 坚持内外有别原则，严格遵守保密制度，顾全大局，不随意泄露公司内部情况。
② 忠于职守，加强组织观念和纪律性。尊重驻在国的风俗习惯。
③ 在出国交往中，不利用职权和工作关系营私谋利。
④ 谦虚谨慎，不卑不亢，讲究文明、礼貌，注意服饰、仪容，不酗酒。
⑤ 因工作需要携带文件、技术资料时，要严防丢失或被对方秘密搜查。

2. 了解所到国家的商务情况和生活习俗常识

商务人员出国前应对所到国家的社会背景、民族性格、待人接物的态度以及在商务活动中的谈判风格做详细的了解，做好充分的思想准备，找出不同的应对办法，做到胸有成竹，在商务活动中争取主动。

商务人员出国前，应了解国外的礼节礼仪、生活琐事，如住宿、打电话、交通等问题。例如，住饭店时，不允许在房内洗大量衣物；取用冰箱内的食品酒水时，一般要自己付费等。对这些方面了解得越多，越能避免在国外生活的不便，越能避免与他人产生误会。国外有很多礼节是相似的，如在正式场合男士一般都着深色西装，穿黑色皮鞋。另外，在国外常有给小费的习惯，在饭店用餐、在旅馆住宿等，都要给服务员小费。但是，对警察、政府工作人员千万不能付小费，只能口头道谢或写信感谢，否则会被视为不恭的行为。不同国家的礼节也有很多不同，如在亚洲国家，主人请外宾上汽车时，总是和客人一同坐在汽车后座上，他们认为后座是上座；而在欧美国家则恰恰相反，主人通常让客人坐在司机旁边的位子上，他们把这个位子看成是上座，一是因为欧美国家开车的司机往往就是接待主人，二是坐在前边可以更清晰地欣赏车外的景色。一般国家认为"摇头不算点头算"，而在保加利亚、尼泊尔等国家，摇头表示赞赏，点头表示不同意。世界上许多国家的车辆都靠右行驶，而在日本、英国、巴基斯坦等国却规定车辆靠左行驶。意大利人、阿根廷人认为进餐是一种社交活动，就餐场合不宜谈生意；而美国人、瑞士人习惯在就餐场合谈生意，经常是边吃边谈等。了解这些，就不至于在工作中因无意说错做错而伤害外国同行的感情。同时，了解了对方的风俗，就可在适当的时候表示出对对方的关心，如圣诞节时寄给欧美同事一张贺卡等，都能增进友情。

下面介绍几个国家的习俗常识。

1）赴美国需要了解的部分常识

在美国，人们十分讲究"个人空间"。和美国人谈话时，千万不要站得太近，一般应保持在 50 cm 以外为宜。平时无论到饭馆还是图书馆都要尽量同他人保持一定距离。上街时最好由邀请单位的人陪同，并随身携带复印的护照。

在美国不论买车票、飞机票、戏票，还是看病挂号、入学报名等都需要预约。

在美国乘出租车很方便，招手即停，车费依路程远近及乘客多少而定。坐出租车应给小费，大约是车费的 15%。美国人最忌讳"13""星期五"，忌讳有关私人性质的话题，如年龄、婚姻、个人收入等。

2）赴韩国需要了解的部分常识

韩国的饭店按其设备状况共分为 5 个级别，并在饭店正门以国花的数目加以表示，花的数目越多，档次越高。在韩国就餐、住饭店都不付小费，因为账单中已加收了 10% 的服务费。

韩国人深受儒家伦理道德体系的影响，把孝敬父母、祖先，对长官和上级忠心以及尊敬老师等作为重要的美德。与长辈同坐时，他们总是保持一定的姿势，绝不敢掉以轻心。若要吸烟，一定要先得到长辈的允许。用餐时切不可比年长者先动筷子。

韩国人注重礼仪，也希望别人尊重自己，对韩国男士一般称"先生"，对女性则称"小姐""夫人"。与韩国人见面时，男士一般行握手礼，女性行鞠躬礼。韩国人不喜欢喧闹的场面，不喜欢太鲁莽。

按韩国法律规定，韩国人必须尊敬国旗、国歌、国花。每天下午 5 时，电台播放国歌，人人都要向国旗敬礼，行人必须止步，影剧院放映前都要放国歌，观众必须起立。外国人在上述场合如表现得过分怠慢，会被认为是对其国家和民族的不敬。

韩国人在工作场合或者出席社交活动时，一般都穿西式服装，系领带，皮鞋锃亮，显得很庄重。到了节假日特别是元旦、春节等，韩国人无论在家里，还是外出，都换穿上一身韩国的传统服装。在与韩国人的商务交往中，晚上的宴请是少不了的。应邀出席宴请要做好喝酒的准备。席间递东西或接饮料时，要用左手撑右臂或右腕，表示对对方的尊重。

与韩国人交谈时，避免谈论政治，可以谈论些韩国文化、国家的经济成就、足球等话题。给韩国人送礼时，可以送鲜花和一些小礼品，特别是具有中国特色的礼品，不要送食物或贴有韩国制造和日本制造商标的东西。韩国人忌讳数字"4"，因为"4"在朝鲜语中的发音、拼音与"死"字完全相同，是不吉利的数字。

3）赴埃及需要了解的部分常识

埃及地处非洲，也是中东地区的国家之一，生活习惯同大多数非洲人一样，同时也受伊斯兰教的影响。埃及是一个很重视礼仪的国家。

由于受传统文化的影响，埃及人时间观念差，很少依照所定的时间行事。街上电车和巴士秩序较混乱，外国人不宜搭乘。街上的流动计程车是合乘的，不用计程表，付款时要加 10% 的小费。饭店、夜总会账单内已附加了 10% 的服务费，通常再付 5% 的小费。

埃及的社交聚会的时间安排得比较晚，晚饭可能 10 点半以后才吃，如应邀去吃饭可以带一些鲜花和巧克力，花的颜色忌讳蓝色、黑色和黄色。到主人家时不要赞美女主人窈窕，应称赞她们体态丰满。进餐中忌讳饮酒，但可饮茶。盘里的食物应剩些，这是对主人款待的极好赞扬。与埃及人交谈时可多赞美埃及古老的文明，避免谈论中东政治问题，忌讳谈论与猪、狗有关的事情。

埃及人在握手、递东西时忌讳用左手，因为他们认为左手是用来拿脏东西的，不洁净。与埃及人交往时还应注意他们的手势，如他们用拇指和食指敲出声音，表示他们对话题很感兴趣；如他们右手抹左手的手背，表示此事与自己无关，等等。

在埃及进伊斯兰教清真寺时，务必脱鞋。星期五是伊斯兰教国家的休息日；斋月期间下午不办公，因此，这些日子不宜搞商务活动。

9.1.2 商务人员在国外的服饰穿戴

在国际社交场合，服装的穿着根据各个国家的传统习惯、场合、季节变化及个人爱好而有所不同。一般原则是参加正式、隆重、严肃的活动多着深色、上下同色、同质的礼服或西装。参加一般活动、参观游览等可以着便装。但在上下飞机前后，迎送仪式或参观游览活动安排在两场正式活动之间，则应按正式场合要求着装。

商务人员出国一般按国内服装穿着。男士可穿西装或各民族的服装，参观游览时，可穿各式便服。女士根据季节与活动性质不同可穿西装、民族服装、旗袍或连衣裙等。当应邀参加活动的请柬中要求穿礼服时，商务人员应尊重当地习惯和东道主的要求，男士穿深色西装或中山服，女士最好穿旗袍或长裙。在国外观看文艺演出、听音乐会时，应按出席正式活动要求着装。

商务人员在涉外活动中，服装的选择要注意和自己的年龄、体形相称，所穿服装应朴素、大方、整洁。衣服应熨烫平整，衣领、袖口要干净，皮鞋要上油擦亮。穿长袖衬衣时要将下摆塞在裤内，袖口、裤脚不要卷起。任何情况下，不能穿短裤、圆领衫等参加涉外活动。女士穿裙子参加社交活动时，须穿长筒袜，不能裸腿，且袜口不能露在裙外。女士衣着尽量不要千篇一律，样式花色应有所差别。

商务人员在国外参加各种活动，进入室内场所时，均应摘帽，脱大衣、风雨衣，并送存放处。男士在任何时候不得在室内戴手套和帽子，在室内一般不戴黑色墨镜，在室外遇有隆重仪式或迎送等礼节性场合时，也不应戴墨镜。有眼疾者须戴有色眼镜时，应向主人或客人说明情况，或在握手、说明情况时将眼镜摘下，然后再戴上。

此外，在旅馆房间内接待临时来访的外宾时，如来不及更衣，应请客人稍坐，立即换装。不得光脚或穿拖鞋、睡衣、短裤接待客人。

小思考

在国际社交场合，着装是否越有个性越好？

答：不是。在国际社交场合，着装应符合国际通用的 PTO 原则，即要与场合（place）、时间（time）和目的（objective）相符。

9.2 商务人员在国外的基本礼仪

使人开怀大笑，你便已铺下了友谊之路。当一个人同你一起笑时，他对你便有某种程度的喜欢。

——卡耐基

商务人员在国外进行商务活动时，应时刻注意自己的一言一行，遵守日常交往礼仪，促进双方建立起友好融洽的商务关系。

9.2.1 在国外的日常生活礼仪规范

商务人员在国外，应该遵守日常交往的一般原则，具体所述如下。

1. 遵时守约

遵守时间，不能失约，是国际交往中极为重要的礼仪。参加各种活动，均应按约定的时间准时到达。有约在先而不按时赴约，极易引起对方的误解，有时甚至会被认为是故意冷落对方，因此不遵守时间是一种很失礼的行为。为了杜绝失约，应当采取一些必要的预防措施，例如在约会时，把日期、钟点、地点等确定清楚，并记在自己的日程表或备忘录上，以免遗忘。交通拥挤是现代大城市的通病，应根据实际情况，计算好路上需要的时间。对于正式的宴会、会谈应准时到达；出席文艺晚会、音乐会等，应提前到达，迟到了要等节目间隙时再入场。迟到或失约，要向对方表示歉意，争取对方谅解。如果发生临时情况不能赴约，要有礼貌地尽早通知对方，解释清楚，并以适当的方式表示歉意。

守时守约，并不等于越早越好，而是要按预定时间，适时到达。如果来得太早，主人也许忙于准备工作或做其他的公务，反而会令其感到不便。

2. 尊重老人和妇女

尊重老人和妇女是一种美德，也是很多国家所遵守的礼节。在互相介绍时，一般是向年长者引见年轻人；遇有年长者入场向大家介绍时，年轻人要起立致意；对年老资深的议员、学者要给予特别的敬意、待遇等。在社交场合对女性的尊重主要体现在"女士优先"的原则上：步行时，男士应走在靠车辆行驶的一侧；进门时，男子应将门打开，让女士先进；入座时应请女士先坐下；在楼梯口、电梯口以及其他狭窄的过道上遇到女士，不管认识与否，均应侧身站立一旁，让女士先行等；只有在下车、上楼、遇到障碍和危险时，男士才走在女士的前面，为其开道，保护女士。

但是，在尊重老人和妇女时，也应考虑到各国不同的观念和习俗。中国人以尊老敬老为美德，以"老"字为尊称；而在许多西方国家，老人讲求独立，不愿别人称自己老，不愿别人对自己做不必要的搀扶、照顾，不喜欢人家恭维自己的年龄等。因此，在同西方老年人打交道时应注意这一点。

3. 遵守公共秩序

在公共场合里，高声谈笑是一种极不文明的行为，特别是在庄严肃穆的场合，一定要保持绝对安静，不得在聆听他人讲话时随意交谈或翻阅书刊。

在公共场合吸烟者忌对着别人喷烟雾、弹烟灰。在剧场、博物馆、会议厅等禁止吸烟的场所均不得吸烟。到私人住宅或办公室要询问一下主人是否允许吸烟；如果有女士在场，还应征得女士的同意。主人不吸烟，又未请吸烟，或者同座身份高者不吸烟时，最好不要吸。

多人在公共场合行走，应鱼贯而行，切忌几个同行者排成一排阻挡他人；也不要在人来人往的大道上几个人谈个没完，妨碍他人行走。西方人认为，即使是亲密的朋友相处也要保持一定的距离，不要与他人靠得过近或以手触摸他人。因此，路遇熟人，如无重要事情，点头致意就可以了，切勿高呼狂叫、拍肩、抚背。

总之，在公共场合要做到尊重别人，不给别人带来麻烦或不便，不干扰别人，不随意发表议论，不随意指责别人，否则将被认为是没有教养的。

9.2.2　友好地与国外同行相处礼仪

1. 应以相互尊重为基础

对于国家元首、国旗、国徽等国家主权的代表或象征，要表现出应有的尊重。因此，在一切正式场合如果遇到升国旗、奏国歌时，都应肃穆致敬。在商务活动中，不以任何方式强制外国同行接受自己的意志，既不要强加于人，也不要强人所难，应采取相互协商的办法，达成融洽的气氛。在与国外同行交谈时，应认真听对方讲话，并用点头及手势等与对方进行交流，忌讳随意打断对方的谈话，或者妄加批评、指责。只有真诚地与国外同行共事，尊重对方、理解对方，才能赢得对方感情上的接近，从而获得对方的尊重和信任。

2. 要注意一些工作中的礼节

例如，斋月期间阿拉伯人有下午不办公的习惯，这期间不应上门洽谈业务；英国人、加拿大人、法国人等都有在七八月份休假的习惯，要避免这期间找他们谈公事；在大多数西方国家，圣诞节和复活节前后两周一般不安排或少安排业务洽谈，这些要加以注意。

与外国同行共事不要指望互相帮助，外国人很讲究工作的独立性，不愿意管别人的事，也不愿意别人干涉自己的事，认为那样就好像在贬低自己的能力。

3. 不要打探隐私

在与外国同行共事时，不要打探他们的隐私。特别是欧美人把隐私权看得很重，涉及工资、年龄、婚姻这些问题都很敏感。对女士穿的衣服、佩戴的首饰，即使看起来很昂贵，也非常忌讳询问其质地与价格。谈话时对外国同行的家具、汽车等的式样、价格也不要触及，因为它们与个人的喜好和收入有关，也属于个人隐私的范围。

9.2.3 尊重当地风俗习惯

据报道，几年前，某大国副总统到泰国访问。会谈时当着泰国国王的面跷起二郎腿，脚尖向着泰国国王。而这种姿势在泰国被看作是带有污辱性的。更糟糕的是在告别时，这位副总统竟然以他本国的拥抱礼紧紧拥抱泰国王后，引起泰国朝野的不满。因为在泰国，除了泰国国王外，任何人不得触及王后。

俗话说，不要把自己的规矩带到别人家中。入乡随俗，入境问禁，去一个新地方，应了解当地的风俗习惯、法律规定，了解新环境的禁忌，这样才能取得理想的交际效果。

各个国家、各个民族，因为文化传统和民族习惯各不相同，都有一些特殊的风俗习惯，商务人员首先应表示理解和尊重，而不能大惊小怪或妄加评论。

例如，在中国，人们常用大拇指表示夸奖之意，用小拇指表示蔑视之意；日本人则用大拇指表示"老爷子"，用小拇指表示"情人"；而在英国，跷起大拇指则是要求顺路搭车的意思。欧洲人坐着和人交谈时，常常是双腿交叉在一起；而在泰国会见客人时摆出这个姿势，则是一种冒犯。

中国和东南亚一些国家有一条规矩，客人进入主人房间要脱帽；可是到了墨西哥，也照这样办的话，将被认为怀有恶意，因为按当地习惯，只有找仇人时才这样做。因此，对于当地的风俗习惯若不注意，常常会使当地人误以为对他们不尊重以致招来不快。新到一处，应多观察、多学习，不懂的地方要多问，避免因违忌而使对方不快。

9.2.4 商务人员在国外谈生意的礼仪

商务人员出国活动很多与商务谈判密切相关，特别是对外谈判，是有关各方交往的重要活动，谈判双方都希望得到对方的尊重和理解，以达成一项对双方都有利的协议。因此，了解不同国家的社会背景、风俗及谈判风格，掌握在国外谈生意的必要礼仪和礼节，是商务人员必须具备的基本素质。

小思考

和外国人是否可以在餐桌上谈生意？

答：不一定，要视具体情况而定。美国人喜欢在餐桌上谈生意，普遍流行早餐和午餐约会谈判。而在澳大利亚，澳籍英国移民后裔则特别忌讳在餐桌上提及有关生意方面的事情。因此，与不同国家的商人打交道时，应预先了解其习惯。

1. 与欧美商人谈生意的礼仪

欧美商人在某种程度上有一些共性，如时间观念都很强，谈生意时要准时赴约；喜欢与人保持一定的距离，尽量避免身体上的接触等。但在某些方面也有不同，最明显的是欧洲人比较保守，做事毕恭毕敬，一本正经；美国人比较随意，不过多讲究礼仪，与他们打交道不必束手束脚。下面介绍与德国人、意大利人、美国人谈生意的礼仪。

1）与德国人谈生意的礼仪

德国人从事商务活动时，特别注重礼节形式。例如，打招呼时要称呼他们的头衔，如某博士、某经理等，要不厌其烦地使用这个称呼，切不可随意直呼他们的名字；谈生意时，不要和他们称兄道弟，有什么事情可直接交谈，单刀直入，避免过分地恭维对方。

同德国人谈话的内容最好不要涉及其他人或国家政事，特别是不能当着这个人的面说那个人的缺点和不足。另外，德国人见面或离开时，握手是没完没了地握了又握。

德国人诚实、守信。与德国人做生意，合同一旦签订，就不必担心对方不守信用，他们是可以信赖的合作者。德国人很讲究工作效率，有什么事情可直接交谈，避免浪费时间。德国人还非常遵守时间，同他们约会要事先约定时间并准时赴约，因故改变约会要提前通知对方。如果谈生意时迟到，德国商人对你的不信任和厌恶之情就会溢于言表。

在德国人的宴会上，男士要坐在女士和职位较高的男士的左侧，当女士离开饭桌或回来时，男士要站起来，以示礼貌。宴请结束后的两三天要给主人写个便条，表示感谢。应邀到德国人家做客时，可以送些鲜花，千万不能送葡萄酒，因为这样做显得你对主人选酒的品位产生怀疑，这是不礼貌的。

2）与意大利人谈生意的礼仪

意大利人性格直爽，为人正直，他们十分注重礼节。见面时，常习惯行握手礼。商务活动中，总会毕恭毕敬地以"您"字来称呼对方。同时，他们自己也喜欢别人称呼其头衔。意大利人崇尚时髦，对服饰打扮总是格外认真对待，在商务活动中通常着深色的正式西装，衣冠楚楚。

按照意大利的传统习俗，商务会晤应提前预约，但赴约时总习惯迟到几分钟，他们认为这样具有礼节风度。与意大利商人来往，应避免在不认识的情况下贸然打电话，可以先通过发信或电传的方式使对方知道自己，这样做有利于确立你在对方心中的印象。

意大利人热情、开朗，情绪爱激动，谈生意时喜欢直来直去，干脆利落，因此跟意大利商人打交道，必须注意彼此间友好关系的建立。谈判时要沉着冷静，不要把关系搞僵，以免影响继续合作。另外，跟他们做生意，最好少用函电的方式，而应亲自出马进行面谈；否则，他们会认为你没有诚意，以至于不予足够的重视。与意大利人交谈时，最好不要与他们谈论国体政事和美国橄榄球等话题，可以涉及意大利的美食佳肴、艺术、足球等话题，特别是意大利人很看重家庭，谈论家庭、朋友是习以为常的事，当然前提是你与他们有了一定的交情。

商务活动中，有时难免要送礼，意大利人对小动物特别感兴趣，尤其爱养狗、养猫，因此，可以送给意大利人带有动物图案的礼物。另外，还可以送花给意大利人，但一定不能送菊花，因为菊花是葬礼上使用的鲜花。除此之外，意大利人还忌讳别人送手帕、丝织品、亚麻织品等。

3）与美国人谈生意的礼仪

总体上讲，美国人外向随意。如果是在非正式场合，人与人之间的交往是非常随便的，朋友之间见面时，只要招呼一声"hello"即可。即使是两个人第一次见面，也不一定要握手，只要笑一笑，打个招呼就行了。但是在正式场合下，美国人又十分讲究礼节，毫不逊色于其他欧美国家。

大多数美国人一般不喜欢用"先生""夫人""小姐"之类的称呼，他们认为这类称呼太过于郑重其事了。因此，多数美国人，无论男女老少，一般都比较喜欢别人直呼自己的名字，并认为这是亲切友好的表示。值得注意的是，对于法官、高级政府官员、医生、教授等要用正式头衔，如"哈利法官""布朗医生"，而从来不用行政职务如局长、经理、校长等称呼别人。按照美国社交礼仪，一个男子去访问一个家庭时，若想送名片，则应分别给男、女主人各一张，但绝不在同一个地方留下三张以上名片。当你给美国人送名片时，如果对方没有把他的名片送给你，你也不要不高兴。

美国商界普遍流行早餐和午餐约会谈判，赴约要准时，恪守信用。每次约会，要提前几天预订。取消约会，要及早通知对方并说明原因和诚恳道歉。

现在，越来越多的美国妇女也跻身商界，和美国女商人打交道的最好办法是完全忘掉她们的性别，只当你在和美国男人打交道。如果你想表示对她们的尊重，你可以替她们开门，给她们让座位，但要做得自然，不要使人感到是有意识的表露。如果你和她们一起在餐馆就餐，她们想要付账的话，你尽可以让她们付好了。

在美国，一般每逢节日、生日、婚礼时，都有送礼的习惯。圣诞节时互赠礼品最为盛行，礼品大多是书籍、文具、巧克力糖等不贵重的东西。前往美国人家中做客，最好带上一点中国特产作为礼物，如中国的茶叶、书签、剪纸等，他们会感到非常高兴。美国人收到礼物时就会马上打开，当着送礼人的面欣赏礼物，并立即向送礼者道谢。

2. 与亚太地区商人谈生意的礼仪

亚太地区是指亚洲和太平洋地区，包括中国、日本、澳大利亚和东南亚各国的广大地区。这一地区的文化既有古代文化的深厚底蕴，又吸取和借鉴了至今仍有强大生命力的欧美-大西洋一带的文化精华，使这一地区国家的礼仪存在很多差异。下面着重介绍一下与日本人、澳大利亚人谈生意的礼仪。

1）与日本人谈生意的礼仪

日本是一个非常注重礼节的国家，日本人所做的一切，都要受严格的礼仪的约束。日本人相互见面都要行鞠躬礼，见面时最普通的用语是"您早""拜托您了""请多关照"等。进入日本式的房屋里，要先脱鞋，脱下的鞋要整齐地放好，鞋尖向着你进来走过的门的方向，这在日本是尤其重要的。在日本，没有主人给客人敬烟的习俗，客人如果想吸烟，要先征得主人的同意，以示尊重。日本人特别讲究给客人敬茶，敬茶时要敬温茶，而且以八分满为最恭敬。

日本人很重视人的身份地位。在商务活动中，每个人对身份地位都有明确的认识，都非常清楚自己所处的位置及该行使的职权，知道如何谈话办事才是正确与恰当。与日本人谈生意，交换名片是一项绝不可少的仪式。如果初次相会时忘带或不带名片，不仅失礼，而且会被对方认为你不好交往或拒绝与之交往。一般来说，日本人不愿意在未了解对方的地位之前和陌生人交谈。因此，交换名片，不仅是礼貌的需要，更重要的是交流效果和目的所必需的。

在日本谈生意，要想很快缩短同他们之间的距离，形成良好的合作关系，在最初的商务会面时，一定要找个中间人，中间人的存在可以使日本商人尽快产生对你的好感和信任，消除对你的戒心。因为日本人对直截了当、硬性推销的做法感到不自在，所以要想排除初次见面的障碍，就去找一个你和日本公司都熟悉和尊敬的第三者，让他来引见双方认识，这对合作会起到事半功倍的效果。

爱面子是日本人最普遍的心理，无论什么情况下，日本人都非常注意留面子，或者说不让对方失掉面子。这在商务谈判中表现最突出的一点就是日本人从不直截了当地拒绝对方。在同日本人谈生意时，日本人讲得最多的就是"哈噫"，尽管这个词的解释是"是"，但实际上绝不是表示同意，它只是意味着"我在听着你说"。他们有不同意见时也不愿意当即表示反对，使提出者陷入尴尬的境地。同样，日本人也不直截了当地提出建议，他们更多的是把你往他的方向引。因此，商务人员同日本人谈生意时，不要直接指责日本人或直截了当地拒绝日本人。如果你不得不否认某个建议时，要尽量婉转地表达或做出某种暗示，也可以陈述你不能接受的原因，绝对避免使用羞辱、威胁性的语言。

除此之外，与日本人谈生意时还有一些禁忌，例如，同日本人合影，一般不要3个人，因为日本人认为3人合影，中间的人被左右两人夹着，这是不幸的预兆；还有日本人认为数字"4"和"9"是不吉利的数字，因为日语"4"和"死"发音相同，"9"和"苦"发音相同。

2）与澳大利亚人谈生意的礼仪

澳大利亚人性格开朗，待人热情，行动上较随便。与宾客相见时，总要热烈地握手一番。熟人之间，比较随便地喊一声"hello"，有时干脆连"hello"也不喊，而只是挤一下左眼，就算是打了招呼。有些土著居民的问候方式则是彼此用中指相互勾拉一下。商务交往中，可直呼对方的名字。

澳大利亚人还有一个特殊的礼貌习惯，即他们乘坐出租汽车时，总习惯与司机并排而坐，即使是夫妇同时乘车，通常也是丈夫与司机坐在前座，妻子则独自坐在后座，他们认为这样才是对司机的尊重，否则会被认为失礼。

赴澳大利亚开展商务活动，宜穿正式西装。若是盛夏季节，可不必穿西装，但最好系上领带。澳大利亚人时间观念非常强，会晤前须提前预约，并准时赴约。周日上午是他们习惯去教堂听道的时间，应注意避开商务会晤。在谈判桌上，不要跟他们绕圈子，最好的方法是单刀直入，迅速亮出底牌，因为澳大利亚商人通常不喜欢在讨价还价上浪费时间。跟澳籍英国移民后裔做生意一起进餐时，注意不要在餐桌上提及有关生意方面的事情，这是他们历来十分反感的做法；但如果跟澳籍美国移民后裔做生意，则要充分利用在一起进餐的机会，与之协商生意上的事情。

3. 与中东地区商人谈生意的礼仪

中东地区主要是阿拉伯人，阿拉伯人十分好客，对来访者，不管自己当时在干什么都一律停下来热情接待，因此谈判常常被打断，商务人员必须适应这种习惯，学会忍耐和见机行事。与阿拉伯人谈生意，事前要预约，尽管他们缺乏时间观念，会见松散不守时，但作为一个外国商人也要准时赴约。阿拉伯人不喜欢一见面就谈生意，而是花些时间谈社会问题。有时甚至第一次、第二次会见都不谈生意上的事。因此，与阿拉伯人打交道，必须先取得他们的好感和信任，建立朋友关系，下一步交易才会进展下去。在中东地区，商人们在办公或社交场合，总要喝茶或咖啡，但每人以不超过三杯为宜。当喝完之后，要将杯子转动一下再递给主人，这种礼节动作表示"够了，谢谢"。

无论是同私营企业谈生意，还是同政府部门谈判，都必须通过代理商。如果没有合适的阿拉伯代理商，生意很难有进展。这些代理商有着广泛的社会关系网，熟悉民风国情，特别是同你的谈判对象有着直接或间接的联系。中间商从中斡旋，可大大加快谈判进程，而且还可以帮助外商安排劳动力、运输、仓储、膳宿供应等事宜。

另外，由于阿拉伯社会宗教与封建意识的影响，妇女的地位较低，她们一般不会在公共场合露面，因此，最好不要派女性去阿拉伯国家谈生意，交谈时也不要涉及妇女问题。商务人员应邀到阿拉伯人家做客，女人不露面，由男人来招待客人。如若不慎问及"女主人身体好吗？"那将是一个大错误。

阿拉伯国家禁酒，因此不能向主人要含酒精的饮料。每逢伊斯兰历9月是阿拉伯人的斋月，其间教徒们每天禁食，午后闭门不办公，只有夜间才吃简单的饭食。所以，商务人员要尊重他们的习惯，不要在这期间约谈工作。此外，伊斯兰教规定每天要做5次祈祷，时间一到，哪怕再重要的事情也要放下。如果这时影响谈判，商务人员不要流露出不耐烦或嘲笑贬损的意思，要理解、尊重阿拉伯人的习惯和信仰。

小思考

一位在中东做生意的中国人即将在一份几百万美元的成交协议上签字。就在此时，他的客户请他吃当地的一种独特美食——羊头。这位不吃羊肉更别说吃羊头的中国人该怎么办？

答：他最好微笑表示感谢，强忍着把它咽下去。因为拒绝主人殷勤好客的表示，可能会丢掉这笔生意。

本 章 小 结

本章所讲授的是商务人员出国礼仪。主要是商务人员出国前的准备工作和在国外的基本礼仪，具体介绍了几个国家的礼仪常识、在国外的日常生活礼仪规范、商务谈判礼仪等内容。

- 9.1节讲授的是出国前的准备工作。具体涉及有关规定和基本情况、几个国家的生活习俗常识与在国外的穿戴等。
- 9.2节讲授的是商务人员在国外的基本礼仪。包括商务人员在国外的日常生活礼仪规范，与国外同行相处礼仪，尊重当地风俗习惯，在国外谈生意的礼仪等要点。

复习思考题

1. 商务人员出国需办理的手续有哪些？
2. 简要概括说明商务人员在国外应该遵守的日常交往的一般原则。
3. 与美国人谈生意应该注意哪些基本礼仪？

案例分析题

1. 不雅的抽烟游客

杭州导游张先生讲了一个真实的故事：一次在纽约，他正带着旅行团在一座著名的大厦里参观，一位游客"烟瘾"犯了，着急到处找地方吸烟，看见大厦里有禁止吸烟的告示，于是灵机一动，把头和手伸到了一个可开启的通风窗外"吞云吐雾"起来。

这位游客一根烟刚抽了一半，就被大厦的工作人员硬拖了进来，并婉转地批评了张先生。原来，大厦外的行人发现大厦里边伸出一只胳膊和一张抽烟的脸，都非常好奇，很多人围观，引起了交通堵塞。最终这位游客交纳了罚款才被允许离开大厦。

分析：在国外跟团旅游时应该注意哪些方面？

2. 张女士的手势[①]

张女士是一位商务工作者。由于业务需要，2015年6月随团到中东地区某国考察。

他们抵达目的地后，受到了东道主的热烈欢迎，并举行宴会进行招待。席间，为表示敬意，主人向每位客人一一递上一杯当地特产饮料。轮到为张女士递饮料时，一向习惯于"左撇子"的张女士不假思索，便伸出左手去接。见此情景，主人脸色骤变。不但没有将饮料递到张女士伸出的手中，反而非常生气地将饮料重重地放在餐桌上，并不再理张女士。

张女士非常纳闷，感觉自己没有得罪他啊，待他人向她说出原委，她方明白过来。张女士懊悔不已，但后悔已晚。

分析：张女士为什么后悔？与中东地区的人交往应该注意哪些方面？

---

① 资料来源：金正昆. 涉外礼仪教程. 北京：中国人民大学出版社，1999：39.

附录 A
商务礼仪情景剧的编排与评价

商务礼仪情景剧（部分内容要点）

涉及内容：
- 接待礼仪：（1）挑选接待人员的要求；（2）注意接待过程；（3）会议接待要求。
- 发出与接受宴请礼仪：
(1) 寄出请柬并电话邀请；
(2) 接受邀请并发回应帖；
(3) 宴请时间、地点；
(4) 宴请活动安排。
- 站、走、坐礼仪：将学到的站姿、走姿、坐姿礼仪运用到情景短剧中。
- 握手礼仪：（1）握手的基本要求；（2）握手分类与次序要求；（3）握手动作要点。
- 交换名片的礼仪：
(1) 名片发送的礼仪；
(2) 名片互换的礼仪；
(3) 合理存放名片。
- 商务洽谈礼仪：
(1) 会场安排（座位，次序）；
(2) 会议准备。
- 商务舞会礼仪：
(1) 准备细节；
(2) 自我介绍与介绍他人；
(3) 舞会技能运用。

场景简介

情景一：开元公司迎接飞云公司商务代表，并谈判。
情景二：开元公司年终迎新，电话邀请飞云公司成员参加联谊舞会。
情景三：联谊舞会，结束后送客。

情景一

（开元公司会议室门口，何总和朱经理在等待客人的到来，此时走廊上响起了脚步声，

秘书引领飞云公司的商务代表来到会议室门口）

何：屠总您好，好久不见哦，近日安好？欢迎你们，里面请！（手势、表情……）

屠：你好你好，（面带微笑环顾四周）开元公司的装潢果真是名不虚传啊！

何：（微笑），大家先认识一下吧。我先来介绍一下，这是我们市场部的朱经理。（手势、表情……）

（朱经理上前与屠总握手，礼仪要点是：握手的距离适中，看着对方的眼睛部位，面带微笑轻轻三下，伴随寒暄性语言，随后自然地从西装内侧口袋掏出名片，名片的名字朝向对方，双手呈上的同时亲切地说客套性话语……）

屠：哦，朱经理，很高兴认识你。（屠总双手接过名片，轻声念了念职位和名字，笑着收好名片，同时掏出自己的名片双手递给朱经理，伴随客套性语言）

朱：屠总经理，幸会，早就听说您的大名了。

屠：（微笑）您客气了。来认识一下我们公司的代表吧。这位是我们飞云市场部王经理。（手势同上）

王：（微笑上前与何握手）您好，何总。（取出名片，双手递上）请多指教，相信有很多合作机会。

何：（双手接过名片）王经理，幸会幸会。

（何总收起名片，然后拿出自己的名片递上，礼仪要点同上）

何：大家请坐。（何、朱、屠、王各自就座，办公室主任刘上茶……），双方秘书递上文件夹……，双方洽谈。

旁白：双方洽谈成功。（何与屠签合同，握手交换合同，礼仪要点……）

旁白：情景一结束，接着进入情景二电话礼仪，发出与接受宴请。

情景二：（省略）

旁白：董接到领导指示，电话邀请飞云公司成员参加本年度的迎新联谊舞会。

（董拨通了飞云公司的电话……）

下面进入情景三。

情景三

时间：周日晚上；地点：凯恩戴斯大酒店 8 楼。

（省略电梯礼仪、联谊舞会内容）

总结

本次情景剧到此就全部结束了，本次情景剧运用了接待礼仪、电话礼仪，站、走、坐礼仪、舞会礼仪及迎送礼仪。在表演的时候，学生要注意微笑、眼神交换，都做到位。

在安排本次情景剧的时候，小组经过了激烈的讨论。商务礼仪训练安排内容丰富多彩，尽管时间紧张了点，就一周时间，但学生学到了很多以前没有关注到的礼仪知识。

商务礼仪情景展示评分表

组长：班级：		小组成员：			
评分项目每项10分	序号	评分内容（每项10分）		记录： 1. 缺少的内容 2. 增加的项目	
	1	礼仪情节结构安排			
	2	打招呼			
	3	介绍			
	4	交换名片			
	5	迎送礼仪			
	6	微笑			
	7	眼神视线			
	8	手势			
	9	语言流畅			
	10	整体效果			
	精彩点（人物、场景、动作等）（附加10分）				
	综合分数				
评委点评项目	礼仪情景展示的特色与亮点				
	本次不足之处与建议点				

场　地：
时　间：　年　月　日
评委签名：

附录 B
部分测试题

B.1 礼仪常识测试题

目的：分析个人的礼仪常识程度与需要提高的方面。

要求：每题按照自己的第一感觉完成，不要有太多的思考，总时间 3 分钟左右。

1. 你去见同行，如何称呼？（ ）
   A. 称呼职称或职务
   B. 名姓简易性称呼或称呼"同志"
   C. "嗨"打个招呼
2. 你怎样称呼比你年长的人？（ ）
   A. 称呼身份　　　　　　B. 称呼地位　　　　　　C. 直呼姓名
3. 如果你要去拜访一个熟人，你应该怎么称呼？（ ）
   A. 习惯性的相称　　　　B. 称呼身份　　　　　　C. 直呼姓名
4. 在公共场合，你是否会很随便地喊别人的绰号？（ ）
   A. 不会　　　　　　　　B. 偶尔会　　　　　　　C. 经常会
5. 如果有一个人正好挡住你的路，此时你会说（ ）。
   A. 请您让一让　　　　　B. 喂，让一让　　　　　C. 让路
6. 你路遇熟人，此时你会（ ）。
   A. 和他（她）招呼　　　B. 点头走开　　　　　　C. 视而不见
7. 当熟人和你打招呼时，你会（ ）。
   A. 微笑着热情回应　　　B. 微笑，客套问候　　　C. 点头回应
8. 如果有人赞美你，你会向他说"谢谢"吗？（ ）
   A. 一直会的　　　　　　B. 有时候会，有时候不会　C. 从来没想起
9. 你是不是很容易展露笑容，包括在陌生人面前？（ ）
   A. 是的　　　　　　　　B. 大部分时候是　　　　C. 不是
10. 你对饭店服务员是不是跟对待朋友一样有礼貌？（ ）
    A. 是的　　　　　　　　B. 偶尔是的　　　　　　C. 不是

11. 当你第一次登门拜访某公司李总，事先打电话约见，在电话里你会说（   ）。
   A. 你好，李总，我是××，有事想拜访您，不知您什么时候方便？
   B. 李总，我有事想拜访您，不知您什么时候方便？
   C. 李总，我想拜访你，你看在哪里方便？

12. 当你想了解对方，你会说（   ）。
   A. 请问，您贵姓（不知怎样称呼您）
   B. 好像我见过你，你姓张
   C. 你叫什么名字

13. 你的朋友把他的同事介绍给你，此时你会（   ）。
   A. 有礼貌地说："认识你很高兴！"
   B. 点点头，不说话
   C. 反应麻木，不感兴趣

14. 你把你的男（女）同事×××介绍给你的父母亲，你会说（   ）。
   A. 爸妈，这是我的同事×××
   B. ×××，这是我父母
   C. 我来介绍一下，这是我父母，这是我的同事×××

15. 别人正在融洽地交谈时，你是否会贸然地闯入？（   ）
   A. 不会   B. 偶尔会   C. 经常会

16. 当你与人交谈时，你是否会打断他的内容而着急说出你的观点？（   ）
   A. 不会   B. 偶尔会   C. 经常会

17. 因为某些话题能引起你的兴趣，所以即使有时朋友会不感兴趣，你也要坚持谈论这样的话题？（   ）
   A. 不会   B. 偶尔会   C. 经常会

18. 跟别人谈话时，你是不是一直很注意对方的反应？（   ）
   A. 是   B. 偶尔是   C. 不是

19. 你的电话打通后，你会说（   ）。
   A. 您好！我是×××   B. 喂，麻烦帮我找×××   C. 喂，我找×××

20. 假如你应邀去KTV与友聚会唱歌，你会（   ）。
   A. 饶有兴趣地参加   B. 找借口不参加   C. 当场谢绝邀请

评分标准：A = 3 分   B = 2 分   C = 1 分

【得分评析】

0~29 分：说明你在日常生活中缺乏礼仪常识与教养，你可能只是依着自己的习惯行事而已，从而会给人留下不懂礼仪的不好印象，因此建议你很有必要学习基本的礼仪知识，提高礼仪能力与修养。

30~40 分：说明你在日常生活中对礼仪的认识一般，对你而言关注礼仪细节少或者认为是可有可无的。现代社会对礼仪的要求越来越高，建议你要提高人际交往能力，想在工作和生活中有良好的帮助，就必须掌握一定的礼仪知识并学会应用。

50~60 分：说明你不管在日常生活中还是在工作场合里，都比较注意自己的礼仪修养与礼仪能力的运用，相信你会不断提高，能更好、更多地运用，获得最好的人缘。

B.2 仪容仪表形象自测题

目的：进一步了解自己的仪容仪表状态，认识到自我形象的重要及差距。

要求：每题按照自己的第一感觉完成，不要有太多的思考，总时间2分钟左右。

1. 你感觉自己长得漂亮吗？（　　）
   A. 漂亮　　　　　　B. 一般，说得过去　　C. 不认为漂亮　　　D. 丑了点
2. 你出门总是收拾好自己的仪容吗？（　　）
   A. 很好　　　　　　B. 较好　　　　　　　C. 一般化　　　　　D. 不收拾
3. 你定期洗头与修剪指甲吗？（　　）
   A. 定期　　　　　　B. 不定期　　　　　　C. 偶尔做　　　　　D. 很少
4. 你关注过自己的脸形，配合修饰过眉形与设计发型吗？（　　）
   A. 很好的修饰与设计过　　　　　　　　B. 偶尔进行过，感觉一般化
   C. 感觉难，不进行这方面的修饰　　　　D. 没想过，没关注这些
5. 你关注过你的眼神，在与人交流中对人热情吗？（　　）
   A. 关注过，很热情　　　　　　　　　　B. 关注过，比较热情
   C. 偶尔可以，总体不太热情　　　　　　D. 一般冷漠的时候多
6. 你喜欢你的微笑吗？（　　）
   A. 喜欢　　　　　　B. 一般　　　　　　　C. 不太喜欢　　　　D. 不喜欢
7. 你照镜子，修炼过你的微笑吗？（　　）
   A. 是的，我经常在镜中修炼　　　　　　B. 照过，偶尔练习
   C. 没练过，感觉一般　　　　　　　　　D. 没有想过照镜子练习微笑
8. 你出门穿戴整齐，感觉自己值得他人信赖吗？（　　）
   A. 是的　　　　　　　　　　　　　　　B. 还行
   C. 看情况　　　　　　　　　　　　　　D. 没有考虑这个问题
9. 你有饭后漱口、及时检查自我仪容仪表的好习惯吗？（　　）
   A. 是的　　　　　　　　　　　　　　　B. 一般
   C. 偶尔做，不太好　　　　　　　　　　D. 想不起来，很少做
10. 你有出门前，检查脸、发、眼状况，看上衣、裤、包、鞋搭配的习惯吗？（　　）
    A. 是的，已经习惯　　　　　　　　　　B. 偶尔检查看
    C. 想起来就看看　　　　　　　　　　　D. 出门随便，这些一般不做

评分标准：A＝5分　　B＝3分　　C＝1分　　D＝0分

【得分评析】

45分以上：说明你重视自我形象，已经养成保持良好仪容仪表的好习惯，在形象上具备优势。

25～44分：说明你不太重视自我形象，对自己缺乏信心，建议在仪容仪表方面重塑或调整。

8～24 分：说明你的自我形象差，你离基本的仪容仪表形象差得很远。

8 分以下：说明你不关心自我的仪容仪表，在自毁自我形象，请尽快提高自我形象，否则你可能将一事无成。

B.3　自我评估，你是否有令女士讨厌的举止

下面列出的是最令女士们讨厌的举止，对照自己检测，如"有"打"√"，"偶尔有"打"△"，"没有"打"×"。（计分：打"√"计 2 分；打"△"计 1 分；打"×"计 0 分）

1. 坐下时，跷二郎腿，摇来晃去。　　　　　　　　　　　　　　　（　　）
2. 坐下时喜欢把裤腿卷起。　　　　　　　　　　　　　　　　　　（　　）
3. 没人的时候就随地吐痰。　　　　　　　　　　　　　　　　　　（　　）
4. 对着镜子过分梳妆打扮自己。　　　　　　　　　　　　　　　　（　　）
5. 习惯了在人多场合笑时用手掩住嘴。　　　　　　　　　　　　　（　　）
6. 有同学说自己走路时，腰部、臀部扭来扭去。　　　　　　　　　（　　）
7. 喝茶、喝酒等端起杯子时，把小指伸出。　　　　　　　　　　　（　　）
8. 把手提袋之类的挂在手腕上。　　　　　　　　　　　　　　　　（　　）
9. 经常用手挖鼻孔。　　　　　　　　　　　　　　　　　　　　　（　　）
10. 说话或紧张时候过于频繁地眨眼。　　　　　　　　　　　　　（　　）
11. 有时候在众人面前没有控制地打嗝。　　　　　　　　　　　　（　　）
12. 一边蘸着唾沫，一边数钱。　　　　　　　　　　　　　　　　（　　）
13. 用完餐后，一直用牙签在嘴里捣来捣去。　　　　　　　　　　（　　）
14. 抽烟时不停地将烟从鼻孔中喷出，吸烟吸到烟屁股。　　　　　（　　）
15. 在电影院或火车上，喜欢把脚放在前排座位上。　　　　　　　（　　）
16. 习惯用手摸自己的胡子和下巴。　　　　　　　　　　　　　　（　　）
17. 搔抓头皮。　　　　　　　　　　　　　　　　　　　　　　　（　　）
18. 夏天没人的时候经常把鞋袜脱掉。　　　　　　　　　　　　　（　　）
19. 走路时把手插进裤袋，打响指。　　　　　　　　　　　　　　（　　）
20. 公交车上喜欢趴下睡，有时候四仰八叉，睡态不雅。　　　　　（　　）

【得分评析】

0～15 分：恭喜你！属于基本上没有令女孩子们讨厌举止的人，获得女性普遍的青睐。

16～30 分：你平时是有一些不文明、不文雅的举止，尚可教育，只要你认识到这些毛病，并且在日常生活中时刻提醒自己改正过来，你就能够赢得女士芳心。

31～40 分：你应引起注意，在很多女性眼中，一些仪态丑陋令人生厌。你难看的举动阻止了你与女孩子们的交往。你需要深刻反省，否则可能没有机会交往到心仪的女士。

B.4　邀请和拜访礼仪测试

下面每一道问题，如果符合你的情况，请你在括号里打"√"；不符合的打"×"。（计分：打"√"计1分；打"×"计0分）

1. 在写邀请信时，注意用对方的尊称。（　　）
2. 在写邀请信时内容简单明了。（　　）
3. 写便条要请别人时，将条子放入信封再交给对方。（　　）
4. 不会邀请有矛盾的两个人参加你的生日聚会。（　　）
5. 写电子邮件邀请他人时，一定要确保他人能收到邮件。（　　）
6. 拜访前和对方进行预约。（　　）
7. 拜访时注意提前5分钟到达。（　　）
8. 拜访将迟到时给对方电话。（　　）
9. 充分掌握拜访对象的兴趣爱好。（　　）
10. 与接待者第一次见面时，主动递上名片。（　　）
11. 商务拜访时绝不谈私人问题。（　　）
12. 拜访前一定要经过精心打扮。（　　）
13. 拜访客户时，将电话关机或调成振动。（　　）
14. 在接待室里等待要拜访的客户时，绝不翻动对方的东西。（　　）
15. 拜访结束后向主人表示感谢。（　　）

【得分评析】

12～15分，表明你很好地掌握了邀请和拜访礼仪。

9～11分，表明你较好地掌握了邀请和拜访礼仪。

6～9分，表明你对邀请和拜访礼仪知识掌握不足。

5分及5分以下，表明你在邀请和拜访礼仪方面存在缺陷，需要改进。

附录 C
常用的工具表单

第 2 章　仪容仪表礼仪：表 C-1～C-4
第 3 章　仪态礼仪：表 C-5～C-6
第 4 章　日常交往礼仪：表 C-7～C-10
第 5 章　商务交往礼仪：表 C-11～C-12

表 C-1　公共场合的仪容礼仪

检查内容		仪容礼仪标准	是否做到	改进措施
头部修饰	面部	口无异味	□是　□否	
		鼻毛不外现	□是　□否	
		皮肤干净整洁	□是　□否	
		男士不蓄胡须	□是　□否	
		女士画眉自然	□是　□否	
		适当修饰嘴唇	□是　□否	
	发部	匹配脸形	□是　□否	
		干净清爽	□是　□否	
		清洁无屑	□是　□否	
		健康整齐	□是　□否	
		不染夸张色彩	□是　□否	
	手部	不蓄长指甲	□是　□否	
		不使用醒目甲彩	□是　□否	
		不戴夸张饰品	□是　□否	
		腋毛不外现	□是　□否	
化妆规范		自然	□是　□否	
		美观	□是　□否	
		协调	□是　□否	

表 C-2　着装六忌

着装六忌	是否触犯	及时改进
一忌过于杂乱	□是　□否	
二忌过于鲜艳	□是　□否	
三忌过于暴露	□是　□否	
四忌过于透视	□是　□否	
五忌过于短小	□是　□否	
六忌过于紧身	□是　□否	

表 C-3　不同场合的着装要求

场合	着装要求	是否做到	及时改正
公务场合	保守，宜穿套装、套裙等正装	□是　□否	
公务场合	选择长裤、长裙和长袖衬衫	□是　□否	
公务场合	不宜穿时装、便装	□是　□否	
公务场合	在非常重要的场合不选择短袖衬衫	□是　□否	
社交场合	时尚、个性化	□是　□否	
社交场合	宜着有特点的礼服、时装等	□是　□否	
社交场合	不选择过分庄重保守的色彩与服装	□是　□否	
休闲场合	舒适自然，大方得体	□是　□否	
休闲场合	宜穿运动装、牛仔装等	□是　□否	
休闲场合	非正式的便装，如T恤、短裤等	□是　□否	

表 C-4　运动服、西装、裙服的着装禁忌

服装	禁忌	是否触犯	及时改正
运动服	随意乱搭，如搭皮鞋等	□是　□否	
运动服	又脏又乱，不干净，不整齐	□是　□否	
运动服	过于紧身或过于宽松	□是　□否	
西装	袖口上的商标没有拆	□是　□否	
西装	不整齐，不干净，皱折，有污点	□是　□否	
西装	男士在正式场合穿着西装时袜子出现了问题	□是　□否	
裙服	裙、鞋、袜不搭配	□是　□否	
裙服	光脚、凉拖	□是　□否	
裙服	三截腿	□是　□否	
裙服	色彩乱	□是　□否	
裙服	款式旧、面料皱、起球	□是　□否	

表 C-5 公共场合的仪态礼仪

检查内容		礼仪标准	是否做到	改进措施
仪态礼仪	站姿	头正肩平	□是 □否	
		手臂自然下垂,大方	□是 □否	
		挺胸,收腹,提臀	□是 □否	
		男士脚位自然放平	□是 □否	
		女士结合穿戴,脚位放置得当	□是 □否	
	坐姿	身正腿直	□是 □否	
		文雅,不驼背	□是 □否	
		身体不晃动	□是 □否	
		手放置平稳	□是 □否	
		脚位自然端正	□是 □否	
	走姿	头正不晃肩	□是 □否	
		挺胸,收腹,提臀	□是 □否	
		步位直	□是 □否	
		手臂自然摆动	□是 □否	
		步速平稳	□是 □否	
		步幅适度	□是 □否	
	蹲姿	蹲平稳,不晃动	□是 □否	
		不弯腰撅臀	□是 □否	
		自然大方,不走光	□是 □否	

表 C-6 公共场合的表情礼仪

检查内容		礼仪标准	是否做到	改进措施
表情	微笑	自然大方	□是 □否	
		微笑时不捂嘴巴	□是 □否	
		微笑时不乱摸头发、脸部	□是 □否	
		露齿或不露齿都发自内心	□是 □否	
		不狞笑、不冷笑	□是 □否	
		笑声不干扰他人	□是 □否	
	目光	注视位置适当	□是 □否	
		视线不游离	□是 □否	
		目光不乱瞟,不瞪人	□是 □否	
		注视人的时间适当	□是 □否	
		目光不贪婪,不猥琐	□是 □否	
表情总体要求		自然	□是 □否	
		大方	□是 □否	
		专注,友善	□是 □否	

表 C-7　正式称呼与不适当称呼

会面中的正式称呼		会面中的不适当称呼	
行政职务	只称职务，如"董事长"	无称呼	不称呼对方就直接开始谈话是非常失礼的行为
	职务前加上姓氏，如"王总经理""张董事长"	不适合的俗称	有些称呼不适宜正式场合，切勿使用"兄弟""哥们儿"等称呼，否则会显得人缺乏修养
	职务前加上姓名，如"×××总经理"		
技术职称	仅称职称，如"教授"	不适当的简称	如"王工"，令人不好理解，其为工程师还是其他
	在职称前加上姓氏，如"赵律师"		
	在职称前加上姓名，如"杨阳教授"		
泛尊称	男性称"先生"，女性未婚者称"小姐"，已婚者或不明确其婚否者则称"女士"	地方性称呼	有很强的地方色彩的称呼，如"师傅""伙计""妹子"等
你是否做到了使用正式称呼： 改进措施：		你是否避免使用不适当称呼： 改进措施：	

表 C-8　介绍他人的规则

介绍他人的规则	是否触犯	改正措施
上下级之间，先介绍下级，后介绍上级	□是　□否	
长辈与晚辈之间，应先介绍晚辈，后介绍长辈	□是　□否	
年长者与年幼者之间，应先介绍年幼者，后介绍年长者	□是　□否	
介绍男士与女士认识时，应先介绍男士，后介绍女士	□是　□否	
介绍已婚者与未婚者认识时，应先介绍未婚者，后介绍已婚者	□是　□否	
介绍同事、朋友与家人认识时，应先介绍家人，后介绍同事、朋友	□是　□否	
介绍来宾与主人认识时，应先介绍主人，后介绍来宾	□是　□否	
介绍与会先到者与后来者认识时，应先介绍后来者，后介绍先到者	□是　□否	

表 C-9　名片的使用礼仪

名片的使用礼仪		是否做到	及时改进
交换名片	由近而远，或由尊而卑	□是　□否	
名片的递交	递名片时应起身站立，用双手或者右手，将名片正面对着对方	□是　□否	
	若双方是外宾，最好将名片上印有外文的那一面对着对方	□是　□否	
	递名片时，应说"多关照""常联系"等话语，或先做一下自我介绍	□是　□否	
	要用右手递交名片	□是　□否	
	不要将名片背面对着对方或颠倒着面对对方	□是　□否	
	不要将名片举得高于胸部	□是　□否	
	不要以手指夹着名片给人	□是　□否	

续表

名片的使用礼仪		是否做到	及时改进
名片的接受	起身站立,面含微笑,目视对方	□是 □否	
	接名片时,双手捧接,或以右手接过	□是 □否	
	接过名片后,要从头至尾把名片认真默读一遍,意在表示尊重对方	□是 □否	
	接名片时应使用谦辞、敬语,如"请您多关照"等	□是 □否	
	接过的名片当面收好,不要转动,不要乱扔、乱涂写	□是 □否	

表 C-10 握手的礼仪

握手的礼仪		是否触犯规则	及时改进
握手的基本要求	目视对方	□是 □否	
	面带笑容	□是 □否	
	稍事寒暄	□是 □否	
	稍许用力	□是 □否	
伸手的顺序	职位、身份不对等,应由职位、身份高者先伸出手来	□是 □否	
	女士与男士握手,应由女士先伸出手来	□是 □否	
	已婚者与未婚者握手,应由已婚者先伸出手来	□是 □否	
	年长者与年幼者握手,应由年长者先伸出手来	□是 □否	
	长辈与晚辈握手,应由长辈先伸出手来	□是 □否	
	社交场合的先至者与后来者握手,应由先至者先伸出手来	□是 □否	
	主人应先伸出手来,与到访的客人相握	□是 □否	
	客人告辞时,应先伸出手来与主人相握	□是 □否	
握手时的禁忌	三心二意	□是 □否	
	戴着墨镜	□是 □否	
	戴着手套	□是 □否	
	只用左手	□是 □否	
	与异性握手使用双手	□是 □否	

表 C-11 交往中的接待礼仪

商务交往中的接待礼仪		是否做到	及时改进
文明接待	来有迎声	□是 □否	
	问有答声	□是 □否	
	去有送声	□是 □否	
礼貌接待	问候语:"你好!"	□是 □否	
	请求语:"请……"	□是 □否	
	感谢语:"谢谢!"	□是 □否	
	道歉语:"抱歉"或"对不起"	□是 □否	
	道别语:"再见""保重"	□是 □否	

续表

商务交往中的接待礼仪		是否做到	及时改进
热情接待	目视对方，注意与对方交流眼神	□是 □否	
	语气柔和，语言流畅	□是 □否	
	避免出现沟通脱节、尴尬问题	□是 □否	
	表情、神态自然	□是 □否	
	注意与交往对象进行互动	□是 □否	
	举止大方	□是 □否	

表 C-12 交往中的位次排列礼仪

交往中的位次排列礼仪			是否做到
行进中的位次排列	常规	并行时，讲究内侧高于外侧，中央高于两侧；单行行进时，讲究前方高于后方	□是 □否
	上下楼梯	一般而言，上楼、下楼宜单行行进，以前方为上。男女同行时，上楼平行，女士可居后；下楼平行或女士可在前	□是 □否
	出入电梯	出入无人值守的升降式电梯，一般宜请客人后进先出	□是 □否
	出入房门	出入房门时，若无特殊原因，位高者先出入房门；若有特殊情况，如室内无灯且暗，陪同者宜先入	□是 □否
乘坐轿车的位次排列		公务用车时，上座为后排右座	□是 □否
		社交应酬中，车不同，接的人不同，上座为副驾驶座、后排右座等	□是 □否
		接待重要客人时，可考虑专车	□是 □否
会客时的位次排列		宾主对面而坐，面门为上	□是 □否
		宾主并排而坐时，以右为上	□是 □否
		难以排列时，可自由择座	□是 □否

参考文献

[1] 普瑟, 张玲. 商务礼仪. 北京：科学出版社, 2014.
[2] 赵蓉. 现代礼仪. 西安：西安电子科技大学出版社, 2016.
[3] 孙丽. 人人都要懂的职场礼仪. 北京：人民邮电出版社, 2015.
[4] 英格丽. 你的形象价值百万. 武汉：长江文艺出版社, 2015.
[5] 丁勇, 焦龙梅. 职场礼仪全修炼. 北京：中国中医药出版社, 2015.
[6] 徐克茹. 商务礼仪标准培训. 3版. 北京：中国纺织出版社, 2015.
[7] 姜钧. 礼仪知识大全集. 南昌：百花洲文艺出版社, 2012.
[8] 吕艳芝, 纪亚飞. 银行服务礼仪标准培训. 北京：中国纺织出版社, 2014.
[9] 张晓梅. 晓梅说礼仪：典藏版. 北京：中国青年出版社, 2014.
[10] 李霞. 社交礼仪. 北京：北京大学出版社, 2013.
[11] 刘民英. 商务礼仪. 上海：复旦大学出版社, 2014.
[12] 《新家庭书架》编委会. 礼仪是一种资本：日常礼仪的300个细节. 北京：北京出版社, 2014.
[13] 杨静. 形体礼仪实用教程. 北京：中国戏剧出版社, 2013.
[14] 杨路. 高端商务礼仪：56个细节决定商务成败. 北京：北京联合出版公司, 2013.
[15] 金正昆. 商务礼仪教程. 4版. 北京：中国人民大学出版社, 2013.
[16] 鲍德瑞奇. 礼仪书：得体的行为与正确地行事. 修文乔, 韩卉, 译. 北京：中国人民大学出版社, 2012.
[17] 周思敏. 你的礼仪价值百万：精华版. 北京：中国纺织出版社, 2012.
[18] 裴少桦. 大学生礼仪指导与训练. 2版. 北京：首都经济贸易大学出版社, 2012.
[19] 何璇, 钱志芳. 现代商务礼仪. 北京：科学出版社, 2012.
[20] 万里红. 最实战商务礼仪. 北京：机械工业出版社, 2012.
[21] 张建宏. 现代商务礼仪教程. 北京：国防工业出版社, 2011.
[22] 张莹, 张晓艳. 商务礼仪. 北京：北京航空航天大学出版社, 2011.
[23] 金正昆. 社交礼仪. 北京：北京师范大学出版社, 2011.
[24] 夏志强, 翟文明. 礼仪常识全知道. 北京：华文出版社, 2010.
[25] 陈乾文. 别说你懂职场礼仪. 北京：龙门书局, 2010.
[26] 周思敏. 你的礼仪价值百万. 北京：中国纺织出版社, 2009.